Die Beurteilung des Rechtsbegriffs der groben Fahrlässigkeit durch den Bundesgerichtshof im Rahmen des gutgläubigen Erwerbs beweglicher Sachen

Europäische Hochschulschriften

Publications Universitaires Européennes
European University Studies

Reihe II
Rechtswissenschaft

Série II Series II
Droit
Law

Bd./Vol. 4536

PETER LANG
Frankfurt am Main · Berlin · Bern · Bruxelles · New York · Oxford · Wien

Michael M. Jacob

Die Beurteilung des Rechtsbegriffs der groben Fahrlässigkeit durch den Bundesgerichtshof im Rahmen des gutgläubigen Erwerbs beweglicher Sachen

PETER LANG
Europäischer Verlag der Wissenschaften

Bibliografische Information der Deutschen Nationalbibliothek
Die Deutsche Nationalbibliothek verzeichnet diese Publikation in der Deutschen Nationalbibliografie; detaillierte bibliografische Daten sind im Internet über <http://www.d-nb.de> abrufbar.

Zugl.: Köln, Univ., Diss., 2006

D 38
ISSN 0531-7312
ISBN 978-3-631-55774-7

www.peterlang.de

Dieses Buch ist gewidmet meinen Eltern Ulf und Isa, sowie meiner Frau Stephanie und meinen Kindern Carlotta Fee, Luis Oskar und Noah und meinem Bruder Christian.

Vorwort

Die vorliegende Arbeit wurde im Sommersemester 2006 von der juristischen Fakultät der Universität zu Köln als Dissertation angenommen. Betreut wurde die Arbeit von meinem langjährigen Mentor, Herrn Prof. Dr. Dr. h.c. Klaus Luig. Ihm bin ich besonderen Dank schuldig. Er hat mir stets große Freiräume geschaffen, was die Anfertigung dieser Arbeit sehr gefördert hat. Auch bin ich ihm für die wertvollen Ratschlägen dankbar, mit denen er mir immer zur Seite stand.

Mein dank gilt auch dem Zweitgutachter, Herrn Prof. Dr. Joachim Hennrichs für die Durchsicht meiner Arbeit.

Besonderen Dank schulde ich schließlich meinen Eltern Ulf und Isa Wagener, die mich fortwährend in meinem Vorhaben unterstützt haben. Auch für die Endredaktion, die mein Bruder Christian Jacob sowie meine Freunde Dr. Stefan Geyer und Dr. Hedda Hoffmann-Steudner vorgenommen haben, möchte ich mich herzlich bedanken.

Inhaltsverzeichnis

Einleitung

Gegenstand der vorliegenden Untersuchung sind die Entscheidungen des Bundesgerichtshofes der Jahre 1950 bis heute zum gutgläubigen Eigentumserwerb beweglicher Sachen. Die Urteile wurden der amtlichen Sammlung und den gängigen Zeitschriften entnommen. Unveröffentlichte Entscheidungen wurden aus der Bibliothek des Bundesgerichtshofes bezogen.

Seit seiner Errichtung im Oktober 1950 wurden, soweit ersichtlich, insgesamt 57 Revisionen behandelt, die den gutgläubigen Erwerb beweglicher Sachen betrafen. Davon war in 45 Fällen der gute Glaube des Erwerbers Gegenstand der Rechtsstreitigkeit.

Schwerpunkt dieser Untersuchung soll die Beurteilung des Rechtsbegriffs der groben Fahrlässigkeit durch den Bundesgerichtshof sein. Dabei soll sich auf den gutgläubigen Erwerb beweglicher Sachen beschränkt werden. Als Beurteilungsgrundlage wurden den 45 Urteilen 33 Entscheidungen entnommen, an denen die Vorgehensweise des BGH deutlich gemacht werden soll. In diesen Entscheidungen setzte sich der BGH ausführlich mit dem gutgläubigen Erwerb beweglicher Sachen auseinander. Die behandelten Urteile lassen sich im Wesentlichen in zwei Teile gliedern. Neben dem Erwerb beweglicher Sachen in den verschiedenen Geschäftsbereichen mußte sich der BGH umfangreich mit dem Erwerb von Kraftfahrzeugen befassen. Das heißt, von den insgesamt 53 untersuchten Urteilen behandelten allein 21 Entscheidungen den gutgläubigen Erwerb von Kraftfahrzeugen. Dieser Geschäftsbereich unterscheidet sich insofern von den sonstigen Fällen zum gutgläubigen Erwerb, als beim Erwerb eines Kraftfahrzeuges neben dem Fahrzeug selbst, auch der dazugehörige Kfz-Brief eine zentrale Rolle spielt.

Der BGH setzte sich mit dem Rechtsbegriff der groben Fahrlässigkeit im Rahmen des gutgläubigen Erwerbs beweglicher Sachen in verschiedener Weise auseinander. Daher soll in dieser Untersuchung neben einem einführenden ersten Kapitel zunächst die Frage geklärt werden, inwieweit der BGH den Rechtsbegriff der groben Fahrlässigkeit überhaupt überprüfen kann. Der BGH äußerte sich im Jahre 1953, also rund drei Jahre nach seiner Errichtung, grundsätzlich zu dieser Frage. Der IV. Senat hielt den Begriff der groben Fahrlässigkeit nicht für revisibel. Das wurde in der Literatur teilweise kritisiert. Es soll daher zum einen untersucht werden, inwieweit der Rechtsbegriff der groben Fahrlässigkeit tatsächlich revisibel ist. Zum anderen soll auch die Frage geklärt werden, wie sich die Rechtsprechungspraxis nach der Grundsatzentscheidung im Hinblick auf die Überprüfung des Begriffs der groben Fahrlässigkeit entwickelt hat.

In einem weiteren Kapitel soll untersucht werden, inwieweit der Rechtsbegriff der groben Fahrlässigkeit einer inhaltlichen Bestimmung zugänglich ist. Das ist insofern erforderlich, als es sich bei der groben Fahrlässigkeit um einen unbestimmten Rechtsbegriff handelt, dessen begriffliche Bestimmung in erheblichem Maße wertungsbedürftig ist. Es ist zunächst zu untersuchen, ob und gegebenenfalls inwieweit der Rechtsbegriff überhaupt definiert werden kann. Denn in Rechtsprechung und Literatur gab es zahlreiche Versuche, die grobe Fahrlässigkeit zu definieren. Es muß daher geklärt werden, inwieweit eine Definition der groben Fahrlässigkeit möglich und sinnvoll ist und wie eine solche gegebenenfalls lauten kann. Der BGH hat in seiner grundsätzlichen Entscheidung zur Revisibilität dargestellt, was er unter dem Begriff der groben Fahrlässigkeit versteht. Mit dieser Definition soll sich näher auseinandergesetzt werden.

Ein weiterer Fall der inhaltlichen Bestimmung des Begriffs der groben Fahrlässigkeit betrifft die Frage, welcher Maßstab der Beurteilung der groben Fahrlässigkeit zugrundezulegen ist. Der BGH hat in seiner Grundsatzentscheidung zur Revisibilität darauf hingewiesen, daß auch subjektive, den Erwerber entlastende Momente zu berücksichtigen seien. Da es für die Entscheidung, gutgläubiger Erwerb im Einzelfall anzunehmen von erheblicher Bedeutung ist, ob sich der Erwerber auf subjektiv entlastende Momente berufen kann, soll auch diese Frage näher behandelt werden.

Ein Schwerpunkt dieser Arbeit liegt bei der Frage, ob bzw. unter welchen Voraussetzungen dem Erwerber Erkundigungspflichten aufzuerlegen sind, wenn der Erwerbsvorgang unter zweifelhaften Umständen stattgefunden hat. Der BGH verlangt zur Erhaltung des guten Glaubens bei zweifelhaften Eigentumsverhältnissen, daß sich der Erwerber über die Berechtigung des Veräußerers informiert. Zu untersuchen ist dementsprechend, in welchen Fallgestaltungen der BGH zur Erhaltung des guten Glaubens Nachforschungen über die Eigentumsverhältnisse verlangt und gegebenenfalls welche Anforderungen er an diese stellt. Es ist dabei zu klären, inwieweit sich solche Pflichten in die Konzeption der §§ 932 ff. BGB einpassen lassen. Denn grundsätzlich verlangen die Vorschriften zum gutgläubigen Erwerb keine Nachforschungen über die Eigentumsverhältnisse. Die Beantwortung dieser Fragen soll zeigen, in welcher Weise und mit welchem Ergebnis der BGH die Interessenabwägung zwischen Erwerber und Eigentümer vorgenommen hat.

Erstes Kapitel: Gutgläubiger Erwerb

I. Grundsätzliches zum gutgläubigen Erwerb

Der Normalfall des Eigentumserwerbs ist, daß der Erwerber und neue Eigentümer vom Veräußerer dessen altes Eigentum erwirbt. Ist der Veräußerer nicht Eigentümer der Sache, so kann der Eigentümer in die Verfügung eines Nichtberechtigten gemäß § 185 BGB einwilligen bzw. sie genehmigen. Daneben kennt das BGB aber auch die Möglichkeit des Erwerbs vom Nichteigentümer durch gutgläubigen Erwerb. Nach § 932 Abs. 2 Fall 2 BGB wird der Erwerber, der an das Eigentum des Veräußerers glaubt, falls sein Glaube nicht auf grober Fahrlässigkeit beruht (§ 932 Abs. 2 Fall 2 BGB) Eigentümer der Sache. Der Gutgläubige wird im Interesse der Verkehrssicherheit geschützt.[1] Dem Rechtsschein, der von dem Besitz der Sache und dessen Übertragung ausgeht[2], darf der Erwerber vertrauen.[3] Besteht dieses Vertrauen, so findet der Erwerb des Eigentums im übrigen unter den Voraussetzungen der §§ 932 bis 935 BGB statt. Spezialvorschriften über den Erwerb des Eigentums vom Nichtberechtigten finden sich zudem im Handelsrecht. Dabei enthält § 366 HGB für die Besonderheiten des kaufmännischen Verkehrs eine Erweiterung der Vorschriften des bürgerlichen Rechts über den Schutz des guten Glaubens[4]. Veräußert danach ein Kaufmann im Betrieb seines Handelsgewerbes eine ihm nicht gehörige bewegliche Sache, so kann Eigentum auch durch den guten Glauben an dessen Verfügungsmacht erworben werden.

Der gute Glaube ist also wesentliches Kriterium zur Entscheidung darüber, ob der ursprüngliche Eigentümer sein Recht behält, oder ob der Erwerber das Eigentum an der Sache zu Lasten des ursprünglichen Eigentümers erwirbt. Dabei obliegt die Entscheidung über das Vorhandensein des guten Glaubens dem Rechtsanwender, der die Aufgabe hat, den normativen Rechtsbegriff des guten Glaubens mit Inhalt zu füllen.[5] Das bedeutet, daß dieser Rechtsbegriff in verschiedener Weise interpretierbar ist, wodurch die Rechtsprechung in erheblichem Maße Wertungsspielraum hat.[6]

---

[1] MüKo/Quack, § 932, Rn. 1; Staudinger/Wiegand, vor § 932, Rn. 3; Heck § 58 I 1; Wolff-Raiser, § 68 II 1; Zweigert RabelsZ 23, 1; Baur-Stürner § 52 I 2; Soergel-Mühl Rn. 1.

[2] Prütting, Sachenrecht, Rn. 423; MüKo/Quack, § 932, Rn. 16; Musielak JuS 1992, 714; Staudinger/Wiegand § 932, Rn. 29 ff.

[3] Staudinger/Wiegand vor § 932, Rn 35; MüKo/Quack § 932, Rn. 1; Hager, Verkehrsschutz, S. 225 ff.

[4] Warn Rspr. 1932 Nr. 150.

[5] Larenz-Canaris, Methodenlehre der Rechtswissenschaft, S. 311.

[6] Eckert, Der objektive Beobachter, S. 9.

II. Allgemeines zum 'guten Glauben' beim Erwerb beweglicher Sachen

A. Allgemeines

Voraussetzung des guten Glaubens ist, daß der Erwerber an das Eigentum des Besitzers, von dem er erwirbt, glaubt.[7] Der Erwerber einer beweglichen Sache kann als gutgläubig angesehen werden, wenn er einem tatsächlichen oder rechtlichen Irrtum unterlegen ist. Das bedeutet, daß der Erwerber entweder irrtümlich einen Sachverhalt angenommen hat, bei dessen Vorliegen der Veräußerer Eigentümer der Sache wäre, bzw. im Falle des § 366 HGB eine Verfügungsbefugnis bestehen würde, oder daß er trotz Kenntnis der Tatumstände ohne grobe Fahrlässigkeit infolge rechtsirriger Beurteilung der ihm bekannten Tatsachen an das Eigentum bzw. die Verfügungsbefugnis seines Veräußerers geglaubt hat.[8]

B. Der Rechtsscheintatbestand des § 932 Abs. 2 BGB

Geregelt sind die Voraussetzungen des gutgläubigen Erwerbs beweglicher Sachen in § 932 Abs. 2 BGB: „Der Erwerber ist nicht in gutem Glauben, wenn ihm bekannt, oder infolge grober Fahrlässigkeit unbekannt ist, daß die Sache nicht dem Veräußerer gehört."

Damit gutgläubiger Erwerb stattfinden kann, bedarf es einer Vertrauensgrundlage. Diese ist in dem unmittelbaren Besitz des Veräußerers zu sehen. Aufgrund dieses Rechtsscheinträgers kann bzw. darf der Erwerber auf das Eigentum des Veräußerers schließen.[9] Rechtspolitisch bedeutet das, daß die Rechtsordnung in diesem Fall den Rechtsschein höher bewertet, als das „Recht" selbst. Das Vertrauen des Erwerbers verdient jedoch erst dann Schutz, wenn sich der Veräußerer des Besitzes vollständig zugunsten des Erwerbers entledigt hat und die Sache in dessen Sphäre gelangt ist.[10]

Der ursprüngliche Eigentümer verliert damit sein Eigentum an der Sache als Folge der freiwilligen Weggabe. Dies erfordert der Verkehrsschutz. Rechtfertigung findet das darin, daß der Eigentümer die Sache einer Person seines Vertrauens freiwillig überlassen[11] und so den von der Veräußerung ausgehenden Rechtsschein veranlasst hat. Gleiches gilt für den Fall die §§ 930, 933 BGB. Eine Ausnahme bildet die dogmatisch problematische Vorschrift des § 934 BGB, da in diesem Fall Rechtsscheinträger lediglich ein Herausgabeanspruch ist. Wird

---

[7] Prütting, Sachenrecht Rn. 425.

[8] BGH Urteil vom 30.10.1952, Akz. IV ZR 48/52 (unveröffentlicht); ; BGH NJW 1961, 777; Schlegelberger HGB § 366, Rn. 33; Martin Wolff, Handbuch des Handelsrechts, Bd. IV, erste Abteilung, S. 41.

[9] Prütting, Sachenrecht, Rn. 423; MüKo/Quack, § 932, Rn. 16; Musielak JuS 1992, 714; Staudinger/Wiegand § 932, Rn. 29 ff.

[10] Palandt/Bassenge, § 932, Rn. 5; MüKo/Quack, § 932, Rn. 114 f.

[11] MüKo/Quack, § 932, Rn. 3.

das Vertrauen des Eigentümers enttäuscht, so muß sich dieser nach dem „Hand wahre Hand“ -Prinzip an seinen (Vertrags-)partner halten.[12]

C. Die Begrenzung der Erwerbsmöglichkeit von Eigentum

Verliert der Eigentümer die tatsächliche Herrschaftsgewalt über die Sache ohne oder gegen seinen Willen, so kann das Vertrauen des Erwerbers nicht mehr höher bewertet werden als das Eigentumsrecht. Dem trägt § 935 BGB Rechnung: „Der Erwerb des Eigentums aufgrund der §§ 932 bis 934 tritt nicht ein, wenn die Sache gestohlen worden, verlorengegangen oder sonst abhanden gekommen war (...)“.

D. Die Erweiterung des Gutglaubensschutzes im Handelsverkehr

Der Tatbestand des § 366 HGB ergänzt bzw. erweitert die Vorschriften des Bürgerlichen Rechts über den Schutz des guten Glaubens für die speziellen Anforderungen des kaufmännischen Verkehrs.[13] Denn unter Kaufleuten ist es bekanntermaßen üblich, daß Waren nur durchlaufende Posten sind. Das hat zur Folge, daß der Verkäufer in der Regel nicht Eigentümer solcher durchlaufenden Positionen ist. Mit dieser Kenntnis könnte der Erwerber unter den Voraussetzungen des § 932 Abs. 2 BGB kein Eigentum gutgläubig erwerben. Damit der Handelsverkehr nicht zum Erliegen kommt, regelt § 366 HGB, daß im Falle der Veräußerung einer dem Kaufmann nicht gehörenden beweglichen Sache im Betriebe seines Handelsgewerbes die Vorschriften der §§ 932 ff. BGB auch dann anzuwenden sind, wenn der gute Glaube des Erwerbers die Befugnis des Veräußerers, über die Sache zu verfügen, betrifft.

E. Sonstige den guten Glauben betreffende Tatbestände

Auch in anderen Regelungsbereichen hängt eine Rechtsfolge davon ab, ob guter Glaube vorliegt oder nicht. Zu nennen sind etwa:

Bei Erwerb von Eigentum, die §§ 955, 957 BGB, bei Besitzerwerb die §§ 990, 991, 1007 BGB. Bei der Personen- und Vermögenssorge für das Kind durch die Eltern oder Dritte bzgl. des Kindesvermögens § 1698a BGB. Hinsichtlich der Haftung des Erbschaftsbesitzers die §§ 2024, 2025 BGB. Für den Ersatzleistenden im Recht der unerlaubten Handlungen § 851 BGB. Bei der Ersitzung gelten die Vorschriften der §§ 937, 945 BGB. Bei dem Grundstückserwerb zugehöriger Fahrnis (bewegliche Sachen) verweist § 926 Abs. 2 BGB auf § 932 BGB. Bei Forderungserwerb ist guter Glaube gemäß § 405 BGB notwendig. Daßelbe bestimmt § 1058 BGB für den Nießbrauch. Bei der Pfandveräußerung gilt § 1244 BGB, im Anfechtungsrecht § 142 Abs 2 BGB, bei Erwerb eines Schecks Art. 21 ScheckG, beim Erwerb eines Wechsels Art. 16 WG.

---

[12] Wilhelm, Rn. 446.

[13] BGH DB 1954, 693, (694).

Zweites Kapitel: Revisibilität

I. Grobe Fahrlässigkeit als revisibler unbestimmter Rechtsbegriff

Im Jahre 1953 äußerte sich der BGH erstmalig grundsätzlich[14] zur Frage, inwieweit der Begriff der groben Fahrlässigkeit überhaupt durch das Revisionsgericht überprüft werden kann.[15] Vor diesem Zeitpunkt sah sich das Reichsgericht[16] und ihm folgend der BGH in der Regel mangels Befugnis nicht in der Lage, Revisionsangriffe zu überprüfen. Nur in einem Fall des Schadensrechts aus dem Jahre 1951 stellte der BGH ohne weitere Begründung fest, daß der Begriff der groben Fahrlässigkeit ohne weiteres durch das Revisionsgericht überprüfbar sei.[17] Ansonsten werte er die Überprüfung meist mit stereotypen Wendungen ab.[18]

Wie der BGH mit dem Begriff der groben Fahrlässigkeit umgegangen ist, bevor er sich im Jahre 1953 erstmalig inhaltlich zur Revisibilität des Begriffs der groben Fahrlässigkeit im Rahmen des gutgläubigen Erwerbs äußerte, liefert ein Urteil des IV. Senats vom 30.10.1952:[19]

Die Beklagte erwarb durch Vertrag vom 21. oder 23.08.1945 von der Reichsbahn zwei Schmalspur-Dampflokomotiven, die damals auf Waggons verladen in einem Bahnhof standen. Kurze Zeit später erhielt die Beklagte die Loks. Die Dampflokomotiven befanden sich seitdem im Besitz der Beklagten.

Der Kläger behauptete, Eigentümer der Lokomotiven zu sein und verlangte von der Beklagten deren Herausgabe. Er habe sie am Anfang des Krieges von der Herstellerin käuflich zu Eigentum erworben. Aufgrund einer privatrechtlichen Vereinbarung mit der Organisation Todt seien die Loks für Bauarbeiten der Todt eingesetzt worden. Später seien die Lokomotiven auf einen Güterzug der Reichsbahn verladen worden mit dem Ziel, sie in ein Lager des Klägers in Pommern zu bringen. Auf dem Transport seien die Loks dem Kläger und dem mit allen Vollmachten ausgestatteten Transportbegleiter abhandengekommen und schließlich in Schlesien in den Besitz einer Arge gelangt. Diese Arge soll die Loks zusammen mit eigenem Gerät am 17.03.1945 mit einfachem Frachtbrief mit der Anschrift „Sonderaktion Feldbau der Eisenbahndirektion E“ per Bahn zum Versand gebracht haben. Die Geräte seien für den Einsatz des unter diesem Namen eingeleiteten Baues einer Feldbahn zur Entlastung des Eisenbahnnetzes der Stadt Essen bestimmt gewesen.

---

[14] Röhl, JZ 1974, 521, der das Urteil als maßgebliche Leitentscheidung bezeichnet.

[15] BGHZ 10, 14, (16).

[16] Siehe etwa RGZ 143,

[17] BGH VersR 1952, 117.

[18] Henke, Rechtsfrage oder Tatfrage, ZZP 81, 198, (200).

[19] Urteil BGH IV ZR 48/52 (unveröffentlicht).

Der Kläger gab weiter vor, daß die Beklagte das Eigentum an den Lokomotiven nicht durch guten Glauben erworben habe, da ihm die Maschinen abhanden gekommen seien. Die Beklagte habe zudem gewußt, daß die Loks nicht Eigentum der Reichsbahn bzw. daß diese zur Verfügung darüber nicht berechtigt war. Im übrigen sei an einer der Loks am Führerhaus der Name des Klägers „Emil D jun. Dortmund" mit weißer Ölfarbe dick aufgemalt gewesen. Die Beklagte habe die beiden Loks zu einem auffallend niedrigen Kaufpreis von 4.700 RM – und nicht für im Vertrag mit der Reichsbahn vorgesehene 4.700 RM für jede einzelne Lokomotive – erworben.

Der Kläger behauptet weiter, er habe außerdem auf die ungewöhnliche Eile hingewiesen, mit der der Verkauf bewirkt worden sei. Die Beklagte habe die Loks ohne die dazugehörigen Papiere, insbesondere ohne die Kesselüberwachungsbücher, erhalten. Die Beklagte habe es auch unterlassen, sich bei dem Dampfkesselüberwachungsverein nach dem Eigentümer zu erkundigen, wozu sie ohne weiteres imstande gewesen sei.

Der Kläger hat zunächst Herausgabe einer Lok verlangt. Das Landgericht hatte die Beklagte zur Herausgabe dieser Lok verurteilt. In der Berufungsinstanz hat der Kläger seinen Klageantrag auf die andere Lok ausgedehnt. Das Berufungsgericht hatte die Berufung zurückgewiesen und die Beklagte zur Herausgabe beider Maschinen verurteilt. Die Revision hatte keinen Erfolg.

Der Herausgabeanspruch der Klägerin hing davon ab, ob der beklagten Erwerberin der Dampflokomotiven böser Glaube vorgeworfen werden konnte. Nicht eingegangen ist der Senat auf die sich zunächst aufdrängende Frage, ob ein Eigentumserwerb der Beklagten schon wegen § 935 BGB ausgeschlossen war. Die Klägerin hatte zwar behauptet, daß ihr die Lokomotiven abhanden gekommen waren. Vermutlich aber hatte die Klägerin den entsprechenden Vortrag nicht unter Beweis gestellt. Der Senat mußte sich daher nur mit der Frage auseinandersetzen, ob das Verhalten der Beklagten als grob fahrlässig i.S.d. § 932 Abs. 1, Abs. 2 BGB anzusehen war. Doch sah sich der BGH nicht in der Lage, auf die Frage der Gutgläubigkeit einzugehen. Er hielt sich in dieser Frage nicht für zuständig. Deshalb war die Revision seiner Ansicht nach zu verwerfen. Der Senat führte dazu aus: „...[Es] unterliegt (...) nicht der Nachprüfung durch das Revisionsgericht, ob und unter welchen Umständen beim Erwerb von Rechten an beweglichen Sachen der Erwerber auf eine Auskunft des Veräußerers sich verlassen darf oder selbst Nachforschungen über die Verfügungsbefugnis des Vertragspartners anstellen muß. Die Frage, ob und inwieweit dem Erwerber einer beweglichen Sache eine Erkundigungspflicht obliegt, hängt von den besonderen Umständen des einzelnen Falles ab, allgemeine Grundsätze lassen sich darüber nicht aufstellen (RGZ 141, 129)."[20] Warum der BGH die Überprüfung des Berufungsurteils nicht vornehmen wollte, begründete der Senat dann wie

[20] BGH Urteil Az. IV ZR 48/52 (unveröffentlicht).

folgt: „Ob jemandem eine grobe Fahrlässigkeit zur Last fällt, ist, wie diese Entscheidung ausführt, im wesentlichen eine Frage tatrichterlicher Würdigung. Der Tatrichter hat (...) die gesamten Umstände des Falles zu berücksichtigen und danach zu beurteilen, ob die im Verkehr erforderliche Sorgfalt in ungewöhnlich hohem Maße verletzt worden ist und ob das unbeachtet geblieben ist, was im gegebenen Falle jedem hätte einleuchten müssen."[21]

Die Ausführungen des Senats ließen jedoch offen, ob eine und wenn ja welche Aufgabe dem Revisionsgericht im Falle der Beurteilung der groben Fahrlässigkeit zukommt. Insbesondere blieb unklar, was unter dem Begriff „im wesentlichen" zu verstehen ist. Diese Formulierung läßt nicht erkennen, welche Umstände konkret in der Beurteilung, ob ein Verhalten als grob fahrlässig anzusehen ist, der Tatsachenebene und welche der rechtlichen Ebene zuzuordnen sind. Die Revision war der Auffassung, daß sich der gute Glaube schon ohne weiteres aus der Versicherung der Reichsbahndirektion, zum Verkauf berechtigt zu sein, ergebe. Die Revision führte aus, der Privatmann müsse sich auf die Erklärung einer Behörde vom Range einer Reichsbahndirektion über ihre Befugnisse verlassen können, ohne daß ihm der Vorwurf grober Fahrlässigkeit gemacht werde.[22] Diese Ansicht rügte der Senat. Seiner Auffassung nach lag die von der Revision gerügte Verletzung des § 932 BGB nicht vor. „Zunächst hat sich die Beklagte jedoch nicht auf eine Äußerung der Reichsbahndirektion selbst, sondern von Beamten des Betriebsamts berufen. Daß der Erwerber eine grobe Fahrlässigkeit begehen kann, wenn er sich mit nichtssagenden Erklärungen des Veräußerers zufrieden gibt und deshalb von weiteren Nachforschungen absieht, ist nach RGZ 143, 14, (18)[23] rechtlich unbedenklich. Wenn daher der Berufungsrichter meint, die Beklagte habe sich mit der bloßen Erklärung untergeordneter Beamter der Reichsbahn über die Veräußerungsbefugnis derselben, unter den besonderen Umständen der damaligen Zeit, nicht zufriedengeben dürfen, so kann dem in dieser Instanz nicht entgegengetreten werden. Besonders wird dies dann zu gelten haben, wenn bei der Beklagten selbst Zweifel über die Rechtsbeständigkeit des Erwerbsgeschäfts bestanden haben (...). Denn bloße Zweifel an dem Eigentum des Veräußerers können den Erwerber verpflichten, selbst Nachforschungen über die Eigentumsverhältnisse anzustellen. (...) Daßelbe hat zu gelten, wenn der gute Glaube an ein Veräußerungsrecht rechtserheblich ist. Ob der Erwerber bei gehörigen Nachforschungen den wahren Sachverhalt erkannt hätte, ist unerheblich (RGZ 143, 14, (18). Es kommt also nicht darauf an, ob die Nachforschung bei der Reichsbahndirektion oder beim Dampfkesselüberwa-

[21] BGH Urteil Az. IV ZR 48/52 (unveröffentlicht).
[22] BGH Urteil Az. IV ZR 48/52 (unveröffentlicht).
[23] Das RG in RGZ 143, 10, 14, (18) hatte dazu ausgeführt: „Ohne Rechtsirrtum sieht der Berufungsrichter eine grobe Fahrlässigkeit des Generaldirektors G. darin, daß er keine weiteren Nachforschungen anstellte, sondern sich mit „völlig nichtssagenden Erklärungen" des E. zufrieden gab."

chungsverein dazu geführt hätte, daß die Beklagte erkannt hätte, daß der Reichsbahn ein Veräußerungsrecht nach § 80 EVO[24] nicht zugestanden hätte. Wenn die Revision in diesem Zusammenhang rügt, der Berufungsrichter habe verkannt, daß kein Anhalt dafür bestanden habe und daß eine aus Schlesien gesandte Lokomotive ausgerechnet in Dortmund unter Überwachung gestanden habe und daß der Postverkehr in Deutschland noch nicht bestanden habe, so wendet sie sich unzulässig gegen tatsächliche Feststellungen des Berufungsurteils."[25]

Die Formulierungen des Senats machen deutlich, daß die Richter der Beurteilung der Umstände durch den Berufungsrichter nicht entgegentreten wollten. Vielmehr bekräftigte der Senat das vom Reichsgericht zum gutgläubigen Erwerb aufgestellte Prinzip: Werden trotz Zweifeln an den Eigentumsverhältnissen keine Nachforschungen angestellt, so kann darin grob fahrlässiges Verhalten zu erblicken sein. Allerdings scheint die Argumentation des Senats nicht konsequent, wenn er einerseits die Ausführungen der Parteien würdigt, aber andererseits der Ansicht ist, daß die Beurteilung der groben Fahrlässigkeit dem Revisionsgericht entzogen ist. Es bleibt unklar, inwieweit der unbestimmte Rechtsbegriff der groben Fahrlässigkeit revisibel ist. Die Ausführungen des Senats bezüglich der Revisibilität des Begriffs der groben Fahrlässigkeit geben darüber keine klare Antwort.

II. Die Grundsatzentscheidung zur Revisibilität der groben Fahrlässigkeit

Der BGH äußerte sich in einer Entscheidung des IV. Senats (ZR 170/52) vom 11. Mai 1953[26] erstmalig ausführlich zur Revisibilität des Rechtsbegriffs der groben Fahrlässigkeit.[27] Bis dahin wurde es vom BGH eher vermieden konkreter auf die Frage einzugehen, inwieweit eine Überprüfung des Rechtsbegriffs der groben Fahrlässigkeit in der Revisionsinstanz überhaupt möglich ist.[28] Grund für die Ausführungen zur Frage der Revisibilität war ein Gutachten von Leo Rosenberg, welches die beklagte Partei hatte anfertigen lassen. Sie hatte den Mißerfolg ihres Rechtsmittels befürchtet. Denn die ständige Rechtsprechung des BGH sieht in der Beurteilung der groben Fahrlässigkeit eine nicht-revisible Tatfrage. Die Ausführungen Rosenbergs veranlaßten den BGH dann aber Stellung zu dem Problem der Tatfrage zu nehmen.[29]

---

[24] Eisenbahnverkehrsordnung.

[25] BGH Urteil Az. IV ZR 48/52 (unveröffentlicht).

[26] BGHZ 10, 14 ff.

[27] Kuchinke, S. 108 ff.; Bokelmann, S. 37 ff.: Henke, S 12 ff.; ders. ZZP 81, 200 ff.

[28] Siehe etwa BGHZ 3, 162 (165); BGHZ 6, 62, (63); BGHZ 4, 186; BGH LM Nr. 14 zu § 157 BGB; Henke, Die Tatfrage, S. 12; ders. ZZP 1968, 198, (200).

[29] Henke, Die Tatfrage, S. 12; ders. ZZP 1968, 198, (200).

In der Entscheidung von 1953 führte der BGH aus, „daß die Frage, ob der Erwerber einer Sache sich einer groben Fahrlässigkeit schuldig macht, im wesentlichen eine Tatfrage ist, die einer Nachprüfung in der Revisionsinstanz nur insoweit unterliegt, als Verstöße gegen § 286 ZPO [Freie Beweiswürdigung], gegen Denkgesetze oder Erfahrungssätze vorliegen. An dieser grundsätzlichen Auffassung muß auch bei erneuter Nachprüfung festgehalten werden“.[30] Zur Begründung seiner Auffassung führte der Senat weiter aus: "Der Begriff der groben Fahrlässigkeit als solcher ist allerdings, darin ist Rosenberg beizupflichten, ein Rechtsbegriff. Es ist im Revisionsrechtszug daher nachprüfbar, ob das Berufungsgericht diesen Rechtsbegriff verkannt hat. Das Gesetz unterscheidet von der in § 276 Abs. 1 Satz 2 BGB bestimmten, gewöhnlichen Fahrlässigkeit abweichende Arten der Fahrlässigkeit, nämlich die Verletzung der Sorgfalt, die jemand in eigenen Angelegenheiten anzuwenden pflegt (§ 277 BGB), und die grobe Fahrlässigkeit. Was grobe Fahrlässigkeit ist, sagt das Gesetz nicht.“[31] In Konsequenz dieser Feststellung definierte der Senat die grobe Fahrlässigkeit dann wie folgt: „Die Rechtsprechung versteht darunter im allgemeinen ein Handeln, bei dem dasjenige unbeachtet geblieben ist, was im gegebenen Falle jedem hätte einleuchten müssen. Das Revisionsgericht hat daher, wenn die Frage, ob im gegebenen Falle grobe Fahrlässigkeit vorliegt, entscheidungserheblich ist, nachzuprüfen, ob das Berufungsgericht den Begriff der gewöhnlichen Fahrlässigkeit richtig beurteilt hat, ob es sich ferner des Unterschiedes der Begriffe der gewöhnlichen Fahrlässigkeit und der groben Fahrlässigkeit bewußt und ob es sich schließlich darüber klar ist, daß im gegebenen Falle gewöhnliche Fahrlässigkeit nicht ausreicht, sondern grobe Fahrlässigkeit in dem oben gekennzeichneten Sinne vorliegen muß.“[32] Nach Auffassung der Revisionsrichter war dagegen der Grad der erforderlichen Abweichung, d.h. die Beurteilung dessen, was im gegebenen Falle ‚grob' ist, nicht nachprüfbar und damit eine Frage tatrichterlicher Art.[33] Zur Begründung dieser These führte der Senat aus, daß die Beantwortung der Frage, ob das Verhalten des Erwerbers als ‚grob' einzustufen ist, „nicht einheitlich für alle Fälle, sondern nur von Fall zu Fall“ erfolgen könne. Hierbei seien auch „subjektive in der Individualität des Handelnden begründete Umstände zu berücksichtigen.“[34] Aus diesen Ausführungen ergibt sich zunächst die Frage, inwieweit der Begriff der groben Fahrlässigkeit vom Revisionsgericht überhaupt überprüfbar ist.

---

[30] BGHZ 10, 14, (16).
[31] BGHZ 10, 14, (16).
[32] BGHZ 10, 14, (16f).
[33] BGHZ 10, 14, (17).
[34] Siehe auch: BGH BB 1955, 778; BGH WM 1959, 117; BGH LM HGB § 366, Nr. 10; BGH LM BGB § 932, Nr. 17; BGHZ 68, 323; BGH NJW RR 1987, 1456.

Die weiteren Ausführungen des Senats beziehen sich auf die inhaltliche Beschreibung des Begriffs der groben Fahrlässigkeit. So führte der BGH im nächsten Absatz aus: „Auch aus dem oben dargelegten Wesensbegriff der groben Fahrlässigkeit folgt, daß es im Gegensatz zu dem Begriff der gewöhnlichen Fahrlässigkeit für die grobe Fahrlässigkeit keine für alle gültige feste Norm geben kann. Der Richter hat vielmehr nach freiem, pflichtgemäßem Ermessen zu prüfen, ob nach der Gesamtlage der Umstände die Sorgfaltspflichtverletzung als besonders schwer erscheint."[35]

Widersprüchlich und ungeklärt bleibt aber, warum sich der Senat zur Unterstützung seiner Ansicht zur Frage der Revisibilität des Begriffs der groben Fahrlässigkeit auf ein Urteil des I. Senats aus dem Jahre 1951 (ZR 121/51)[36] bezog. Das Urteil des I. Senats bestätigt zwar die Ansicht des IV. Senats[37], daß das Revisionsgericht überprüfen könne, ob das Berufungsgericht den Rechtsbegriff verkannt habe. Der IV. Senat schien aber vollkommen übersehen zu haben, daß in dem zitierten Urteil die entgegengesetzte Auffassung zur Revisibilität des Begriffs der groben Fahrlässigkeit vertreten wurde. Dort heißt es wie folgt: „Grob fahrlässig handelt, wer die nach Lage des Falles gebotene Sorgfalt in besonders hohem Maße außer acht läßt (...). Die Entscheidung hierüber wird maßgeblich durch die Tatumstände des Einzelfalles bedingt. Stehen sie fest, so ist die Frage, ob sie ein Verschulden und gegebenenfalls ein Verschulden welchen Grades ergeben, im wesentlichen reine Rechtsfrage."[38] Der IV. Senat setzte sich daher, ohne allerdings näher auf diesen Umstand einzugehen in Widerspruch zur Rechtsprechung des I. Senats. Denn der I. Senat brachte unmissverständlich zum Ausdruck, daß er die Beurteilung der groben Fahrlässigkeit als reine Rechtsfrage auffaßt und sie damit für revisibel erachtet.[39] Folgt man diesen Erklärungen, so läßt sich daraus zunächst schließen, daß auch der IV. Senat den Rechtsbegriff der groben Fahrlässigkeit für revisibel erachtete. Damit schien der BGH der Ansicht Rosenbergs zunächst zu folgen. Das änderte sich jedoch nur wenige Zeilen später, indem der Senat die bereits oben dargestellten Erwägungen anstellte.[40] Nach Auffassung der Revisionsrichter sei nämlich der Grad der Abweichung zwischen einfacher und grober Fahrlässigkeit, d.h. die Beurteilung, was im gegebenen Falle ‚grob' ist nicht nachprüfbar und damit eine Frage tatrichterliche Art.[41] Der Rechtsbegriff der groben Fahrlässigkeit soll also vom Revisionsge-

---

[35] BGHZ 10, 14, (17).

[36] BGH VersR 1952, 117. Allerdings befaßte sich dieses Urteil nicht mit dem gutgläubigen Erwerb, sondern mit dem Schadensrecht. Daher wird auf dieses Urteil, ausgenommen seiner Feststelllungen zur Revisibilität des Rechtsbegriffs der groben Fahrlässigkeit, inhaltlich nicht weiter eingegangen.

[37] BGHZ 10, 14, (16).

[38] BGH VersR 1952, 117.

[39] BGH VersR 1952, 117.

[40] Siehe S. 11.

[41] BGHZ 10, 14, (17).

richt nun doch nicht überprüfbar sein, folgt man den weiteren Ausführungen des IV. Senats.

Daß der BGH die Beurteilung des Rechtsbegriffs der groben Fahrlässigkeit in zwei Teile gliederte, erklärt sich bereits durch sein oben beschriebenes differenziertes Beurteilungssystem. Er unterschied zwischen der Beurteilung des Rechtsbegriffs der einfachen Fahrlässigkeit und dem Tatbestandsmerkmal ‚grob'. Bei dieser Argumentation schien es sich aber um einen ‚Kunstgriff' zu handeln, um rechtfertigen zu können, einen interpretationsbedürftigen Rechtsbegriff nicht rechtlich würdigen zu müssen. Zumindest entsteht durch seine uneinheitliche Argumentationsweise der Eindruck, daß sich der IV. Senat – besonders im Hinblick auf seinen weiteren Umgang mit dem Begriff der groben Fahrlässigkeit in der Rechtsprechungspraxis – hinsichtlich der Beurteilung des Rechtsbegriffs nicht weiter festlegen wollte.

III. Die Rechtsprechungspraxis zur Revisibilität

Anhand der im folgenden näher behandelten Urteile soll gezeigt werden, wie der BGH vor dem Hintergrund seiner Grundsatzentscheidung zur Revisibilität den Rechtsbegriff der groben Fahrlässigkeit beurteilt hat.

In dem auf die Grundsatzentscheidung zur Revisibilität folgenden Fall des IV. Senats vom 21. Mai 1953, Az.: IV ZR 192/52[42] beurteilte der Senat den Sachverhalt konsequent im Sinne der Grundsatzentscheidung vom 11. Mai 1953.[43] Er ging auf die Feststellungen des Berufungsgerichts zur groben Fahrlässigkeit nicht weiter ein. Streitig war, ob der Beklagte einen Neuwagen gutgläubig erworben hatte. Die Revision hatte sich gegen die diesbezüglichen Feststellungen des Berufungsgerichts gewendet, welches einen guten Glauben des Beklagten sowohl an das Eigentum als auch an eine Verfügungsbefugnis des Veräußerers angenommen hatte. Der BGH sah keinen Grund, die Auffassung des Berufungsgerichts in Zweifel zu ziehen. Nach Auffassung des BGH hatte das Berufungsgericht den Begriff der groben Fahrlässigkeit im Einklang mit der ständigen Rechtsprechung verwendet. Inwieweit der Erwerber zu weiteren Nachforschungen verpflichtet gewesen wäre, stellte der BGH allerdings nicht fest. Der Senat führte dazu aus: „Wie das Berufungsgericht hierbei die einzelnen Umstände gewürdigt hat, insbesondere die Tatsache, daß der Beklagte sich den Kfz-Brief nicht hat vorlegen lassen, ist grundsätzlich eine Frage tatsächlicher Art. Diese Frage unterliegt daher nur insoweit einer Nachprüfung (...), als gegen Verfahrensvorschriften, Denkgesetze oder Erfahrungssätze verstoßen ist. Was die Revision in dieser Hinsicht vorträgt, rechtfertigt aber nicht die Bejahung eines derartigen Verstoßes."[44] Daß das Berufungsgericht gutgläubigen Erwerb angenommen hatte, obwohl es sich bei dem Beklagten um einen geschäftserfahrenen

[42] BGHZ 10, 69.
[43] BGHZ 10, 14.
[44] BGHZ 10 69, (74).

Kaufmann gehandelt hatte, änderte nichts an der Auffassung des BGH. Vielmehr sei das nach Ansicht des Senats eine mögliche Würdigung, die einer Revision nicht zugänglich sei.[45]

In einem weiteren Urteil des IV. Senats vom 8.7.1954[46] hat sich der BGH nicht derart Konsequent an die Feststellungen seiner Grundsatzentscheidung zu Revisibilität gehalten. Folgender Sachverhalt wurde erörtert:

Die Klägerin verkaufte an die Firma S. & T. eine Kompressionsanlage. In der Auftragsbestätigung vom 19.06.1950 wurde ausdrücklich auf die beigefügten allgemeinen Lieferbedingungen der Klägerin Bezug genommen, in denen für den Kauf ein Eigentumsvorbehalt vorgesehen war. Zudem bestimmten die allgemeinen Geschäftsbedingungen, daß eine Weiterveräußerung der Ware bis zur Erfüllung aller Zahlungsverpflichtungen unzulässig sei. Der S. & T. wurde daraufhin die Anlage geliefert. Der Kaufpreis wurde nicht gezahlt.

Noch bevor der Kaufvertrag zwischen der Klägerin und der Firma S. & T. zustandegekommen und die Übergabe erfolgte war, veräußerte der Mitinhaber S. die Kompressionsanlage am 27.5.1950 an die Beklagte. Übergeben wurde die Anlage am 29.6.1950.

Die Klägerin verlangte von der Beklagten die Herausgabe der Kompressionsanlage mitsamt den dazugehörigen Werkzeugen. Sie behauptete, daß die Beklagte beim Erwerb der Gegenstände bösgläubig gewesen sei und daher kein Eigentum an ihnen erlangt habe. Das Berufungsgericht verurteilte die Beklagte wegen Bösgläubigkeit zur Herausgabe der Kompressionsanlage. Die Revision der Beklagten hatte keinen Erfolg.

Der Senat gelangte zu dem Ergebnis, daß der Herausgabeanspruch zurecht bestand. Ein solches Resultat ist jedoch vor dem Hintergrund der Grundsatzentscheidung zur Revisibilität nicht selbstverständlich, denn Feststellungen hinsichtlich des Herausgabeanspruchs setzen voraus, daß Feststellungen bezüglich des guten Glaubens getroffen wurden. Das kann aber vom Revisionsgericht, legt man die Grundsatzentscheidung zur Revisibilität zugrunde, grundsätzlich nicht beurteilt werden. Der Senat hätte demnach in Konsequenz seiner Rechtsauffassung lediglich darauf hinweisen dürfen, daß er die Beurteilung des guten Glaubens des Erwerbers durch den Berufungsrichter nicht überprüfen kann.

Beachtenswert sind aber folgende Ausführungen des Senats: „Der BerRichter[47] hält für bewiesen, daß die Beklagte infolge grober Fahrlässigkeit nicht gewußt habe, daß die Firma S. & T. nicht Eigentümer des Kompressors gewesen sei und die Bekl. daher nach § 932 BGB Eigentum nicht erworben habe. Wie die Ausführungen des BerUrt.[48] zeigen, hat der BerRichter weder den Begriff der

[45] BGHZ 10 69, (74).
[46] BGH LM HGB § 366, Nr. 4=DB 1954, 693=BB 1954, 758.
[47] Berufungsrichter
[48] Berufungsurteil

groben Fahrlässigkeit i.S.d. § 932 Abs. 2 BGB verkannt[49] (...) noch ist es rechtsirrtümlich, daß er eine Nachforschungspflicht dem Erwerber dann auferlegen will, wenn besondere Verdachtsgründe bestehen, über die er sich nicht hinwegsetzen darf, insbes.[50] nicht bei Sachen, die üblicherweise unter Eigentumsvorbehalt verkauft werden."[51]

Vor dem Hintergrund der Tatsache, daß sich der IV. Senat erst ein Jahr zuvor in seiner Grundsatzentscheidung dahingehend geäußert hatte, daß das Revisionsgericht den Begriff der groben Fahrlässigkeit nicht überprüfen kann, beurteilte der Senat hier das Ergebnis des Berufungsgerichts. Dazu stellte der Senat unter Bezug auf die Grundsatzentscheidung fest, daß der Berufungsrichter den Begriff der groben Fahrlässigkeit nicht verkannt habe. Zwar war in der Grundsatzentscheidung zur Revisibilität zunächst generell davon die Rede, daß es sich bei der groben Fahrlässigkeit um einen Rechtsbegriff handele, der vom Revisionsgericht dahingehend überprüft werden könne, ob er vom Berufungsgericht verkannt worden sei. Dabei hatte es sich aber um eine unpräzise und zumindest mißverständliche Formulierung des IV. Senats gehandelt.[52] Was der IV. Senat wirklich meinte, erläuterte er erst im folgenden. Nach Ansicht des IV. Senats kann das Revisionsgericht nur überprüfen, ob das Berufungsgericht den Begriff der gewöhnlichen Fahrlässigkeit richtig beurteilt hat. Die Beurteilung des Tatbestandsmerkmals „grob" ist, wie bereits erläutert, nach Ansicht des BGH gerade nicht revisibel.[53] Überprüft der BGH aber den Begriff der groben Fahrlässigkeit, so stellt er damit auch fest, was im Einzelfall als grob zu bezeichnen ist. Hätte sich der Senat demnach an seine Grundsatzentscheidung gehalten, so hätte er darauf verweisen müssen, daß die Beurteilung des Begriffs der groben Fahrlässigkeit bzw. die Feststellung des Merkmals „grob" Tatfrage und damit seiner Beurteilung entzogen sei.[54] In Konsequenz zu dieser Vorgehensweise würdigte der VIII. Senat dann auch die Subsumtion des Vorrichters unter den Begriff der groben Fahrlässigkeit in rechtlicher Hinsicht, indem der Senat feststellte, daß die Subsumtion frei von Rechtsfehlern war, so daß der Herausgabeanspruch zurecht bestand.[55]

Der IV. Senat setzte sich durch diese Vorgehensweise in Widerspruch zu seiner Entscheidung aus dem Jahr 1953. Jedoch nahm der IV. Senat in seinem Urteil vom 26. Oktober 1955[56] wieder ausführlich Bezug auf seine Grundsatzentscheidung. Folgendes hatte sich zugetragen:

---

[49] Unter Bezug auf BGHZ 10, 14 (16).
[50] insbesondere
[51] BGH LM HGB § 366, Nr. 4, Bl. 2.
[52] Siehe dazu oben S. 9 ff.
[53] BGHZ 10, 14, (16f).
[54] BGHZ 10, 14 (16).
[55] Ähnlich in BGH NJW 1981, 1271, (1272).
[56] BGH WM 1956, 156.

Die Klägerin besaß größerer Mengen Düngemittel, welches sie mangels eigener Kapazitäten bei der Firma B. einlagerte. Später übernahm die Firma B. diese Düngemittel von der Klägerin und schloß einen entsprechenden Kaufvertrag. Die Allgemeinen Verkaufs- und Lieferbedingungen, die dem Kauf zugrunde lagen, sahen einen verlängerten Eigentumsvorbehalt vor. Der Käufer sollte insbesondere die Ware als Eigentum der Verkäuferin kennzeichnen und von Gütern anderer Firmen getrennt halten. Auch war eine Verpfändung oder Sicherungsübereignung der Düngemittel nicht gestattet.

Die Firma B. leistete jedoch keine Zahlungen zur Begleichung der Kaufpreisschuld. Vielmehr stellte sie ihre Zahlungen ein, worauf die Eröffnung des Vergleichsverfahrens erfolgte.

Die Beklagte stand mit der Firma B. in Geschäftsbeziehungen, die ihr eine größere Summe Geld aus dem Verkauf von Waren schuldete. Zur teilweisen Abgeltung dieser Schulden sollte die Firma B. der Beklagten Düngemittel liefern. In dem als Verkaufskontrakt bezeichneten Bestätigungsschreiben erklärte die B., die verkaufte Ware sei ihr bezahltes Eigentum. Daraufhin lieferte die B. der Beklagten gerade die Düngemittel, die die Klägerin bei B eingelagert und später an B verkauft hatte. Die Beklagte veräußerte die Düngemittel alsbald weiter.

Die Klägerin verlangte aufgrund des § 816 BGB, hilfsweise aufgrund der §§ 989 ff. BGB von der Beklagten den Betrag, den die Beklagte aus der Weiterveräußerung erzielt hatte. Beide Vorinstanzen hatten der Klage dem Grunde nach stattgegeben. Die Revision der Beklagten hatte keinen Erfolg.

Die Revision hatte gerügt, daß das Berufungsgericht bei der Beurteilung des guten Glaubens i.S.d. § 932 Abs. 2 BGB den Rechtsbegriff der groben Fahrlässigkeit verkannt habe. Der BGH ging aber nicht näher auf den Vortrag der Revision ein. Vielmehr wiederholte er nur die Feststellungen des Berufungsgerichts und kam zu dem Ergebnis, daß ein Rechtsverstoß nicht zu erkennen gewesen sei. Warum das so sein sollte, begründete der Senat jedoch nicht. Anstelle dessen war nach Auffassung des Senats unter weitgehend wörtlicher Wiederholung des Urteils vom 11.Mai 1953[57] klarzustellen: „daß der Begriff der groben Fahrlässigkeit als solcher ein Rechtsbegriff ist. Daß aber der Umfang der erforderlichen Abweichung von der gewöhnlichen Fahrlässigkeit, d. h. was im Einzelfall „grob" ist, eine tatrichterliche Frage ist. Es kann daher im Revisionsrechtszug nur nachgeprüft werden, ob das Berufungsgericht den Rechtsbegriff verkannt hat, ob es also den Begriff der gewöhnlichen Fahrlässigkeit richtig beurteilt hat, ob es sich des Unterschieds der Begriffe der gewöhnlichen Fahrlässigkeit und der groben Fahrlässigkeit bewußt und ob es sich schließlich darüber klar war, daß im gegebenen Falle gewöhnliche Fahrlässigkeit nicht ausreicht, sondern grobe Fahrlässigkeit in dem oben gekennzeichneten Sinne vorliegen muß. Da-

[57] BGHZ 10,14.

gegen ist der Grad der erforderlichen Abweichung, d. h. die Beurteilung, was im gegebenen Falle ‚grob' ist, eine tatrichterliche Frage. Ihre Beantwortung kann nicht einheitlich für alle Fälle, sondern nur von Fall zu Fall erfolgen, hierbei sind auch subjektive in der Individualität des Handelnden begründete Umstände zu berücksichtigen (...).[58] Auch aus dem oben dargelegten Wesensbegriff der groben Fahrlässigkeit folgt, daß es im Gegensatz zu dem Begriff der gewöhnlichen Fahrlässigkeit (§ 276 Abs 1 Satz 2 BGB) für die grobe Fahrlässigkeit keine für alle gültige feste Norm geben kann. Der Richter hat vielmehr nach freiem, pflichtgemäßem Ermessen zu prüfen, ob nach der Gesamtlage der Umstände die Sorgfaltspflichtverletzung als besonders schwer erscheint (...).[59] Der Begriff ‚grob' wird somit in diesem Sinne insoweit zu einem Tatsachenbegriff und damit zu einer Tatfrage, deren Nachprüfung in der Revisionsinstanz nur in demselben Umfang wie bei jeder anderen Tatsachenfeststellung und Würdigung möglich ist (...).“[60]

Der IV. Senat wiederholte somit in seiner Urteilsbegründung zuvor nahezu wörtlich die Ausführungen seiner Grundsatzentscheidung zur Revisibilität der groben Fahrlässigkeit.[61] Die Begründung des Senats zeigte aber nicht, warum die Beurteilungen des Berufungsrichters Rechtsfehler nicht erkennen ließen. Stattdessen subsumierte der Senat die Ergebnisse des Berufungsgerichts unter seine These darüber, was seiner Ansicht nach im Revisionsrechtszug überprüfbar ist. Wie der Senat dabei konkret vorging, sagte er jedoch nicht. Er zählte lediglich die früher aufgestellten Kriterien auf und stellte das Ergebnis seiner Subsumtion fest: Er stellte fest: „Die Ausführungen des Oberlandesgerichts ergeben, daß es sich des Unterschieds zwischen gewöhnlicher und grober Fahrlässigkeit bewußt war und daß es sich ferner darüber klar war, daß dem Eigentumserwerb der Beklagten nur grobe Fahrlässigkeit, nicht einfache, entgegenstehen würde. Daß es den Begriff der gewöhnlichen Fahrlässigkeit nicht verkannt hat, ergibt sich ebenfalls aus seinen Ausführungen.“[62]

In diesem Fall schien der BGH den Bezug zu seiner Grundsatzentscheidung – im Gegensatz zu dem vorher besprochenen Urteil aus dem Jahre 1954[63] – wiederherstellen zu wollen. Der IV. Senat ist in dem zuvor besprochenen Urteil ohne weiteres auf die Frage eingegangen, ob der Rechtsbegriff der groben Fahrlässigkeit verkannt wurde. In dem hier untersuchten Urteil wiederholte der Senat ausführlich die Ausführungen des Grundsatzurteils, als wolle er nach den verfehlten Ausführungen in der oben besprochenen Entscheidung[64] wieder klarstel-

---

[58] Unter Bezug auf RG JW 1924, 1977 ff; RGRK 10. Aufl. Anm zu § 277 BGB.
[59] Unter Bezug auf Enneccerus-Nipperdey 14. Auflage zu § 216 II S. 938.
[60] BGH WM 1956, 156, (157).
[61] BGHZ 10, 14 (16); siehe dazu S. 9 ff.
[62] BGH WM 1956, 156, (157).
[63] BGH LM HGB § 366, Nr. 4. Siehe S. 13.
[64] BGH LM HGB § 366, Nr. 4. Siehe S. 13.

len, daß die Beurteilung der groben Fahrlässigkeit seiner Ansicht nach im wesentlichen Tatfrage und damit nicht revisibel ist.

Auf die Frage, inwieweit dem Erwerber Nachforschungspflichten oblagen, ging der IV. Senat in Konsequenz dessen, daß der Begriff der groben Fahrlässigkeit seiner Ansicht nach nun doch nicht überprüfbar war, zunächst auch nicht näher ein. Die Revision hatte die Ansicht vertreten, daß das Berufungsgericht die Rechtsgrundsätze über die Nachforschungspflicht des Kaufmanns im Großhandel rechtsirrig verkannt habe. Zur Beantwortung dieser Frage bezog sich der Senat allerdings auf die Entscheidung, die von ihm hinsichtlich der Revisibilität des Begriffs der groben Fahrlässigkeit gerade „stillschweigend“ korrigiert wurde.[65] Der Senat führte aus, es könne auf sich beruhen, ob nach den oben wiedergegebenen Grundsätzen das Revisionsgericht überhaupt nachprüfen dürfe, ob das Berufungsgericht einen falschen Maßstab an die Nachforschungspflicht der Kaufleute im Großhandel angelegt habe oder aber ob es sich insoweit nicht schon um einen dem tatsächlichen Bereich angehörenden und somit der Nachprüfung durch das Revisionsgericht entzogenen Umstand handele. Denn das Berufungsgericht habe eine Reihe von Umständen angeführt, die den Inhaber der Beklagten hätten veranlassen müssen, sich nicht mit der Antwort des B., die Düngemittel seien sein bezahltes Eigentum, zu begnügen. Zu den einzelnen Begründungen des Berufungsgerichtes stellte der Senat nur fest: „Das Berufungsgericht hat sich somit im Rahmen der Grundsätze gehalten, die der Senat in der von der Revision angeführten Entscheidung im Anschluß an die Rechtsprechung des Reichsgerichts ausgesprochen hat. Die Wertung der einzelnen Umstände für die Frage der groben Fahrlässigkeit liegt aber auf tatsächlichem Gebiet.“[66]

Ohne die Frage klären zu wollen, ob das Revisionsgericht beurteilen könne, inwieweit im Einzelfall Nachforschungen anzustellen seien, kam der Senat zu dem Ergebnis, daß es sich bei der Subsumtion unter das Tatbestandsmerkmal ‚grob‘ um eine Tatfrage handele. Es könne daher nur geprüft werden, ob das Berufungsgericht bei der Feststellung und Würdigung des seiner Entscheidung zugrundeliegenden Sachverhalts gegen Verfahrensvorschriften, Erfahrungssätze oder Denkgesetze verstoßen habe. Das sei hier nicht der Fall.[67]

Trotz der umfassenden Ausführungen zur Revisibilität in diesem Urteil nahm der Senat dann doch noch Stellung zu etwaig bestehenden Nachforschungspflichten. Auf die Rüge der Revision, das Berufungsgericht habe ohne hinreichende Grundlage festgestellt, es sei eine unter ordentlichen Kaufleuten übliche Pflicht, sich die Lieferfirma nennen und die quittierten Rechnungen vorlegen zu lassen, reagierte der Senat wie folgt: „Die Rüge greift hier schon deshalb nicht durch, weil das Berufungsgericht seine Ausführungen über eine solche Prüfungspflicht nur im Zusammenhang mit der Erwägung gemacht hat, daß es von

---

[65] BGH LM HGB § 366, Nr. 4. Siehe oben S. 13.
[66] BGH WM 1956, 156, (157).
[67] BGH WM 1956, 156, (157).

B. nicht als Beleidigung hätte aufgefaßt werden können, wenn der Inhaber der Beklagten ein solches Verlangen gestellt hätte. Daraus hat das Berufungsgericht wiederum gefolgert, B. hätte die verlangte Auskunft nicht verweigert. Darauf aber kommt es überhaupt nicht an. Wenn eine Nachforschungspflicht dahin bestand, ob die von B. abgegebene Erklärung, daß er Eigentümer der Düngemittel sei, richtig war – und das hat das Berufungsgericht festgestellt –, so ist es unerheblich, ob B. gewillt war, die notwendigen Auskünfte zu erteilen. Gab er sie nicht, so konnte das Bedenken gegen seine Erklärung dadurch nur verstärkt werden. Der Umstand, daß die Beklagte B. nicht habe verletzten wollen, kann es nicht rechtfertigen, daß sie die gebotenen Nachforschungen unterlassen hat."[68] Da der BGH grundsätzlich grob fahrlässiges Verhalten in dem Unterlassen notwendiger Nachforschungen sah[69], hat der Senat auch in diesem Urteil nichts anderes getan, als eine überprüfende Stellungnahme zu dem grob fahrlässigen Verhalten der Beklagten abzugeben. Das, obwohl er gerade in diesem Urteil ausdrücklich betonte, daß es sich gerade bei dieser Feststellung um eine nicht revisible Tatfrage handelt.

Folgt man diesem Vorgehen des Senats, so scheint es Rechtsfrage und nicht Tatfrage zu sein, wann es im Einzelfall gerechtfertigt ist, Nachforschungen zu unterlassen und wann nicht. Folgt man allerdings den Ausführungen des IV. Senats zur Revisibilität aus dem Jahre 1953[70], so hätte der Senat hier auf den Einzelfall nicht näher eingehen dürfen. Vielmehr hätte der Senat darauf hinweisen müssen, daß im Rahmen seiner - in der Grundsatzentscheidung definierten - Prüfungskompetenz, Rechtsfehler durch das Berufungsgericht nicht erkennbar waren.

Damit läßt sich feststellen, daß der IV. Senat vor dem Hintergrund des vor besprochenen Urteils aus dem Jahre 1954[71] die Absicht hatte, nochmals ausdrücklich klarzustellen, daß die Beurteilung der groben Fahrlässigkeit Tatfrage ist und so seiner Beurteilung grundsätzlich entzogen ist. Zugleich zeigt sich aber gerade in diesem Urteil, daß es dem BGH nicht gelang, eine Trennung von Tat- und Rechtsfrage durchzuführen. Das liegt an dem Umstand, daß eine solche Abgrenzung im Einzelfall, wie Wiegand auch sagt, schwierig ist.[72] Das gilt besonders hier, wo es sich bei dem zu überprüfenden Begriff um einen Rechtsbegriff handelt, der nur insoweit überprüfbar sein soll, als Verstöße gegen § 286 ZPO, gegen Denkgesetze oder Erfahrungssätze vorliegen.[73]

---

[68] BGH WM 1956, 156, (157).
[69] Siehe dazu Kapitel 5.
[70] BGHZ 10, 14. Dazu S. 9 ff.
[71] BGH LM HGB § 366, Nr. 4; besprochen auf S. 13.
[72] Staud./Wiegand, § 932, Rn. 44.
[73] BGHZ 10, 14, (16 f.).

In einem weiteren Urteil des BGH aus dem Jahre 1956[74], in dem es zu beurteilen galt, ob dem Erwerber einer Sache grobe Fahrlässigkeit vorzuwerfen war, mußte wieder der IV. Senat entscheiden. Erneut kam der Senat zu einem Ergebnis, was in Anbetracht der Ausführungen des BGH in den vorbesprochenen Urteilen[75] – im Hinblick auf seinen Beurteilungsspielraum – eine neue Betrachtungsweise einführt. Wie die folgenden Ausführungen zeigen werden, schien der BGH seinen Beurteilungsspielraum in Bezug auf seine beschränkte Prüfungskompetenz hinsichtlich des Begriffs der groben Fahrlässigkeit erweitern zu wollen. Betrachtet man jedoch den Umstand, daß der BGH im Einzelfall praxisgerechte Entscheidungen zu produzieren hat, wird das im folgenden dargestellte Vorgehen verständlich.

In dem zu betrachtenden Urteil äußerte sich der Senat zu Umständen, die seiner Ansicht nach Zweifel an den Eigentumsverhältnissen hätten erzeugen müssen. Er machte deutlich, daß die Feststellung, ob im gegebenen Fall solche Umstände vorlägen, eine im wesentlichen dem Tatrichter vorbehaltene Entscheidung sei. Hinsichtlich der Revisibilität der groben Fahrlässigkeit modifizierte er allerdings erneut die Feststellungen seiner Grundsatzentscheidung und erweiterte den Bereich der Revisibilität.[76] Er stellte klar, „Nur wenn die darüber von (...) [dem Tatrichter] getroffenen Feststellungen bei Berücksichtigung der Lebenserfahrung für eine vernünftige, das Gesamtbild der gegebenen Lage umfassende und erschöpfende Betrachtungsweise handgreiflich falsch sind, oder wenn sie auf einer Verletzung von Erfahrungssätzen, Denkgesetzen oder verfahrensrechtlichen Bestimmungen beruhen, binden sie den Revisionsrichter nicht.“[77]

Die sich aus diesen Ausführungen des Senats im Hinblick auf die Revisibilität ergebenden Schwierigkeiten sind sofort erkennbar. Die Schwierigkeit liegt in dem Umstand, daß der BGH hier einen neuen Rechtsbegriff einführte, wonach der Begriff der groben Fahrlässigkeit nun doch überprüfbar sein sollte. Das Revisionsgericht soll den Begriff der groben Fahrlässigkeit doch beurteilen können und dürfen, wenn die Bewertung der Umstände durch den Tatrichter „handgreiflich falsch“ war. Folgt man jedoch der Argumentation des BGH in seiner Grundsatzentscheidung zur Revisibilität, dann ist die Beurteilung der groben Fahrlässigkeit im Rahmen des gutgläubigen Erwerbs „im wesentlichen Tatfrage“ und damit der Überprüfung durch das Revisionsgericht entzogen.[78] Der BGH schien demnach seinen Beurteilungsrahmen erweitern zu wollen. Es ist nämlich Wertungsfrage, wann etwas als handgreiflich falsch anzusehen ist und wann nicht. Der Revisionsrichter bekam dadurch die Möglichkeit, eine Frage, die nach Auffassung des BGH eigentlich Tatfrage ist, doch an sich zu ziehen.

---

[74] BGH WM 1956, 884.

[75] Siehe dazu S. 13 ff. und 14 ff.

[76] BGHZ 10, 14; siehe dazu auch S. 9 ff.

[77] BGH WM 1956, 884, (885). Übernommen in BGH WM 1978, 1208, (1209).

[78] BGHZ 10, 14.

Allerdings hat sich der BGH – soweit ersichtlich – zu keinem Zeitpunkt mehr dieser Möglichkeit bedient. Das hinderte den BGH aber nicht daran, die Frage des Vorliegens von grober Fahrlässigkeit auch ohne weitere Begründung zu überprüfen. Wenn der BGH auch nicht immer wörtlich aussprach, daß er in dem Verhalten des Erwerbers grobe Fahrlässigkeit erblickte, so scheute sich der Senat doch nicht, den Sachverhalt eigens unter seine Definition der groben Fahrlässigkeit zu subsumieren.

In einem Fall, den der III. Senat[79] zu beurteilen hatte, nahm der BGH umfassend zur Frage der Bösgläubigkeit des Erwerbers Stellung. Das Revisionsgericht vertrat in dem zugrundeliegenden Fall die Auffassung, daß das Berufungsgericht zu Recht Bösgläubigkeit bei der Beklagten angenommen habe. Der Senat beurteilte die Ausführungen des Berufungsrichters wie folgt: „Seine Auffassung, die Beklagte habe hier nach den gesamten Umständen die im Geschäftsverkehr erforderliche Sorgfalt in ungewöhnlich großem Maße verletzt, wird im Ergebnis schon durch folgende Feststellung getragen: Der Beklagten seien nach dem „alarmierenden" Brief der Firma K. (...), dessen schwerwiegende Bedeutung sie alsbald erkannt habe, und vor allem nach der Erkenntnis, über die Waren der Lagerscheine Nr. 288 und 298 sei bereits widerrechtlich verfügt worden, Umstände bekannt gewesen, die mit auffallender Deutlichkeit den Verdacht nahe legten, die Firma R. sei auch sonst unzuverlässig und insbesondere nicht Eigentümerin der Waren laut Lagerschein Nr. 412; sie habe aus diesen Gründen dringende Veranlassung zu eingehender Nachforschung über den Ursprung der Ware des Lagerscheins Nr. 412 und die wahren Eigentumsverhältnisse an dieser gehabt, habe aber nichts in dieser Richtung getan, sondern gegenüber allen deutlich warnenden Anzeichen geradezu beide Augen geschlossen. Mit Recht verweist dabei das Berufungsgericht darauf, die Beklagte (...) hätte weder den Lagerschein Nr. 412/54 genau angesehen noch die Ware selbst auch nur flüchtig untersucht, ihre Nachforschungen hätten sich nur auf das Vorhandensein der ihr früher gegebenen weiteren Sicherheiten, nicht aber auf die Eigentumsverhältnisse an der neuen Sicherheit erstreckt."[80]

Bei der Würdigung dieses Urteils ist davon auszugehen, daß nach der Auffassung des BGH zur Revisibilität der groben Fahrlässigkeit die Entscheidung darüber, wann ein fahrlässiges Verhalten als „grob" zu bezeichnen ist, Tatfrage sein sollte.[81] Hier stellte der Senat aber fest, daß die gemachten Feststellungen ausreichen würden, um von einer ungewöhnlich großen Verletzung der erforderlichen Sorgfalt zu sprechen.[82] Das entspricht genau der Subsumtion unter das Tatbestandsmerkmal ‚grob', was der BGH hier also als Rechtsfrage behandelte. Damit ist auch dieses Urteil Beweis dafür, daß der BGH seine grundsätzlichen

---

[79] BGH WM 1958, 754.
[80] BGH WM 1958, 754, (755).
[81] BGHZ 10, 14, 16 f.); siehe dazu S. 9 ff.
[82] BGH WM 1958, 754, (755).

Richtlinien in der Entscheidung des IV. Senats zur Revisibilität der groben Fahrlässigkeit nicht konsequent angewendet hat.

Auch die weiteren Ausführungen zeigen, daß der BGH die Subsumtion unter den Rechtsbegriff der groben Fahrlässigkeit überprüft und feststellt, inwieweit Nachforschungen über die Eigentumsverhältnisse anzustellen sind. Der Senat führte aus: „Daraus, daß das Berufungsgericht auch aus dem Verhalten der Beklagten nach vollzogener Abtretung des Herausgabeanspruchs Schlüsse auf ihre ununterbrochene Leichtfertigkeit zieht, ergibt sich nicht, daß es, wie die Revision meint, den für den guten Glauben maßgebenden Zeitpunkt verkannt hat. Dieser war (...) frühestens der Augenblick, als der Lagerschein Nr. 412/54 der Firma K. mit der Aufforderung, die Ware herauszugeben, vorgelegt wurde. In diesem Augenblick war die Beklagte deshalb bösgläubig, weil sie nach den tatsächlichen Feststellungen des Berufungsgerichts den dringenden Verdacht haben mußte, die Ware gehöre nicht der Firma R., und aus diesem Grunde erst ausreichende Nachforschungen anstellen mußte, ehe sie das Eigentum gutgläubig erwerben konnte. Mit Recht hat deshalb das Berufungsgericht auch aus dem späteren Verhalten der Beklagten Schlüsse auf ihre Bösgläubigkeit gezogen. Sie ist nicht erst später bösgläubig geworden, sondern war es von vornherein.“[83]

Der VIII. Senat stellte hier unmissverständlich fest, daß die Beklagte bösgläubig und damit grob fahrlässig gehandelt hatte, weil aufgrund der sich aufdrängenden Zweifel an den Eigentumsverhältnissen keine Nachforschungen angestellt worden waren. Ohne weiteres überprüfte er damit den einmal vom Berufungsgericht festgestellten Sachverhalt.[84] Das ergibt die Formulierung des Senats, daß die Beklagte deshalb bösgläubig war, „weil sie nach den tatsächlichen Feststellungen des Berufungsgerichts den dringenden Verdacht haben mußte (...) und aus diesem Grunde erst ausreichende Nachforschungen anstellen mußte (...)“[85] Hiernach scheint also der einmal festgestellte Sachverhalt vom Revisionsgericht rechtlich überprüfbar zu sein.[86] Bemerkenswert ist jedoch, daß der Senat dabei im folgenden Abschnitt dann aber bezug auf das Grundsatzurteil zur Revisibilität der groben Fahrlässigkeit genommen hat. Das geschah allerdings nur deswegen, weil die Revision einen Verstoß gegen § 286 ZPO gerügt hatte, was der BGH in seiner Grundsatzentscheidung für prinzipiell überprüfbar erklärt hatte. Dazu führte das Gericht aus: „Das Oberlandesgericht hat weder den Unterschied des Begriffs der gewöhnlichen zu dem der groben Fahrlässigkeit verkannt, wie er im Anschluß an die Rechtsprechung des Reichsgerichts auch vom Bundesgerichtshof entwickelt worden ist (...)[87], noch hat es die ergänzenden Rechtssätze zum Rechtsbegriff der groben Fahrlässigkeit, die der Bundesge-

[83] BGH WM 1958, 754, (755).
[84] Siehe dazu S. 11 f.
[85] BGH WM 1958, 754, (755).
[86] Siehe dazu S. 11.
[87] Unter Bezug auf BGHZ 10, 14, (16 f.).

richtshof in seinem Urteil vom 23. Mai 1956[88] (...) entwickelt hat, unberücksichtigt gelassen, wie die Revision meint."[89] Der VIII. Senat wiederholte zwar stereotyp die grundsätzlichen Feststellungen des IV. Senats aus dem Jahre 1953 zur Revisibilität. Er hielt sich jedoch nicht an die Konsequenz jener Entscheidung, daß nämlich die Beurteilung der groben Fahrlässigkeit im wesentlichen Tatfrage ist und damit durch das Revisionsgericht nur im Hinblick auf Verstöße gegen § 286 ZPO, gegen Denkgesetze oder Erfahrungssätze überprüft werden kann.[90]

In einem weiteren Urteil wurde der BGH erneut mit der Frage konfrontiert, ob daß Verhalten des Erwerbers als grob fahrlässig einzustufen war. Wiederum handelte es sich um ein Urteil des VIII. Senats. Der Senat nahm in diesem Urteil zwar Stellung zur Frage der Revisibilität der groben Fahrlässigkeit, beurteilte aber entgegen den Feststellungen der Entscheidung aus dem Jahre 1953[91] dennoch den Sachverhalt im Hinblick auf einen gutgläubigen Erwerb. Der Senat war der Ansicht, daß die Würdigung des Berufungsrichters aus Rechtsgründen nicht zu beanstanden sei. Eine Erklärung, was der Senat unter dem Begriff ‚aus Rechtsgründen' verstand, lieferte er jedoch nicht. Der Senat wollte möglicherweise zum Ausdruck bringen, daß eine solche Prüfung aus seiner Sicht Tatfrage und damit seiner Stellungnahme grundsätzlich entzogen ist. Dagegen spricht zunächst aber, daß er sich in diesem Urteil umfangreich zu bestehenden Nachforschungspflichten geäußert hat. Der Senat nahm ausführlich zu dem Verhalten des Erwerbers Stellung.[92] Daher kann wohl gesagt werden, daß dem Begriff ‚aus Rechtsgründen' keine größere Bedeutung zukommt. Der BGH wollte wohl eher den Bezug zu seiner Grundsatzentscheidung nicht vollständig verlieren. Denn danach hätte der Senat sagen müssen, daß er den Sachverhalt im Hinblick auf die Überprüfung des Begriffs der groben Fahrlässigkeit und etwaiger Nachforschungspflichten nicht überprüfen könne.

Auch der folgende Fall zeigt deutlich, daß der BGH die Überprüfung des Begriffs der groben Fahrlässigkeit als Rechtsfrage auffasste. Wieder war es der VIII. Senat[93], der sich über die Grundsatzentscheidung des IV. Senats zur Revisibilität[94] stillschweigend hinwegsetzte und sich auch nicht aus Rechtsgründen daran gehindert schien, in den Fall wertend einzugreifen. Denn wenn er feststellte: „In jenem Fall handelt er grob fahrlässig, weil er damit rechnen muß, daß der Verkäufer nur bei Abtretung seiner Kaufpreisforderung zur Veräußerung ermächtigt ist"[95], dann stellte er damit gleichermaßen fest, wann ein Umstand im

---

[88] BGH WM 1956, 884, siehe dazu S.59.
[89] BGH WM 1958, 754, (755).
[90] BGHZ 10, 14, (16 f.).
[91] BGHZ 10, 14.
[92] Siehe dazu S. 9 ff.
[93] BGHZ 77, 274.
[94] BGHZ 10, 14; siehe dazu S. 9 ff.
[95] BGHZ 77, 274, (278).

Einzelfall als ‚grob' zu bezeichnen ist.[96] Genau das ist, folgt man der Grundsatzentscheidung, aber gerade eine nicht-revisible Tatfrage.[97]

Ein besonders deutliches Beispiel dafür, daß der BGH die Feststellungen des Berufungsgerichts zur groben Fahrlässigkeit überprüft, bietet der folgende Fall, den der IV. Senat zu entscheiden hatte.[98] Folgendes hatte sich zugetragen:

Die Klägerin stand mit R., einem Händler für landwirtschaftliche Erzeugnisse, in einer Geschäftsverbindung. Zur Sicherheit ihrer Ansprüche ließ sich die Klägerin fünf gebrauchte Kraftfahrzeuge übereignen und die dazugehörigen Kraftfahrzeugbriefe aushändigen. Eines dieser Fahrzeuge verkaufte R. unter Eigentumsvorbehalt an den Beklagten weiter, dem er das Fahrzeug sogleich übergab. Später wurde über R. das Konkursverfahren eröffnet. Daraufhin beglich der Beklagte die Restschuld. Die Klägerin begehrte von dem Beklagten gestützt auf ihr Sicherungseigentum Herausgabe des Fahrzeugs. Die Vorinstanzen gaben der Klage statt. Die Revision führte zur Abweisung der Klage.

Dieses Urteil ist insofern beachtenswert, als der BGH unter Hinweis auf seine Entscheidung aus dem Jahre 1953 zur Revisibilität[99] seine Prüfungskompetenz zunächst einschränkte, dann aber dennoch die Wertungen des Berufungsgerichts überprüfte. Die Revision hatte sich gegen die Feststellungen des Berufungsgerichts gewendet, daß der Beklagte beim Erwerb des streitigen Kraftwagens von der Firma R. gutgläubig gewesen war. Die Revision hatte dazu ausgeführt: „Diese Feststellung (...) sei unter Verkennung des Begriffs der groben Fahrlässigkeit getroffen worden. Bei einer richtigen Auffassung dieses Begriffes sei das Verhalten des Beklagten als ein solches zu beurteilen, bei dem die erforderliche Sorgfalt nach den gesamten Umständen in ungewöhnlich großem Maße verletzt worden sei."[100] Der IV. Senat reagierte auf diesen Angriff der Revision wie folgt: „ Diese Rüge ist nicht berechtigt. Das Berufungsgericht ist bei der Anwendung des Begriffes der groben Fahrlässigkeit von den Grundsätzen ausgegangen, denen der erkennende Senat in der Entscheidung BGHZ 10, 14 ff = L-M Nr. 2 zu § 932 BGB im Anschluss an die Rechtsprechung des Reichsgerichts und des Obersten Gerichtshofs gefolgt ist. Danach ist dieser Begriff insofern ein Rechtsbegriff, als er neben dem Begriff der allgemeinen Fahrlässigkeit das Merkmal einer ungewöhnlichen erheblichen Sorgfaltspflichtverletzung enthält, bei der dasjenige unbeachtet geblieben ist, was jedem hätte einleuchten müssen. Es ist aber nicht ersichtlich, daß und inwiefern das Berufungsgericht den Begriff der allgemeinen Fahrlässigkeit als eines Außerachtlassens der allgemein im Verkehr erforderlichen Sorgfalt verkannt haben soll. Seine Darlegungen ergeben das Gegenteil und lassen auch erkennen, daß es sich des vorbezeichneten Unter-

[96] Auch in BGH Warn. 1973, Nr. 3, 9, (11).
[97] BGHZ 10, 14.
[98] BGH IV. ZR 50/54 (unveröffentlicht).
[99] BGHZ 10, 14. Dazu S. 9 ff.
[100] BGH IV. ZR 50/54 (unveröffentlicht).

schiedes zwischen einfacher und grober Fahrlässigkeit und des allgemeinen Wesensmerkmals, durch das dieser Unterschied begründet wird, bewusst gewesen ist. Es hat ausgeführt, daß der Beklagte verpflichtet gewesen sei, sich über die Verfügungsbefugnis des Veräußerers bzw. die Eigentumsverhältnisse an dem gebrauchten Kraftfahrzeug zu erkundigen und zu diesem Zwecke die Vorlage des Kraftfahrzeugbriefes zu verlangen. Dieser Verpflichtung sei er auch nicht dadurch enthoben gewesen, daß nach den Lieferungsbedingungen das Recht zum alleinigen Besitz des Briefes bis zur vollständigen Tilgung des Kaufpreises bei den veräußernden Firma R verblieben sei."[101] Diesen Feststellungen folgte im Hinblick auf die vom IV. Senat erwähnte Entscheidung BGHZ 10, 14 eine zunächst konsequente Bewertung der Beurteilung des Berufungsgerichts. Der IV. Senat führte weiter aus: „Damit hatte das Berufungsgericht unter Zugrundelegung eines richtigen Begriffs der gewöhnlichen Fahrlässigkeit zum Ausdruck gebracht, daß die Verletzung dieser Pflicht grundsätzlich eine Fahrlässigkeit bedeute."[102] Das Berufungsgericht hatte die Auffassung vertreten, daß aufgrund der näheren Umstände nicht festgestellt werden könne, ob der Beklagte die ihm obliegenden Pflichten in erheblichem Maße verletzt habe. Es handle zwar derjenige beim Erwerb eines gebrauchten Fahrzeugs in der Regel grob fahrlässig, der sich den Kfz-Brief nicht vorlegen lasse, doch könne man ein solches Verhalten nicht ohne weiteres als grob fahrlässig betrachten. Ein solches Verhalten könne infolge besonderer Umstände des Einzelfalls, trotz der Nichtvorlage, mit den Anforderungen der dem Erwerber obliegenden Sorgfaltspflichten vereinbar sein. Dieser Auffassung war die Revision entgegengetreten. Sie hatte angeführt, daß zumindest immer dann grobe Fahrlässigkeit vorliege, wenn der Erwerber eines Kraftfahrzeugs von der Vorlage des Briefs absehe, obwohl ihm der Veräußerer erklärt habe, daß er den Brief zur Zeit nicht vorlegen könne. Dazu vertrat der IV. Senat die Ansicht: „Entscheidend ist vielmehr auch in einem solchen Falle - wovon auch das Berufungsgericht ausgeht - ob die Gründe, die der Veräußerer für die Nichtvorlage des Briefes angibt, dem Erwerber nach den besonderen Umständen des Einzelfalls glaubwürdig erschienen sind und erscheinen konnten, oder ob diese Umstände und die Erklärung des Veräußerers sein Mißtrauen wecken mußten."[103] Zu den vom Berufungsgericht bewerteten Tatumständen, die vorliegend dazu führten, daß dem Beklagten der Vorwurf der groben Fahrlässigkeit erspart blieb, wollte sich der BGH zunächst nicht äußern. Das Gericht meinte, hierbei handle es sich um eine im Revisionsrechtszug nicht angreifbare Tatsachenwürdigung des Berufungsgerichts und nicht, wie die Revision meinte, um die Zugrundelegung eines unrichtigen Begriffs der groben Fahrlässigkeit.

[101] BGH IV. ZR 50/54 (unveröffentlicht).
[102] BGH IV. ZR 50/54 (unveröffentlicht).
[103] BGH IV. ZR 50/54 (unveröffentlicht).

Vom Revisionsgericht sei nur nachprüfbar, ob Verstöße gegen Verfahrensrecht, gegen Denkgesetze oder Erfahrungssätze vorliegen.[104]

Diese Ausführungen des Senats sind insofern im Hinblick auf die Grundsatzentscheidung zur Revisibilität inkonsequent, als der Senat zwar zunächst richtig nur überprüft, ob der Berufungsrichter den Begriff der einfachen Fahrlässigkeit zutreffend erkannt hat. Aber der weitere Verlauf der Argumentation des Senats zeigt, daß er im weiteren auch Feststellungen zur Frage trifft, ob der Begriff der groben Fahrlässigkeit durch das Berufungsgericht richtig beurteilt wurde. Zwar kann der BGH im Sinne der Grundsatzentscheidung überprüfen, ob ein Verstoß gegen § 286 ZPO vorlag. Insofern hatte die Revision auch versucht, die entsprechenden Feststellungen des Berufungsgerichts anzugreifen. Die Revision hatte die Auffassung vertreten, daß Berufungsgericht habe übersehen, daß bereits einen Tag vor der Abfassung des Kaufvertrags mündlich über den Verkauf Einigung erzielt wurde. Dabei habe der Beklagte nicht nach dem Kfz-Brief gefragt. Dementsprechend „könnten die Anforderungen des Beklagten an den Nachweis des Eigentums seines Veräußerers nur sehr gering gewesen sein."[105] Diese Rüge hielt der IV. Senat für unbegründet. Er stellte dabei darauf ab, daß „für die Frage der Gutgläubigkeit des Erwerbers nicht sein Verhalten beim Abschluß des schuldrechtlichen Kaufvertrags, sondern seine Vorstellung bei der Einigung über den Eigentumsübergang und bei der Übergabe entscheidend ist. Zu dieser Einigung und Übergabe ist es nach dem feststehenden Sachverhalt zugleich mit der schriftlichen Festlegung des Kaufvertrags erst (...) am Tage nach der (...) mündlichen Kaufvereinbarung gekommen."[106] Der BGH sah es als selbstverständlich an, daß der Erwerber annehmen könne, daß ihm der Kfz-Brief bei der endgültigen schriftlichen Festlegung des Vertragsinhalts und der Übergabe des Kraftfahrzeugs vorgelegt werden würde. Jedes vorherige Verlangen, den Brief sehen zu wollen, hätte gegenüber der Verkäuferin ein gewisses Mißtrauen zum Ausdruck gebracht.

Ohne klarzustellen, daß sich der weitere Angriff der Revision nicht mehr gegen einer Verletzung des § 286 ZPO richtete, überprüfte der Senat nun die Feststellungen des Berufungsgerichts zu etwaig bestehenden Erkundigungspflichten. Darüber hinaus stellte der Senat sogar fest, daß das Verhalten des Beklagten in diesem Fall nicht als grob fahrlässig anzusehen war. Diesen Feststellungen war ein Angriff der Revision vorausgegangen. Der Beklagte hätte auch an dem Tage der Übergabe die Frage nicht gestellt, ob der Wagen tatsächlich freies Eigentum der Firma R gewesen sei. Diese Rüge hatte keinen Erfolg. Der Senat hielt das für „verständlich und mit der Sorgfaltspflicht des Beklagten vereinbar, wenn er nach den gesamten Umständen keinen begründenden Anlaß hatte, den Erklärungen der Verkäuferin und ihrem gesamten Verhalten, mit dem sie sich – minde-

---

[104] Urteil bezieht sich auf BGHZ 10, 14 f. Siehe dazu auch S. 9 ff.

[105] BGH IV. ZR 50/54.

[106] BGH IV. ZR 50/54.

stens schlüssig – als Eigentümerin ausgegeben hatte, Mißtrauen entgegenzubringen. Daß zu solchen Bedenken für den Beklagten kein Grund bestanden habe, nimmt aber das Berufungsgericht an, indem es insbesondere ausführt, daß auch die Nichtvorlage des Kraftfahrzeugbriefs (...) den Beklagten nicht habe mißtrauisch zu machen brauchen, weil ihm der Zeuge R in glaubwürdiger Weise erklärt habe, der Brief müsse sich im Büro der Firma R befinden. War aber diese Erklärung nach den Umständen glaubwürdig, so konnte der Beklagte sich mit ihr zufrieden geben und ohne grobe Fahrlässigkeit von weiteren Fragen über das Eigentumsrecht der Verkäuferin absehen; denn in dieser Äußerung des Zeugen lag, wie das Berufungsgericht ausführt, die Zusicherung, daß der Brief sich nicht in Händen irgendwelcher dritter Personen befand, was auf ein fremdes Eigentumsrecht an dem Wagen hätte hindeuten können.“[107]

Ein weiteres Beispiel dafür, daß der Senat den Sachverhalt überprüfte, folgt in einem Urteil des VIII. Senats.[108] Die Feststellungen in diesem Urteil schienen mit denjenigen der Grundsatzentscheidung des IV. Senats zur Revisibilität aus dem Jahre 1953[109] ebenfalls nicht in Einklang bringen zu sein. In der Entscheidung des IV. Senats hieß es, daß die Bestimmung des Grades der Fahrlässigkeit Tatfrage ist.[110] In dieser Entscheidung hatte der VIII. Senat die grundsätzliche Trennung von Tat- und Rechtsfrage offensichtlich nicht so genau genommen. Denn er verwarf die Entscheidung des Berufungsgerichts. Er hielt die Ausführungen des Berufungsgerichts zum guten Glauben für untauglich. Er begründete detailliert, warum dem Beklagten grobe Fahrlässigkeit vorzuwerfen war. Er verwies den Rechtsstreit allerdings nicht zur erneuten Beurteilung zurück, sondern stellte fest, daß der Beklagte weder nach § 932 BGB, noch nach § 366 HGB als gutgläubig anzusehen war. Damit stellte sich der VIII. Senat offen gegen die Grundsatzentscheidung des IV. Senats zur Revisibilität[111], wonach die getroffene Beurteilung Tatfrage gewesen wäre.

Auch ein Urteil des VI. Senats[112] hielt sich nicht an die Feststellungen der Grundsatzentscheidung. Dort hatte sich folgendes zugetragen:

Der Vertreter S. kaufte einen neuen Skoda, der von der Sparkasse R. finanziert wurde. Zur Sicherheit ließ sich die R. das Eigentum an dem Wagen übertragen und sich den Brief aushändigen. Die Finanzierung wurde durch den Kläger vermittelt, einem Filialleiter der X.-Versicherung. Mit R. bestand eine Vereinbarung, daß im Falle der Tilgung der Verbindlichkeit durch den Kläger das Sicherungseigentum auf diesen übergeht, denn der Kläger hatte für dieses Geschäft als „Händlerfirma“ gebürgt. S. zahlte jedoch auf die Darlehnsschuld

---

[107] BGH IV. ZR 50/54.
[108] BGH NJW 1965, 687.
[109] BGHZ 10,14.
[110] BGHZ 10, 14 (16).
[111] BGHZ 10, 14; siehe dazu S. 9 ff.
[112] BGH WM 1967, 562.

nichts zurück, so daß der Betrag durch den Kläger beglichen wurde. Daraufhin wurde dem Kläger bestimmungsgemäß das Sicherungseigentum übertragen und der Brief übergeben.

Zwischenzeitlich veräußerte S. den Skoda unter Mitwirkung der Beklagten an die niederländische Autohändlerfirma N., die den Wagen ihrerseits weiterveräußerte. Die Beklagte wurde durch ihren Geschäftsführer F. vertreten, der dieses Geschäft, ohne den Brief je gesehen zu haben, durchgeführt hatte. Nach Angaben des Klägers hatte F. den S. nach dem Brief gefragt. Dieser habe geantwortet, daß er den Brief nicht besitze. Darauf entgegnete F. schließlich, daß er auf den Brief keinen Wert lege, da dieser ohnehin für die Ausfuhr nicht erforderlich sei. Die Beklagte verteidigte sich mit den Argumenten, daß F. den S. nicht nach dem Brief gefragt und F. deshalb auch nicht erfahren habe, daß dieser den Brief nicht besitze. Vielmehr solle F. dem S. zu verstehen gegeben haben, daß er den Brief beim zuständigen Verkehrsamt entwerten lassen könne, was im Exportgeschäft üblich sei.

Der Kläger verlangte nach diesen Geschehnissen von der Beklagten Schadensersatz gemäß §§ 989, 990 BGB. Die Vorinstanzen hatten der Klage dem Grunde nach stattgegeben. Die Revision dagegen hatte dagegen keinen Erfolg.

Ohne weiteres überprüfte der Senat den Sachverhalt im Hinblick auf den guten Glauben der Beklagten. Der Senat sah es als grob fahrlässig an, daß sich F. weder den Kfz-Brief hatte vorlegen lassen noch weitere Erkundigungen über den Verbleib des Briefes verlangt hatte. Als leichtfertig beurteilte der Senat auch, daß F. darauf vertraut hatte, daß der niederländische Käufer die Eigentumsverhältnisse schon ausreichend prüfen werde. Der Senat führte aus: „Jedenfalls durfte sich die Beklagte auf das Geschäft keineswegs einlassen, wenn nach den Umständen die Befürchtung sehr nahe lag, daß der Wagen noch im Vorbehaltseigentum des Verkäufers stand, oder daß er einem Kreditinstitut zur Sicherheit übereignet war.“[113] Aufgrund dieser Umstände bestätigte der BGH die Auffassung des Berufungsgerichts, in diesem Fall erhöhte Prüfungspflichten zu verlangen, „wenn der Käufer des Wagens – wie im vorliegenden Fall – die Person des Verkäufers nicht näher kennt und zudem weiß, daß der Wagen ins Ausland gebracht werden soll.“[114] Allerdings sind diese Feststellungen des Senats – gemessen an der Grundsatzentscheidung zur Revisibilität – inkonsequent, da der Senat in seiner Funktion als Revisionsgericht den Sachverhalt in dieser Hinsicht eigentlich nicht beurteilen konnte. Der BGH nahm aber nicht nur zu den Prüfungspflichten der Beklagten Stellung, sondern traf darüber hinaus auch noch Feststellungen darüber, wann sich das Verhalten der Beklagten seiner Ansicht nach als grob fahrlässig darstellt. Der Senat stellte klar: Ließ sich F. in einem solchen Fall den Kfz-Brief nicht zeigen ohne wenigstens Aufklärung darüber zu

[113] BGH WM 1967, 562, (563).
[114] BGH WM 1967, 562, (563).

verlangen, wo sich der Brief befand, so kann das nur als grob fahrlässig angesehen werden.[115]

Diese Ansicht vertiefte der Senat auch in seinen weiteren Ausführungen, wenn er feststellte: „Dem Geschäftsführer wäre im übrigen auch dann der Vorwurf grober Fahrlässigkeit zu machen, wenn er persönlich des Glaubens gewesen wäre, die von ihm vertretene Beklagte sei nicht Käuferin des Wagens im Rechtssinne. Schaltete sich die Beklagte in der geschehenen Weise in die ins Ausland führenden Geschäftsbeziehungen über den Wagen ein, so mußte sie sich um die Vorlage des Kraftfahrzeugbriefes kümmern und naheliegenden Zweifeln nachgehen, ob der deutsche Verkäufer Eigentümer des Wagens war."[116]

Der VI. Senat stellte sich mit diesen Erwägungen erneut in Widerspruch zu der Grundsatzentscheidung des IV. Senats aus dem Jahre 1953[117]. Denn weder Feststellungen zu etwaig bestehenden Nachforschungspflichten im Einzelfall, noch in welch einem Fall dem Erwerber grobe Fahrlässigkeit vorzuwerfen ist, gehört im Sinne der Grundsatzentscheidung in den Pflichtenkreis des Revisionsgerichts. Gleichzeitig läßt sich dieser Vorgehensweise aber entnehmen, daß es sich bei diesen Beurteilungen auch nach Ansicht des BGH nicht um Tatfragen, sondern um revisible Rechtsfragen handelt. Es kann damit gesagt werden, daß nicht jene Grundsatzentscheidung die Rechtslage bestimmt, sondern die langjährige Praxis, was auch dieses Urteil wieder einmal deutlich gezeigt hat.

Wie verschieden aber die rechtfertigenden Argumente des BGH sind, warum er im Einzelfall ein Urteil trotz der Grundsatzentscheidung überprüfte, konnte man bereits an dem oben dargestellten Urteil erkennen.[118] Der IV. Senat hatte ausgeführt, daß der Begriff der groben Fahrlässigkeit - entgegen den Feststellungen seiner Grundsatzentscheidung - überprüft werden könne, wenn die Beurteilung des Berufungsgerichts „handgreiflich falsch" seien. Er führte damit einen neuen Begriff ein, der dem BGH eine weitere Möglichkeit eröffnen sollte, den Begriff der groben Fahrlässigkeit zu überprüfen. Auch das folgende Urteil des II. Senats bietet ein Beispiel dafür. Der Senat führte darin aus, daß die Beurteilung, ob die Fahrlässigkeit als „einfach" oder „grob" zu beurteilen ist, zwar grundsätzlich tatrichterlicher Natur und somit der revisionsrechtlichen Prüfung entzogen sei. Aber in diesem Fall war der II. Senat der folgenden Auffassung: „Aufgrund der insoweit abschließenden Feststellungen des Berufungsgerichts und des unstreitigen Sachverhalts kann der Senat jedoch die gebotene rechtliche Würdigung selbst vornehmen."[119] Damit rechtfertigte der BGH wohl die von

---

[115] Unter Bezug auf BGH WM 1959, 138; siehe dazu folgenden Fall.

[116] BGH WM 1967, 562, (563).

[117] BGHZ 10,14.

[118] BGH WM 1956, 884, (885). Übernommen in BGH WM 1978, 1208, (1209). Siehe dazu S. 59.

[119] BGH NJW 1991, 1415, (1417).

dem Senat vorher ausführliche Beurteilung dieses Falls, was im Hinblick auf die Grundsatzentscheidung zur Revisibilität der groben Fahrlässigkeit gerade nicht zulässig ist.[120] Denn es kommt dort weder auf die abschließenden Feststellungen des Berufungsgerichts noch auf den unstreitigen Sachverhalt an, wenn es um die Frage geht, ob ein Verhalten im Einzelfall als grob zu werten ist. Zwar ließe sich aus diesen Ausführungen schließen, daß der BGH neue Maßstäbe dafür entwikkeln wollte, was revisibel ist. Das wäre auch insoweit konsequent, als schon die bislang untersuchte Rechtsprechung gezeigt hat, daß der BGH die Feststellungen des Berufungsgerichts zur groben Fahrlässigkeit ohnehin überprüft. Aber die Durchsicht der weitere Urteile des BGH zum gutgläubigen Erwerb hat ergeben, daß der BGH diese Erweiterung seiner Prüfungskompetenz im Fall ‚handgreiflich falscher' Feststellungen des Berufungsgerichts, an keiner anderen Stelle als in diesem Urteil verwendet hat. Das legt den Schluß nahe, daß der BGH keine neuen Feststellungen zur Revisibilität des Begriffs der groben Fahrlässigkeit treffen wollte. Vielmehr lassen seine Ausführungen vermuten, daß er lediglich eine Rechtfertigung dafür suchte, den vorliegenden Sachverhalt entgegen den Feststellungen seiner Entscheidung aus dem Jahre 1953[121] zur Revisibilität zu überprüfen.

Dieses Urteil ist aber ein Beispiel dafür, daß die Überprüfung des unbestimmten Rechtsbegriffs der groben Fahrlässigkeit durchaus sinnvoll und damit berechtigt ist. Insoweit ist es richtig, wenn der BGH Feststellungen des Berufungsgerichts korrigiert, wenn die Beurteilung des Berufungsrichters ‚handgreiflich falsch' ist. Aber auch sonst spricht nichts dagegen, die Subsumtion des vom Berufungsgericht einmal festgestellten Sachverhalts unter den Rechtsbegriff der groben Fahrlässigkeit vom Revisionsgericht überprüfen zu lassen.[122] Das besonders vor dem Hintergrund, daß sich der BGH ohnehin in nur zwei Fällen[123] konsequent an seine Grundsatzentscheidung gehalten hat.

Das im folgend darzustellenden Urteil – Urteil des IV. Senats vom 27.09.1961, Az.: VIII ZR 116/60[124] – zeigt, wie sehr sich der BGH im Laufe seiner Rechtsprechung zum gutgläubigen Erwerb von seiner Grundsatzentscheidung zur Revisibilität des Begriffs der groben Fahrlässigkeit[125] entfernt hat. Die Feststellungen der Grundsatzentscheidungen wurden in vollem Umfang beachtet. Das Urteil des IV. Senats ist jedoch bis auf die der Grundsatzentscheidung unmittelbar folgenden Entscheidung vom 21. Mai 1953[126] – soweit ersichtlich –

---

[120] Siehe etwa BGH LM BGB § 932, Nr. 17. Siehe dazu BGHZ 10, 14 ff. und S. 9 ff.
[121] BGHZ 10, 14.
[122] Siehe zur weiteren Erläuterung S. 9 ff.
[123] Siehe S. 6 ff. und Fn. 126.
[124] BGH LM Nr. 17 zu § 932 BGB.
[125] BGHZ 10, 14.
[126] BGHZ 10, 69; siehe dazu oben S. 12 ff.

das einzige, was sich an die Feststellungen der Grundsatzentscheidungen konsequent gehalten hat. Folgendes hatte sich ereignet:

Ein sich als S. ausgebender englischer Staatsbürger mietete sich bei der Klägerin einen Mercedes 220 S. Er brachte an dem Kfz britische Nummernschilder an und veräußerte den Wagen weiter an den Beklagten - einen Kfz.-Händler -, vertreten durch deren Verkaufsleiter. Er legte einen britischen Personalausweis und ein auf das Kennzeichen des Wagens lautendes britisches „registration book“ vor. Daraufhin veräußerte die Beklagte ihrerseits das Kfz weiter.

Die Klägerin verlangte unter anderem Herausgabe des Wagens und bei Unvermögen Zahlung des Wertes. Alle Instanzen hatten dem Begehren der Klägerin nicht entsprochen.

Der BGH begründete die Zurückweisung der Revision folgendermaßen, nachdem er klargestellt hatte, daß es für die Beurteilung des guten Glaubens im vorliegenden Fall darauf ankomme, ob dem Erwerber grobe Fahrlässigkeit vorwerfbar ist. Er führte aus, daß er unter grober Fahrlässigkeit ausschließlich ein Handeln verstehe, bei dem die erforderliche Sorgfalt nach den gesamten Umständen des Falles in ungewöhnlich hohem Maße verletzt worden und dasjenige unbeachtet geblieben sei, was im gegebenen Fall jedem hätte einleuchten müssen. Nach dieser Feststellung lehnte er die Überprüfung des Berufungsurteils mit folgender Begründung ab: „Das BerGer.[127] ist bei seiner Würdigung von dieser Begriffsbestimmung der groben Fahrlässigkeit ausgegangen. Es hat indes nicht die Überzeugung zu erlangen vermocht, dem Einkäufer des Bekl. sei eine solche Verletzung der Sorgfaltspflicht vorzuwerfen, daß sein Verhalten als grobfahrlässig gewertet werden könne. Die Begründung, die das BerGer. für seine Auffassung gegeben hat, enthält lediglich eine auf tatsächlichem Gebiet liegende Würdigung, die der Nachprüfung im RevRechtszug[128] nur beschränkt zugänglich ist. Es ist nämlich keine Rechts-, sondern eine Tatfrage, ob im Einzelfall eine Fahrlässigkeit als grob oder als gewöhnlich zu beurteilen ist, so daß insoweit eine Nachprüfung durch das RevGer. Grundsätzlich nicht erfolgen kann (BGHZ 10, 14, 16).“[129] Im Gegensatz zu der sonstigen Rechtsprechung des BGH zum gutgläubigen Erwerb, hielt sich der BGH dann auch an seine Feststellungen. Er überprüfte das Urteil nicht.

IV. Ansicht der Literatur

Die Ausführungen des BGH zur Revisibilität der groben Fahrlässigkeit in seiner Entscheidung aus dem Jahre 1953[130] haben nach Ansicht der Kritik kein Licht in das Problem der Revisibilität gebracht. Die Frage, ob sich der Erwerber einer groben Fahrlässigkeit schuldig gemacht hat, soll nach Ansicht des BGH ‚im we-

[127] Berufungsgericht
[128] Revisionsrechtszug
[129] BGH LM Nr. 17 zu § 932 BGB.
[130] BGHZ 10, 14.

sentlichen' Tatfrage sein. Im Widerspruch dazu steht, daß der Senat meinte, es handele sich bei dem Begriff der groben Fahrlässigkeit als solchem um einen Rechtsbegriff. Es könne überprüft werden, ob der Berufungsrichter diesen Rechtsbegriff verkannt habe.[131] Diese Argumentation, die letztlich aus der Bestimmung eines unbestimmten Rechtsbegriffs ‚im wesentlichen' eine Tatfrage macht, ist nicht hinreichend klar. So blieb das Urteil auch nicht von Kritik verschont.

Henke[132] führt zu der vom BGH vorgenommenen Trennung zwischen Tat- und Rechtsfrage innerhalb der Beurteilung des Begriffs der groben Fahrlässigkeit aus, daß diese Metamorphose jedenfalls der logisch-begrifflichen Distinktion zwischen ‚Tatfrage' und ‚Rechtsfrage' widerspreche. Da nicht anzunehmen sei, daß der Bundesgerichtshof eine neue logische Unterscheidung von ‚Tatfrage' und ‚Rechtsfrage' habe aufstellen wollen, könnten es nur praktisch-prozessuale Gründe gewesen sein, die ihn veranlaßten, den (logischen) Rechtsbegriff der ‚groben Fahrlässigkeit' wie einen Tatsachenbegriff zu behandeln. Prütting hält es für logisch sauber und konsequent, die Aufteilung zwischen grober und leichter Fahrlässigkeit als nicht revisible Rechtsfrage zu behandeln. Denn es sei im Hinblick auf die allgemein anerkannte Überprüfbarkeit der einfachen Fahrlässigkeit kaum vertretbar, den Begriff der groben Fahrlässigkeit insgesamt für nicht revisibel zu erachten.[133]

In der Literatur wird die Überprüfung des Begriffs der groben Fahrlässigkeit durch das Revisionsgericht vielfach generell abgelehnt. Gegen die Überprüfung des Begriffs der groben Fahrlässigkeit wird eingewandt, daß die Überprüfung eines Intensitätsbegriffs, wie ihn das Merkmal grob darstellt, eine Frage des Einzelfalls sei und damit nicht dem Zweck der Revision entspräche.[134] Der Zweck der Revision sei in der Förderung der Rechtseinheit zu sehen,[135] die mit einer Beurteilung von Einzelfällen nicht erreicht werden könne. Soweit die Subsumtion von einem konkreten, unwiederholbaren Sachverhalt des Einzelfalls abhänge und deshalb nicht geeignet sein könne, für künftige Fälle eine Leitbildfunktion zu erfüllen, sei das Revisionsgericht an das angefochtene Urteil gebunden. Es komme nicht darauf an, ob man vom theoretischen Ausgangspunkt her der Auffassung sei, es handele sich um eine Rechts- oder um eine Tatfrage.[136]

---

[131] BGHZ 10, 14, (16).
[132] Henke, Die Tatfrage, S. 13.
[133] Prütting, Die Zulassung der Revision, S. 198.
[134] Etwa Kuchinke, S. 108 ff.: Prölss, VersR 1952, 119; ders. Prölss/Martin, § 6, Anm. 12.
[135] Stein/Jonas, Zivilprozeßordnung, §§ 549, 550 IV, Rn. 29 f., Rosenberg/Schwab/Gottwald Zivilprozessrecht, S. 876 f., Larenz, S. 517, (518 f.); Baumbach-Lauterbach-Albers-Hartmann/Albers, § 546, Rn. 7.
[136] Stein/Jonas, Zivilprozeßordnung, §§ 549, 550 IV, Rn. 29.

Das gelte auch für die grobe Fahrlässigkeit, ohne daß es darauf ankomme, ob man einen individuellen oder generellen Beurteilungsmaßstab anlege.[137]

Diese Auffassung wurde in der Literatur bezweifelt.[138] Henke etwa bezog sich zur Begründung seiner Zweifel auf eine Entscheidung des BGH zur Sittenwidrigkeit einer letztwilligen Verfügung.[139] In diesem Urteil hatte der BGH Fragen des Einzelfalls uneingeschränkt beurteilt. Gerade diese Entscheidung lasse nach Ansicht von Henke den Leser fragen, ob sich nicht auch aus der Entscheidung des Einzelfalls Anhaltspunkte für die Beurteilung anderer Fälle gewinnen lasse. Henke führte dazu aus: „Fehlen nämlich Richtlinien, welche den Begriffsinhalt generell-abstrakt festlegen, so kann sich der Richter immer noch von der ‚Beispielswirkung' der Einzelfallentscheidung leiten lassen, indem er den unterbreiteten Sachverhalt mit bereits entschiedenen, ähnlich gelagerten Sachverhalten vergleicht."[140]

Bei der Auseinandersetzung der Literatur mit der Lehre des BGH zur Revisibilität drängt sich zunächst die Frage auf, warum die Beurteilung des Begriffs der groben Fahrlässigkeit eine Einzelfallentscheidung ist, die ausschließlich von den Vorinstanzen zu treffen ist. Was macht also die Beurteilung dieses Rechtsbegriffs nach Ansicht des BGH zu einer nicht revisiblen Einzelfallfrage? Der Grund liegt in dem Umstand, daß der Senat im Rahmen der Beurteilung der groben Fahrlässigkeit auch subjektive, in der Individualität des Handelnden begründete Umstände berücksichtigt wissen will.[141] Denn die Betrachtung persönlich - individueller Umstände legt die Annahme nahe, darin stets eine Einzelfallsituation zu sehen. Dann wäre aber zu fragen, ob die Einbeziehung subjektiv-individueller Momente zwangsläufig zur Folge hat, daß die Beurteilung des Rechtsbegriffs der groben Fahrlässigkeit nicht revisibel ist.

In der Literatur wird die Ansicht vertreten, daß dies nicht zwingend der Fall ist. Ausgangspunkt ist, daß schon der Rechtsbegriff der einfachen Fahrlässigkeit im Revisionsrechtszug uneingeschränkt überprüfbar ist.[142] Der BGH hat schon in der untersuchten Grundsatzentscheidung zur Revisibilität festgestellt, daß für die einfache Fahrlässigkeit für alle Fälle gültige feste Normen aufstellbar sind.[143] Anderes könne aber auch nicht für die Feststellungen des Grades gelten. Dieser läßt sich ebenfalls nur durch Fallvergleich gewinnen, was gerade der Rechtseinheit diene.[144] In typischen Fällen sei ein konkreter Fallvergleich zwar nicht zwingend notwendig, bei individualisierender Beurteilung werde er jedoch zum

[137] Rosenberg-Schwab, Zivilprozessrecht, S. 877.
[138] Gottwald, S. 161; Henke, S. 14, Prütting, Die Zulassung der Revision, S. 199 f.
[139] BGH FamRZ 1954, 195 f.
[140] Henke, S. 14.
[141] BGHZ 10, 14, (17).
[142] Baumbach/Lauterbach/Albers/Hartmann, § 546, Rn. 7.
[143] BGHZ 10, 14, (16 f.).
[144] Gottwald, S. 161; Mitsopoulos, ZZP 81, 251, (257).

entscheidenden Beurteilungsmaßstab.[145] Würde man nach Ansicht von Gottwald in diesen Fällen „eine Abstimmung der Bewertung aufeinander und eine Orientierung an Leitbildern ausschließen, so könnten auch handgreiflich falsche rechtliche Bewertungen nicht korrigiert werden, weil die Prüfung methodengerechten Vorgehens, die Prüfung inhaltlicher Richtigkeit gerade dann nicht ersetzen kann."[146] Es kann danach also nicht darauf verzichtet werden, daß das Revisionsgericht in jedem Fall zu überprüfen hat, ob der Sachverhalt richtig unter das Merkmal ‚grob' subsumiert wurde.

Unzweifelhaft ist die Aufgabe des Tatrichters, den Sachverhalt zu ermitteln. Er hat die von den Parteien angebotenen Beweise zu erheben, mithin die Tatumstände vollständig festzustellen. Daher hat der Tatrichter im Gegensatz zur einfachen bei der groben Fahrlässigkeit, wenn man die Auffassung des IV. Senats zugrundelegt, auch einen etwaigen Vortrag zu subjektiv-individuellen Momenten zu berücksichtigen. Sind die Tatumstände allerdings einmal festgestellt, so ist die rechtliche Würdigung derselben, bzw. die folgende Subsumtion unter den Tatbestand der groben Fahrlässigkeit, reine Rechtsfrage.[147] Die Einbeziehung subjektiv-individueller Momente verursacht durch ihre Feststellung demnach nur ein ‚mehr' auf der Tatsachenebene, aber kein ‚weniger' auf der Ebene der rechtlichen Würdigung. Daraus folgt, daß es sich bei der Beurteilung der groben Fahrlässigkeit um eine revisible Rechtsfrage handelt.

Nichts anderes hat auch die Untersuchung der Rechtsprechung des BGH zum gutgläubigen Erwerb nach der Grundsatzentscheidung ergeben. Der BGH hat sich lediglich in zwei Fällen an seine Grundsatzentscheidung gehalten.[148] Ansonsten hat er die Prüfung des Rechtsbegriffs der groben Fahrlässigkeit als Rechtsfrage behandelt. Er hat, so wie es Gottwald formuliert[149], selbst darauf verwiesen, ohne daß aber mit der Grundsatzentscheidung in Einklang bringen zu wollen, daß das Berufungsurteil dann überprüft werden könne, wenn die dortigen Feststellungen handgreiflich falsch seien.[150] An anderer Stelle bekundete der BGH, er könne den Rechtsbegriff der groben Fahrlässigkeit auch dann überprüfen, wenn die nötigen Feststellungen durch das Berufungsgericht getroffen wurden und der Sachverhalt unstreitig ist.[151] Es ist damit festzuhalten, daß der Grundsatzentscheidung zur Revisibilität keine Bedeutung mehr zukommt. Der Rechtsbegriff der groben Fahrlässigkeit kann vom Revisionsgericht überprüft werden.

---

[145] Gottwald, S. 161.
[146] Gottwald, S. 161 f.
[147] BGH VersR 1952, 117, (119).
[148] Besprochen auf den Seiten 12 ff. und 29 ff.
[149] Gottwald, S. 161 f.
[150] BGH WM 1956, 884, (885).
[151] BGH NJW 1991, 1415, (1417).

Drittes Kapitel: Die Notwendigkeit einer Definition der groben Fahrlässigkeit

I. Einführung

Der BGH hat seine Standarddefinition zur groben Fahrlässigkeit erstmalig in seiner Grundsatzentscheidung zur Revisibilität des Rechtsbegriffs[152] im Jahre 1953 formuliert. Der BGH führte in diesem Urteil unter Bezug auf die ständige Rechtsprechung des Reichsgerichts aus, unter grober Fahrlässigkeit sei im allgemeinen ein Handeln zu verstehen, „bei dem die erforderliche Sorgfalt nach den gesamten Umständen in ungewöhnlich großem Maße verletzt worden ist und bei dem dasjenige unbeachtet geblieben ist, was im gegebenen Falle jedem hätte einleuchten müssen."[153] Da in dieser Untersuchung die Frage behandelt werden soll, wie der Begriff der groben Fahrlässigkeit inhaltlich auszugestalten ist, soll auch die Frage behandelt werden, inwieweit eine Definition der groben Fahrlässigkeit überhaupt sinnvoll und wie sie gegebenenfalls zu formulieren ist.

Der Gesetzgeber hat gemäß § 276 Abs. 1 S 2 BGB a.F. bzw. § 276 Abs. 2 BGB n.F lediglich den Begriff der einfachen Fahrlässigkeit im Bürgerlichen Gesetzbuch legaldefiniert. Für das Verwaltungsrecht existiert eine Definition im SGB X. Die Regelung im SGB X hat allerdings, soweit ersichtlich, keinen weiteren Einfluß auf die Rechtsentwicklung genommen.[154] Nach § 45 Abs. 2, S. 3 Nr. 3, 2. Hs. SGB X. liegt grobe Fahrlässigkeit vor, wenn die erforderliche Sorgfalt in besonders schwerem Maße verletzt wurde.

II. Definitionsversuche

In Rechtsprechung und Literatur wurden oftmals Versuche unternommen, die grobe Fahrlässigkeit zu definieren. In der Rechtsprechung des BGH tauchte eine Definition zur groben Fahrlässigkeit erstmals im Jahre 1951 auf. Danach handelt grob fahrlässig, „wer die nach Lage des Falles gebotene Sorgfalt in besonders hohem Maße außer acht läßt".[155] Sie wurde im Jahre 1953 ergänzt. Die dort gebotene erweiterte Definition bestand aus zwei Teilen.[156] Danach ist ein Verhalten grob fahrlässig, „bei dem die erforderliche Sorgfalt nach den gesamten Umständen in ungewöhnlich großem Maße verletzt worden ist und bei dem dasjenige unbeachtet geblieben ist, was im gegebenen Falle jedem hätte einleuchten müssen."[157] Sie wurde von der weiteren Rechtsprechung im wesentlichen über-

---

[152] BGHZ 10, 14, (16).

[153] BGHZ 10, 14, (16); unter Bezug auf RGZ 141, 129 ff. (131); 163, 104 ff. (106); 166, 98 ff. (101).

[154] König, S. 48 f.

[155] BGH VersR 1952, 117, (118); RGZ 163, 104, (106). Dazu auch Schütz, VersR 1967, 733, (734 f).

[156] RGZ 141, 129, (131); 163, 104, (106); 166, 98, (101).

[157] BGHZ 10, 14, (16).

nommen. Allerdings wurden die Formulierungen teilweise modifiziert. Danach wurde statt „in großem Maße" „in besonders hohem"[158], „in ungewöhnlich hohem"[159], „in besonders schweren"[160], in „besonders vorwerfbarem"[161] Maße oder sogar „in besonders grober"[162] oder „in besonders gravierender"[163] Weise" verwendet. Auch wurde der zweite Teil der Definition teilweise anders dargestellt. So hieß es z.B.: grob fahrlässig handelt derjenige, „der einfachste, ganz naheliegende Überlegungen nicht angestellt hat."[164] Auch soll grobe Fahrlässigkeit vorliegen, wenn „selbst einfachste, ganz naheliegende Überlegungen nicht angestellt oder beiseite geschoben werden, die sich im gegebenen Fall jedem aufdrängen mußten."[165]

In der Literatur findet sich ebenfalls eine große Anzahl von Definitionsversuchen. So heißt es etwa:[166] Zur Feststellung grober Fahrlässigkeit komme es darauf an, ob nach den Umständen des Einzelfalls eine besonders schwere Verletzung der schuldigen Sorgfalt anzunehmen sei;[167] grobe Fahrlässigkeit wird ferner definiert als besonders schwere Verletzung der im Verkehr erforderlichen Sorgfalt unter Zugrundelegung eines abstrakt gruppenbildenden Maßstabs,[168] synonym zur Rechtsprechung sei grobe Fahrlässigkeit gegeben, wenn die im Verkehr erforderliche Sorgfalt in ungewöhnlichem Maße vernachlässigt wurde;[169] grob fahrlässig handele, wer eine Bedingung setze, die eine Durchschnittsperson als generell begünstigend für den Verletzungserfolg hätte erkennen können.[170] Ferner liege grobe Fahrlässigkeit vor, wenn nach der Gesamtlage des Falles die Sorgfaltspflichtverletzung besonders schwer erscheine – im allgemeinen sei grobe Fahrlässigkeit mit Leichtfertigkeit gleichzusetzen.[171] Grobe Fahrlässigkeit sei eine besonders schwere Verletzung der verkehrserforderlichen Sorgfalt, eine ausnehmende Sorglosigkeit, wobei sich die Schwere des Verschuldens nach der Individualität des Handelnden richte.[172] Einen neuen Ansatz bietet Kötz: Danach handelt grob fahrlässig, wer eine Sicherungsmaßnahme un-

---

158 BGH VersR 1952, 117, (118).
159 BGHZ 102, 316, (318); BGH VersR 1959, 222, (223); BGH VersR 1989, 582, (583).
160 BGH NJW RR 1987, 1456=WM 1987 1282=MDR 1988, 45=LM BGB § 932, Nr. 37=JuS 1988, 484=NJW 1988, 482=LM BGB § 142, Nr. 8=DB 1987, 2634=JA 1988, 42.
161 BGH VersR 1964, 1024, (1025).
162 BGH NJW 1965, 687.
163 BGH NJW 1975, 735.
164 BGH WM 1956, 884, (885); siehe auch RG JW 1924, 1977, (1978).
165 BGH VersR 1964, 1024, (1025).
166 Stellen entnommen von Bokelmann, S. 6.
167 Planck, Bd. I, S. 37; ebenso Staudinger-Löwisch, § 276 Vorb. 93.
168 Pinckernelle, S. 43; im Ergebnis auch Reimer Schmidt in Soergel-Siebert, § 277, Rn. 4.
169 Fikentscher, Schuldrecht, Rn. 509, Larenz, Schuldrecht I, S. 291 f.
170 Venzmer, S. 20 f.
171 Enneccerus-Nipperdey, S. 1311 f.
172 Blohmeyer, S. 125.

terläßt, deren Kosten ganz eindeutig und ganz offensichtlich niedriger als der Nutzen sind, der sich ergibt, wenn die Maßnahme ergriffen und das in Rede stehende Risiko abgewendet worden wäre.[173]

III. Der Nutzen einer Definition

A. Allgemeines

Nahezu sämtliche Definitionen zur groben Fahrlässigkeit orientieren sich an der Legaldefinition der einfachen Fahrlässigkeit i.S.d. § 276 BGB.[174] Sofern sie nur den Wortlaut wiederholen und das Maß der Sorgfaltspflichtverletzung lediglich gesteigert darstellen, erscheinen solche Definitionen der groben Fahrlässigkeit wenig hilfreich.[175] Allerdings bieten einige Definitionsansätze mehr. Sie treffen Aussagen darüber, wie das Maß der Fahrlässigkeit zu bestimmen ist. Sie unterscheiden zwischen einem objektiven und einem subjektiven Beurteilungsmaßstab. Das bedeutet, es kann in einer Definition Anleitung darüber gegeben werden, nach welchen Kriterien ein Verhalten zu beurteilen ist. Denn erst wenn entschieden ist, nach welchem Maßstab abzuwägen ist, macht es Sinn, nach Richtlinien für einen Sorgfaltsmaßstab zu suchen.

B. Gegner einer Definition

Vielfach wurde ein solches Vorhaben in der Literatur wegen des nur graduellen Unterschieds zur einfachen Fahrlässigkeit für sinnlos und unmöglich gehalten.[176] Man sagte, bei den bisher geschaffenen Definitionen handele es sich um inhaltsleere Tautologien[177] ohne weiteren Erkenntniswert.[178] Insbesondere sei eine Definition der groben Fahrlässigkeit schon deswegen unmöglich, weil die grobe Fahrlässigkeit zu den „empfundenen“[179], nicht aber zu den genau feststellbaren Begriffen gehöre.[180]

C. Befürworter einer Definition

Andererseits wird die Auffassung vertreten, daß eine Definition der groben Fahrlässigkeit notwendig sei. Die Begründung lautet, daß man einen normativen

---

[173] Kötz, VersR JubAusg. 1983, 145, (149); ders. NJW 1984, 2447, (2448) und in Anm. zu BGH NJW 1984, 1350.

[174] § 276 Abs. 1, S. 2 BGB a.F.; § 276 Abs. 2 BGB n.F.

[175] Bokelmann, S. 8.

[176] König, S. 58 ff., (63); Bokelmann, S. 6; v. Reuter, S. 12 ff; Riedmaier VersR 1981, 10, (14); Lohe VersR 1968, 323 (324); Sanden, VersR 1967, 1013, (1014); Röhl, JZ 1974, 521; V. Thur, Allg. Teil II 2, S. 490; Planck-Siber, BGB, Anm. zu § 277, Henke, S. 38 f.

[177] Bokelmann, S. 8; Wendt, AcP 87, 422, (449); Deutsch, JuS 1967, 496, (498); Riedmaier, DAR 1978, 263; ders. VersR 1981, 10, (14).

[178] Riedmaier, DAR 1978, 263; ders. VersR 1981, 10, (14). V. Reuter, S. 14; Sanden, VersR 1967, 1013, (1016), im Erg. auch Bokelmann S. 8.

[179] V. Reuter, S. 14.

[180] V. Reuter, S. 14.

Rechtsbegriff, wie den der groben Fahrlässigkeit, nicht durch vollständige Angabe der ihn kennzeichnenden Merkmale eindeutig definieren könne.[181] Vielmehr enthalte der Rechtsbegriff mit dem Merkmal „grob" einen nicht exakten, sondern gleitenden Maßstab, der sich an Entscheidungshilfen in Form einer näher bestimmten Beschreibung des Inhalts dieses Rechtsbegriffs orientieren müsse.[182] Für die Anwendung von ausfüllungsbedürftigen Maßstäben bedürfe es deshalb ihrer Konkretisierung, d.h. ihrer inhaltlichen Fortbestimmung.[183] Eine solche inhaltliche Bestimmung oder Konkretisierung könne eine Definition leisten. Diese Begründung ist überzeugend.

Eine Definition zur Bestimmung des Tatbestands der groben Fahrlässigkeit ist notwendig. Daß der Rechtsanwender diesen Rechtsbegriff ohne Definition anwenden soll, erscheint angesichts seiner Bedeutung nicht sinnvoll. Denn je allgemeiner ein Rechtsbegriff ausgestaltet ist, umso weiter die Breite möglicher Interpretationen. Die Rechtsprechung hat aber vergleichbare und sachgerechte Ergebnisse zu produzieren. Es ist dementsprechend erforderlich die Bestimmung grob fahrlässigen Verhaltens nicht allein dem Richter, der über den konkreten Fall zu entscheiden hat, zu überlassen. Das würde zu uneinheitlichen, auch willkürlichen Ergebnissen führen.[184] Notwendig ist vielmehr, daß in gleichartigen Fällen ein einheitlicher Maßstab als Grundelement der Gerechtigkeit angelegt wird.[185] Es kann zwar weder der Legaldefinition zur einfachen, noch sonst welchen Definitionen zur groben Fahrlässigkeit im Einzelfall klar entnommen werden, wann etwas als fahrlässig, bzw. grob fahrlässig zu bewerten ist.[186] Das kann schon wegen der sich ständig ändernden Sorgfaltsanforderungen in den verschiedenen Verkehrskreisen auch nicht verlangt werden. Aber es kann den Gerichten ein Maßstab zur Beurteilung, bzw. eine Hilfe zur Ausfüllung des Rechtsbegriffs der groben Fahrlässigkeit, zur Verfügung gestellt werden.[187] Denn schließlich ist die ‚Definition' die Norm, unter die der zu entscheidende Fall subsumiert wird.

---

[181] Krämer, S. 38, Larenz Methodenlehre S. 482.
[182] Larenz, Methodenlehre, S. 216.
[183] Siehe auch Bokelmann, S. 15; Westermann-Sachenrecht Bd. I, S. 341f.
[184] V. Reuter, S. 13.
[185] Krämer, S. 39.
[186] BGHZ 10, 14, (17).
[187] Krämer, S. 39.

Viertes Kapitel: Beurteilungsmaßstab

I. Einführung

Ein Schwerpunkt der inhaltlichen Bestimmung des Rechtsbegriffs der groben Fahrlässigkeit ergibt sich aus der Frage, welcher Maßstab an die Beurteilung anzulegen ist. Der IV. Senats hat in seiner Grundsatzentscheidung zur Revisibilität der groben Fahrlässigkeit vom 11.05.1953 (ZR 170/52) die Auffassung vertreten, daß auch subjektive, den Erwerber entlastende Momente zu berücksichtigen seien.[188] Da diese Auffassung für die Abwägung der Interessen von Eigentümer und Erwerber von wesentlicher Bedeutung ist, soll die Frage näher behandelt werden, welcher Maßstab in der Beurteilung grober Fahrlässigkeit, im Rahmen gutgläubigen Erwerbs, zugrundegelegt werden muß.

Weiterhin ist auf das Problem einzugehen, daß sich der IV. Senat in der besagten Grundsatzentscheidung auch hinsichtlich des Beurteilungsmaßstabs – allerdings ohne weitere Begründung – in Widerspruch zu einer ein Jahr zuvor ergangenen Entscheidung gesetzt hatte. Zur Erklärung wurde in der Literatur die Behauptung aufgestellt, der BGH habe seine Auffassung über den Beurteilungsmaßstab lediglich als obiter dictum dargestellt[189], worauf im weiteren einzugehen sein wird.

II. Der Beurteilungsmaßstab der einfachen Fahrlässigkeit

A. Einführung

Die Frage des Beurteilungsmaßstabes ist für die Beurteilung des Begriffs der groben Fahrlässigkeit insofern von wesentlicher Bedeutung, als davon entscheidend der gutgläubige Erwerb einer Sache abhängen kann. Soll die Beurteilung etwa nur nach objektiven Kriterien vorgenommen werden oder soll sich der Erwerber einer Sache für subjektive Unzulänglichkeiten entlasten können. In seiner Grundsatzentscheidung vertritt der BGH wie schon erwähnt die Auffassung, daß in die Beurteilung der groben Fahrlässigkeit auch subjektive in der Individualität des Einzelnen liegende Umstände zu berücksichtigen seien.[190] Damit stellte der BGH einen Grundsatz von erheblicher Tragweite auf. Denn dieser Beurteilungsmaßstab bevorzugt grundsätzlich den Erwerber. Wegen dieser grundsätzlichen Bedeutung soll untersucht werden, ob es gerechtfertigt ist, den subjektiv-individuellen Beurteilungsmaßstab anzulegen. Da der Ausgangspunkt zur Beurteilung der groben Fahrlässigkeit die in § 276 Abs. 2 BGB n.F. definierte einfache Fahrlässigkeit ist, soll auch auf sie näher eingegangen werden, zumal die rechtliche Einordnung der einfachen Fahrlässigkeit für die Beurteilung des „Grades“ von wesentlicher Bedeutung ist. Einfach fahrlässig handelt bekanntlich, wer die im Verkehr erforderliche Sorgfalt außer acht läßt. Allerdings ist

---

[188] BGHZ 10, 14, (17).

[189] V. Reuter, S. 22. Siehe dazu auch unten S. 48 ff.

[190] BGHZ 10, 14, (17).

auch hinsichtlich einfacher Fahrlässigkeit umstritten, welcher Beurteilungsmaßstab zugrundegelegt werden sollte.

B. Objektiver Maßstab

Nach der objektiven Theorie soll jeder dann haften, wenn dessen schadenbringendes Verhalten von der im Verkehr erforderlichen Sorgfalt positiv abweicht.[191] Begründet wird diese Auffassung damit, daß es im Zivilrecht nicht um Sühne, sondern um eine gerechte Schadensverteilung gehe. Die Beurteilung dieser Frage könne nicht von den individuellen Fähigkeiten des Einzelnen abhängen. Der Verkehr erfordere den Schutz des Vertrauens. Dieser Schutzzweck könne aber nur durch einen allgemeingültigen und vergleichbaren Beurteilungsmaßstab verwirklicht werden. Die Vertreter dieser Lehre berufen sich auf den Wortlaut des § 276 BGB.

Auch die Gesetzesmaterialien bilden eine Grundlage für diese Theorie. Das BGB verweise in diesem Zusammenhang direkt auf die Erfordernisse des Verkehrs, während das römische Recht aus dem Verkehr zunächst die Normalfigur des, diesen Erfordernissen gerecht werdenden, tüchtigen Mannes abstrahiere und diesen dann als Maßstab bezeichne. Damit habe sich der Gesetzgeber unzweifelhaft für einen objektiven Beurteilungsmaßstab entschieden.[192]

C. Subjektiver Maßstab

Die subjektive Theorie entschuldigt den Handelnden, wenn er persönlich nicht in der Lage war, die erforderliche Sorgfalt zu erbringen. Es wird nach dieser Lehre grundsätzlich nur für Verschulden gehaftet. Dieses setzt allerdings ein vorwerfbares Tun voraus. Daher ist es nach dieser Ansicht notwendig daß es dem Täter aufgrund seiner individuellen Fähigkeiten möglich war, sorgfältig zu Handeln.[193]

D. Objektiv-typisierender Maßstab

Die Rechtsprechung und ein großer Teil der Literatur beurteilen die einfache Fahrlässigkeit nach einem objektiv-typisierenden Maßstab. Danach besteht eine Haftung unabhängig von den persönlich-individuellen Fähigkeiten des Einzelnen. Als tragender Gesichtspunkt wird der Vertrauensgrundsatz genannt. Jeder Verkehrsteilnehmer soll sich darauf verlassen können, daß jeder andere Ver-

---

[191] Planck, BGB, 3. Aufl. Bd. I Vorb. S. 40 ff.; Bd. II, § 276, Anm. 2.; Dernburg, Die Schuldverhältnisse, 3. Aufl. Bd. 1, S. 147 f. Linckelmann S. 36 ff.; Endemann, Lehrbuch, Bd. I, S. 639 ff.; Weyl S. 111., 133 f. Mehr dazu bei Deutsch, S. 28.

[192] Planck, BGB, 3. Aufl. Bd. I Vorb. S. 40 ff.; Bd. II, § 276, Anm. 2.; Dernburg, Die Schuldverhältnisse, 3. Aufl. Bd. 1, S. 147 f. Linckelmann S. 36 ff.; Endemann, Lehrbuch, Bd. I, S. 639 ff.; Weyl S. 111., 133 f. Deutsch, S. 28.

[193] Planck, BGB, 4. Aufl. Bd. II.1, S. 221; V. Liszt, Deliktobligationen, S. 55, Litten, S. 69 f; Brütt, S. 154.

kehrsteilnehmer diejenige Sorgfalt beobachtet, die normal ist.[194] Aber dennoch bedarf der objektive Sorgfaltsmaßstab nach dieser Auffassung der Konkretisierung. Es soll danach gefragt werden, welche Anforderungen an Kenntnisse, Fähigkeiten und Einsichten der Beteiligten, nach der Verkehrsanschauung, typischerweise gestellt werden.[195]

Für diese Theorie spricht, daß es nicht den Gerechtigkeitsvorstellungen einer Rechtsordnung entsprechen kann, eine Haftung davon abhängig zu machen, wie sich die individuellen Fähigkeiten des Einzelnen darstellen. Ein Schädiger würde allein aufgrund persönlicher Defizite besser gestellt werden als der schuldlose Geschädigte.[196] Das kann schon deswegen nicht hingenommen werden, da das persönliche Defizit zum einen allein in der Sphäre des Schädigers liegt und es keinen Grund gibt, den Geschädigten daran zu beteiligen. Zum anderen kann sich der Geschädigte auch nicht mit persönlichen Defiziten verteidigen. Daher kann der Schädiger nur dasjenige vorbringen, was für jeden Beteiligten am Rechtsverkehr gilt: Es kann von einem Beteiligten nur dasjenige an Kenntnissen, Fähigkeiten und Einsichten verlangt werden, was die Verkehrsanschauung in dem Verkehrskreis, in dem sich der Schädiger bewegt, typischerweise fordert.

Auch geht es im Zivilrecht grundsätzlich um eine gerechte Schadensverteilung.[197] Im übrigen muß man sich schon wegen der immer komplexer und dichter werdenden Lebensverhältnisse darauf verlassen können, daß jeder wenigstens für den Standard einsteht, der im allgemeinen in seinem Lebensbereich verlangt wird.[198]

III. Der Beurteilungsmaßstab der groben Fahrlässigkeit

A. Vorüberlegung

Hinsichtlich der Beurteilung grober Fahrlässigkeit ist zu überlegen, ob die bei der einfachen Fahrlässigkeit herrschende, objektiv-typisierende Theorie auf die Beurteilung des Begriffs der groben Fahrlässigkeit übertragbar ist.[199] Das setzt aber voraus, daß die Bestimmung des Tatbestandsmerkmals ‚grob' die Einbeziehung subjektive Merkmale in die Beurteilung nicht erfordert. Das wird in der Literatur kontrovers beurteilt.

---

[194] Prot II S. 604.

[195] St. Rspr. vgl. RGZ 68, 422, (423); 95, 16, (17); RG JW 1912, 856, (857); BGH JZ 1954, 297; BGHZ 39, 281, (283); 80, 193; 106, 323, (330); NJW 1972, 150; 1988, 909; 2000, 2812; Oertmann, § 276, S. Rümelin, S. 44 f.; Staudinger/Löwisch, § 276, Rn. 16 ff.; Deutsch, S. 284; Soergel-Schmidt § 276, Rn. 14; Palandt/Heinrichs, § 276, Rn. 15; Larenz I § 20 III.

[196] Bokelmann, S. 9; Wiethölter, S. 49; Esser, Schuldrecht, S. 247; Eicke Schmidt, S. 73.

[197] Wieacker, JZ 1957, 535, (536); Esser, Schuldrecht Bd. 1, S. 247.

[198] Bokelmann, S. 9.

[199] Bokelmann, S 14; dazu auch Engisch, S. 289; Weyl, S. 277.

B. Gegen die Einbeziehung subjektiver Momente

Bokelmann[200] will die grobe Fahrlässigkeit nicht einheitlich für das ganze Zivilrecht bestimmen. Der Ausgangspunkt der Argumentation Bokelmanns ist, daß die Beurteilung der groben Fahrlässigkeit im Rahmen des gutgläubigen Erwerbs nur nach objektiven Kriterien stattzufinden hat.[201] Denn um subjektiver Momente in die Beurteilung mit einbeziehen zu können, komme es nach Ansicht Bokelmanns entscheidend auf den Charakter der entsprechenden Rechtsnorm an. Das Merkmal der groben Fahrlässigkeit habe im System des gutgläubigen Erwerbs lediglich die Funktion, einen Interessenausgleich zwischen Eigentümer und Erwerber zu schaffen.[202] Ein subjektiver Tatbestand existiere in solch einem Fall nicht. Berücksichtige man subjektive Umstände bei dem Erwerber, so werde dieser gleich zweimal begünstigt: Einmal durch den überhaupt möglichen gutgläubigen Erwerb und zum anderen noch dadurch, daß er sich bei Nichtbeachtung der verkehrsüblichen Sorgfalt mit subjektiven Besonderheiten entschuldigen könne, was dem Eigentümer nicht möglich sei.[203] Der Eigentümer verliere sein Eigentum allein dadurch, daß er sein Eigentum freiwillig weggegeben habe. Werde er schon Opfer seines hingegebenen Vertrauens, ohne daß ihn überhaupt ein Verschulden treffe, so solle er nicht auch noch durch eine zusätzliche persönliche Entlastungsmöglichkeit des Erwerbers belastet werden. Die Ansicht von Bokelmann gründet sich auf Gerechtigkeitserwägungen, die direkt aus dem System des gutgläubigen Erwerbs abgeleitet werden.

Auch von Reuter will beim gutgläubigen Erwerb lediglich einen objektiven Maßstab anlegen. Nach Ansicht Von Reuters benachteilige die Einbeziehung subjektiver Momente den Geschädigten, der unschuldig das Opfer eines Unfähigen geworden sei. Dort, wo der Vertrauensschutz im Rechtsverkehr eine maßgebliche Rolle spiele, sei von der Berücksichtigung individueller Fähigkeiten abzusehen. Hier müsse sich der Betroffene auf einen durchschnittlichen Standard des Handelnden verlassen können.[204]

Röhl[205] vertritt ebenfalls die Auffassung, daß subjektive Merkmale beim gutgläubigen Erwerb nicht zu berücksichtigen seien. Es komme darauf an, ob Erkundigungsobliegenheiten verletzt wurden.[206] Daher werde man darauf abzustellen haben, ob übliche Sicherheitsvorkehrungen unterlassen oder typische Verdachtsgründe unbeachtet geblieben sind. Der Gebrauchtwagenhändler müsse

---

[200] Bokelmann, S. 43 ff.
[201] Staud./Wiegand, § 932, Rn. 49.
[202] Bokelmann, S. 49. Ähnlich Krämer S. 71 ff. ; Müller VersR 1985, 1101, (1105 f.).
[203] Bokelmann, S. 44.
[204] Von Reuter, S. 36.
[205] Röhl, JZ 1974, 521.
[206] Dazu auch Reimer Schmidt, Die Obliegenheiten, S. 307.

sich den Kraftfahrzeugbrief vorlegen[207], der Zweiterwerber üblicherweise unter Eigentumsvorbehalt gekaufter Sachen sich eine Quittung zeigen lassen.[208]

Deutsch meint, daß subjektiv–individuelle Momente nicht in die Beurteilung des Begriffs der groben Fahrlässigkeit einzubeziehen sei. Es sei bedenklich, den auch mit Brille stark kurzsichtigen Antiquar oder Kaufmann ein Buch oder ein Wertpapier erwerben zu lassen, nur weil er den Stempel des Eigentümers bzw. das Fehlen der Zins- und Erneuerungsscheine nicht oder nicht deutlich erkennen könne. Dem Zweck der Sicherheit und Leichtigkeit des Geschäftsverkehrs entspreche die Rücksichtnahme auf besondere persönliche Mängel nicht. Auch würde die Berücksichtigung subjektiver Momente dem Interesse an der Erhaltung bestehender Rechte zuwiderlaufen. Diese könnten ausschließlich unter dem Gesichtspunkten des Verkehrsschutzes eingeschränkt werden.[209]

C. Für die Einbeziehung subjektiver Momente

Lohe[210] ist der Auffassung, daß für die Berücksichtigung der personalen Seite auch bei den Sachverhalten des gutgläubigen Erwerbs Raum sei. Eine rein objektive, lediglich an den Verhaltensanforderungen des jeweiligen Verkehrskreises orientierte Betrachtungsweise lasse außer acht, daß das Erkennen oder Verkennen von Umständen, die gegen das Eigentum oder die Verfügungsbefugnis des Veräußerers sprechen, von der Individualität des Erwerbers nicht zu trennen ist. Nur wer bewußt die Augen vor solchen Umständen verschließe oder bewußt das Risiko eingehe, vom Nichtberechtigten zu erwerben, handele grob fahrlässig.[211]

D. Die Auffassung der Rechtsprechung

Die Auffassung der höchstrichterlichen Rechtsprechung zu dieser Frage stellt sich uneinheitlich dar. In seiner Grundsatzentscheidung zur Revisibilität der groben Fahrlässigkeit[212] stellte der BGH fest, daß bei der Beurteilung der groben Fahrlässigkeit „auch subjektive in der Individualität des Handelnden begründete Umstände zu berücksichtigen“[213] seien. Eine Begründung dafür lieferte der IV. Senat allerdings nicht. Auch die übrige Rechtsprechung des BGH zum gutgläubigen Erwerb lassen eine Begründung für diese Rechtsansicht vermissen.[214]

---

207 Siehe dazu S. 88 ff.

208 Unter Bezug auf BGH 1958, 1486.

209 Deutsch, S. 346; so auch König, S. 165.

210 Lohe, VersR 1968, 323, (327); Wohl auch Sanden, VersR 1967, 1013, (1018). Weingart, für den gutgläubigen Erwerb allerdings ohne weitere Begründung.

211 Auch Leonhard, S. 58.

212 Dazu S. 9 ff.

213 BGHZ 10, 14, (17). Auch in BGH NJW 1988, 1265, (1266); BGH VersR 1989, 582, (583). Anders aber in BGH LM 932 Nr. 12; NJW 1965, 687, (688); NJW 1991, 1415, (1417).

214 V. Reuter, S. 31; König, S. 151; Krämer, S. 71.

Allerdings hat der BGH in einer anderen Entscheidung aus dem Jahre 1951 (I ZR 121/51)[215] - ebenfalls ohne weitere Begründung - die grobe Fahrlässigkeit nach dem objektiv-typisierten Maßstab beurteilt. Bei dieser Entscheidung handelt es sich um das bereits oben - im Zusammenhang mir der Frage, inwieweit der Rechtsbegriff der groben Fahrlässigkeit überhaupt revisibel ist - erwähnte Urteil des I. Senats.[216] Der I. Senat hatte die Beurteilung des unbestimmten Rechtsbegriffs der groben Fahrlässigkeit als reine Rechtsfrage und damit als revisibel aufgefasst.[217] In dem Urteil des I. Senats wird demzufolge bezüglich Revisibilität und Beurteilungsmaßstab die gegenteilige Auffassung vertreten, als es in der Entscheidung des IV. Senats aus dem Jahre 1953[218] der Fall ist.

In zahlreichen Urteilen traf der BGH Feststellungen zum Beurteilungsmaßstab der groben Fahrlässigkeit. Zwar legte sich der BGH in seiner Grundsatzentscheidung wie bereits beschrieben noch dahingehend fest, daß in die Beurteilung des Rechtsbegriffs der groben Fahrlässigkeit auch subjektive Umstände zu berücksichtigen seien[219]. In einem Urteil des IV. Senats aus dem Jahre 1956 (ZR 34/56), also kurz nach der Grundsatzentscheidung zur Revisibilität wurde aber von einem „durchschnittlichen Merk- und Erkenntnisvermögen“[220] ausgegangen. Die Beurteilung der groben Fahrlässigkeit sollte hiernach also nach objektiven Kriterien vorgenommen werden.[221] Auch ähnliche Formulierungen in anderen Entscheidungen lassen erkennen, daß der BGH seine Beurteilung nach objektiven Kriterien vornimmt. In einem Urteil des VIII. Senat aus dem Jahre 1968 stellte der Senats fest (ZR 54/66), daß es in dem zugrundeliegenden Fall darauf ankomme, was „einem verständigen Käufer ohne weiteres hätte einleuchten müssen“[222]. Es handelt sich hierbei auch um einen rein objektiven Beurteilungsmaßstab. Subjektive Momente spielten in der Beurteilung dieses Falles keine Rolle. Daraus folgt, daß sich der Erwerber zu seiner Entlastung nicht mit persönlichen Unzulänglichkeiten rechtfertigen kann. Insbesondere sind verkehrsüblich gewordene Nachlässigkeiten und leichtsinnige Handlungsweisen keine Rechtfertigung, guten Glauben anzunehmen.[223]

In einem Urteil des VI. Senats aus dem Jahre 1963 (VI ZR 104 und 176/62) war ein Kraftfahrzeugkauf im Hinblick auf einen gutgläubigen Erwerb zu beurteilen. [224] Der Senat verlangte die Sorgfalt eines gewissenhaften Kaufmanns. Der BGH berücksichtigt subjektive Momente also nur dann, wenn es sich um solche

---

[215] BGH VersR 1952, 117.
[216] Siehe oben S. 11.
[217] BGH VersR 1952, 117, (118). Dazu oben S. 11.
[218] BGHZ 10, 14.
[219] BGHZ 10, 14, (17).
[220] BGH WM 1956, 884, (885); BGH WM 1978, 1208, (1209).
[221] V. Reuter, S. 23.
[222] BGH WM 1968, 540, (542).
[223] BGH WM 1963, 1253, (1254).
[224] BGH WM 1963, 1253.

einer ganzen Branche handelt. Hier zeigt sich aber, daß die Einbeziehung subjektiver Momente in die Beurteilung für den Erwerber nicht stets entlastend wirkt. Zwar kann sich der Erwerber damit entlasten, sofern man der vom IV. Senat vertretenen[225] subjektiv-individuellen Theorie folgt, daß persönliche Unzulänglichkeiten vorlagen, die ihm den Blick auf den tatsächlichen Sachverhalt versperrt hatten. Aber diese Beurteilungsmethodik – wendet man sie konsequent an – führt auch dazu, daß sich der Erwerber persönliche Fähigkeiten und Kenntnisse belastend anrechnen lassen muß. Folgerichtig hat der BGH dem Erwerber im Sinne des von ihm in der Praxis verwendeten objektiv typisierten Beurteilungsmaßstabs unterstellt, daß ihm die in seiner Branche herrschenden Besonderheiten bekannt sind. Diese Kenntnisse wurden ihm belastend zugerechnet. Zwar legte der Senat damit nicht den in seiner Grundsatzentscheidung[226] zur Revisibilität der groben Fahrlässigkeit verlangten „subjektiv individuellen" Beurteilungsmaßstab an. Aber der Senat berücksichtigte subjektive Momente insofern, als die „individuellen" Besonderheiten des Kraftfahrzeughandels mit in die Beurteilung des Begriffs der groben Fahrlässigkeit einbezogen wurden. Im Kraftfahrzeughandel ist es eben üblich, daß mit dem Kraftfahrzeug ein Brief übergeben wird, dessen Fehlen Anlass zu Zweifeln hinsichtlich der Veräußerungsberechtigung des Verkäufers erzeugen muß. Das gilt besonders für einen branchenkundigen Käufer, der die Gepflogenheiten des Kraftfahrzeughandels kennt und damit rechnen muß, daß noch ein Eigentumsvorbehalt der Lieferfirma an dem zu erwerbenden Fahrzeug bestehen kann. Denn es liegt auf der Hand, daß eben hierauf die Nichtvorlage des Kraftfahrzeugbriefs zurückzuführen ist.[227] Im Bereich des Kfz-Handels wird dadurch ein strengerer Beurteilungsmaßstab angelegt, als es bei Privatpersonen der Fall ist. Damit wurde auch in dieser Entscheidung in der Bewertung der groben Fahrlässigkeit ein objektiv-typisierter Beurteilungsmaßstab angelegt.[228]

Ein besonders anschauliches Beispiel dafür, daß der BGH subjektive Momente des einzelnen Erwerbers nicht als Entlastung gelten läßt, zeigt sich in einem Urteil des BGH aus dem Jahre 1965 (VIII ZR 62/63)[229]. Der in dem zugrundeliegenden Fall beklagte Erwerber hatte vorgetragen, er sei in Rechtssachen völlig unerfahren und habe deshalb nicht gewußt, daß in der Regel davon auszugehen sei, daß das Fehlen des Kfz-Briefs grundsätzlich gegen die Berechtigung des Veräußerers spreche. Dieses Argument lehnte der Senat ab. Es sei notwendige Bedingung für einen Erwerb kraft guten Glaubens sich darüber zu unterrichten, „daß in Deutschland zu einem Kraftfahrzeug ein Kraftfahrzeugbrief gehört, und daß dessen Fehlen grundsätzlich dafür spricht, daß der Veräußerer nicht verfü-

[225] BGHZ 10, 14.
[226] BGHZ 10, 14; siehe dazu S. 9 ff.
[227] BGH WM 1963, 1253, (1254).
[228] Siehe dazu S. 102 f.
[229] BGH NJW 1965, 687.

gungsberechtigt ist. Unkenntnis dessen, was der Verkehr erfordert, entschuldigt im Zivilrecht nicht."[230]

Dieses Urteil bietet ein besonderes Beispiel dafür, daß subjektiv-individuelle Momente nicht in die Beurteilung der groben Fahrlässigkeit mit einbezogen werden. Zum einen war der Erwerber in Rechtssachen völlig unerfahren. Zum anderen handelte es sich bei ihm um einen Ausländer, der die Gepflogenheiten in Deutschland hinsichtlich eines Kraftfahrzeugerwerbs nicht kannte. Diese individuellen Defizite des Erwerbers wirkten für den Senat nicht entlastend. Der Senat stellte klar, daß zu einem Kfz in Deutschland ein Kfz-Brief gehöre, dessen Fehlen grundsätzlich dafür spreche, daß der Veräußerer nicht verfügungsberechtigt sei. Auch entschuldige Unkenntnis dessen, was der Verkehr erfordere, im Zivilrecht nicht.[231] Diese Feststellungen des Senats zeigen, daß der BGH die grobe Fahrlässigkeit rein objektiv beurteilt.[232]

Dieses Urteil ist auch ein deutliches Beispiel dafür, daß der VIII Senat die Grundsatzentscheidung des IV. Senats[233] auch in Bezug auf die Forderung des Senats nicht beachtet, daß in der Beurteilung der groben Fahrlässigkeit „auch subjektive in der Individualität des Einzelnen liegende Umstände"[234] zu berücksichtigen seien. Es bleibt daher offen, was der BGH im Sinne der besagten Grundsatzentscheidung sonst für subjektive Momente berücksichtigen will, wenn schon die persönliche Unerfahrenheit eines Ausländers bei der Beurteilung keine Rolle spielt.[235]

In einem weiteren Fall, ebenfalls aus dem Bereich des Kfz-Handels, lehnte es der VIII. Senat wiederum ab, subjektiv-individuelle Momente in die Beurteilung des Falles einzubeziehen. Die Beklagte Erwerberin eines Kfz. hatte zu ihrer Verteidigung vorgetragen, ihr sei der Wagen zu einem normalen Preis von einer vertrauenswürdigen Firma angeboten worden.[236] Diese persönliche Einschätzung der Sachlage reichte dem Senat nicht aus, guten Glauben anzunehmen. Der Senat stellte klar, daß ein Kraftfahrzeughändler, dem die zahlreichen Unregelmäßigkeiten im Handel mit gebrauchten Kraftfahrzeugen geläufig seien mit nur durchschnittlicher Aufmerksamkeit an der Berechtigung des Veräußerers hätte zweifeln müssen.[237] Dem Erwerber wurden in diesem Fall also besondere Kenntnisse belastend zugerechnet, die ein Teilnehmer des professionellen Kraftfahrzeugshandels üblicherweise hat. Das Urteil bietet ein weiteres Beispiel dafür, daß der BGH die grobe Fahrlässigkeit rein objektiv-typisierend beurteilt.

---

[230] BGH NJW 1965, 687.
[231] BGH NJW 1965, 687.
[232] König, S. 165; Bokelmann, S. 45; v. Reuter, S. 23.
[233] BGHZ 10, 14.
[234] BGHZ 10, 14, (17).
[235] Bokelmann, S. 46.
[236] BGH WM 1966, 678.
[237] BGH WM 1966, 678 f.

Denn der Senat ging lediglich von der durchschnittlichen Aufmerksamkeit eines Kraftfahrzeughändlers aus.

Diese Untersuchung hat bereits in den vorstehenden Kapiteln gezeigt, daß die Rechtsprechung des BGH zum gutgläubigen Erwerb keinesfalls als erwerberfreundlich bezeichnet werden kann. Er schützt den Eigentümer. Um dieses Ergebnis zu erreichen hat sich der BGH entschieden, die Beurteilung des Begriffs der groben Fahrlässigkeit nach dem objektiv-typisierten Maßstab vorzunehmen. Das heißt, der Erwerber kann sich nicht aufgrund subjektiver Besonderheiten entlasten. Andererseits aber muß sich der Erwerber die besonderen Gegebenheiten seiner Branche zu seinem Nachteil anrechnen lassen.

E. Eigene Ansicht

Die Einbeziehung entlastender subjektiver Momente in die Beurteilung grober Fahrlässigkeit im Rahmen des gutgläubigen Erwerbs ist grundsätzlich abzulehnen. Zunächst ist zu bedenken, daß der gutgläubige Erwerb Enteignungswirkung hat.[238] Eine Selbstverständlichkeit kann der Rechtserwerb kraft guten Glaubens schon deswegen nicht sein. Nach der Konzeption des Gesetzes kann sogar der fahrlässige Erwerber zu Lasten des redlichen Alteigentümers Eigentum an der Sache erlangen,[239] wobei dem Alteigentümer dabei nur vorgeworfen werden kann, daß er die Sache freiwillig aus der Hand gegeben hat. Da bietet auch das Argument, der Eigentümer müsse das Verlustrisiko der Sache hinnehmen, weil er die Vertrauenswürdigkeit des Dritten besser einschätzen könne als der Erwerber, keine Rechtfertigung für den Rechtsverlust des Eigentümers.[240] Im heutigen Massengüterverkehr ist es illusionär anzunehmen, die Zuverlässigkeit eines jeden Dritten beurteilen zu können.[241]

Auch dient der gutgläubige Erwerb unzweifelhaft der Leichtigkeit und Sicherheit des Rechtsverkehrs,[242] so daß auch aus diesem Grund auf die individuellen Fähigkeiten des Einzelnen keine Rücksicht genommen werden kann. Insbesondere ist bei der Abwägung der Interessen von Eigentümer und Erwerber der Umstand zu bedenken, daß sich der Eigentümer ebenfalls nicht auf subjektive Momente berufen kann.[243] Kann der Eigentümer sein Eigentum nicht mit der Angabe verteidigen, er habe aufgrund persönlicher Unzulänglichkeiten die Unzuverlässigkeit des Dritten nicht erkennen können, so muß diese Möglichkeit dem Erwerber erst Recht verwehrt bleiben. Denn der Eigentümer verliert das Eigentum an den gutgläubigen Erwerber selbst dann, wenn er den Dritten, dem er die Sache gegeben hat (Hand wahre Hand), sorgfältig ausgewählt hat. Und

---

[238] H. Hübner, S. 1.
[239] Siehe dazu Duden, Anmerkung zu BGH JZ 1954, 40, (41).
[240] Siehe Baur/Stürner, S. 518; MüKo/Quack, § 932, Rn. 3.
[241] Bokelmann, S. 43; Zweigert RabelsZ 23, 1.
[242] Bokelmann, S. 43.
[243] Bokelmann S. 43.

das selbst dann, wenn der Erwerber fahrlässig - also unsorgfältig - nicht erkannt hat, daß dem Veräußerer die Veräußerungsberechtigung fehlte. Daher ist dem Erwerber die Berufung auf subjektiv entlastende Momente zu verwehren. Der Erwerber wird durch die ohnehin erwerberfreundliche Konzeption des Gesetzes bereits ausreichend geschützt. Mehr Schutz verdient der Erwerber bzw. der Rechtsverkehr nicht. Dieses Argument widerspricht auch nicht, wie König meint, dem Gesetzeszweck, wonach der Erwerber und nicht der Alteigentümer privilegiert werden soll.[244] Das Gesetz bezweckt nicht den gutgläubigen Erwerb einer Sache um jeden Preis. Insbesondere sagt das Gesetz eben nichts darüber, welcher Maßstab an die Beurteilung der groben Fahrlässigkeit anzulegen ist.[245]

Nicht zu folgen ist der Ansicht Lohes[246], der die Auffassung vertritt, daß das Erkennen oder Verkennen von Umständen, die gegen das Eigentum oder die Verfügungsbefugnis des Veräußerers sprechen, von der Individualität des Erwerbers nicht zu trennen ist. Das Erkennen oder Erkennenkönnen ist zwar nicht von der Individualität des Einzelnen zu trennen. Die Frage ist aber gerade, ob es auf das subjektive Erkennen, bzw. Erkennenkönnen ankommt.[247] Das ist gerade nicht der Fall.

Offen bleibt allerdings, aus welchen Gründen der BGH in seiner Grundsatzentscheidung zur Revisibilität der groben Fahrlässigkeit die Ansicht geäußert hat, subjektive Momente in die Beurteilung der groben Fahrlässigkeit mit einbeziehen zu wollen.[248] Auch der weiteren Rechtsprechung des BGH ist kein Grund zu entnehmen.[249] Ob der BGH allerdings in seiner weiteren Rechtsprechung tatsächlich subjektive Momente in die Beurteilung der groben Fahrlässigkeit mit einbezogen hat, bleibt zu überprüfen.[250]

Damit bleibt festzuhalten, daß die Einbeziehung entlastender subjektiver Momente in die Beurteilung des Begriffs der groben Fahrlässigkeit im Rahmen des gutgläubigen Erwerbs grundsätzlich abzulehnen ist. Der Erwerber kann sich nicht mit persönlichen Unzulänglichkeiten verteidigen und dadurch einen gutgläubigen Erwerb zu Lasten des Eigentümers herbeiführen. Jedoch sind dem Erwerber die besonderen Kenntnisse des Verkehrskreises, in dem er sich bewegt, belastend zuzurechnen. Der Beurteilung des Begriffs der groben Fahrlässigkeit ist ein objektiv-typisierender Beurteilungsmaßstab zugrundezulegen.

---

[244] So aber König, S. 163.
[245] Bokelmann S. 43.
[246] Lohe, VersR 1968, 323, (327), dazu oben S. 42.
[247] So zutreffend Bokelmann, S. 45.
[248] BGHZ 10, 14.
[249] König, S. 151; V. Reuter, S. 31; Krämer, S. 71.
[250] Siehe dazu das fünfte Kapitel.

IV. Bewertung der Argumentation des IV. Senats als obiter dictum

Ein weiteres Problem, das sich in jener Grundsatzentscheidung zur Revisibilität stellt, ist der Umstand, daß sich der IV. Senat wie oben bereits gezeigt[251] in Widerspruch zu einer ein Jahr zuvor getroffenen Entscheidung des ersten Senats gesetzt hat.[252] Im Sinne der Grundsatzentscheidung sollen in der Beurteilung der groben Fahrlässigkeit subjektive Momente berücksichtigt werden.[253] In der zuvor ergangenen Entscheidung sollte die grobe Fahrlässigkeit lediglich nach dem objektiv-typisierten Maßstab beurteilt werden.[254] Es handelt sich dabei um dieselbe Entscheidung, nach der die Subsumtion unter den unbestimmten Rechtsbegriff der groben Fahrlässigkeit, entgegen den Feststellungen in der diesbezüglichen Grundsatzentscheidung des IV. Senats, vom Revisionsgericht überprüfbar sein soll.[255] Widersprüchlich ist in diesem Zusammenhang besonders, daß sich der BGH in seiner Grundsatzentscheidung auf jene Entscheidung bezog um zu belegen, daß es sich bei der groben Fahrlässigkeit um einen Rechtsbegriff handelt.[256] Der IV. Senat ging allerdings mit keinem Wort auf den Widerspruch ein, daß i.S.d. zitierten Entscheidung des I. Senats[257] die grobe Fahrlässigkeit lediglich nach dem objektiv-typisierten Maßstab zu beurteilen sei. In der Literatur wurde diese „Unstimmigkeit" des IV. Senats folgendermaßen beurteilt:

Von Reuter vermutet, daß es sich bei der Darstellung des BGH zum Beurteilungsmaßstab um ein das Urteil nicht tragendes obiter dictum handele. Denn in der Grundsatzentscheidung zur Revisibilität wurden nicht die materiellen Anforderungen an die grobe Fahrlässigkeit behandelt. Streitgegenstand war lediglich die prozessuale Frage, ob die Beurteilung der groben Fahrlässigkeit durch das Berufungsgericht in der Revisionsinstanz überprüfbar sei.[258]

Bokelmann beurteilt die Argumentation des BGH ähnlich wie v. Reuter. Sie führt aus, daß es sich bei der Auffassung des BGH, „es seien auch subjektive in der Individualität des Handelnden liegende Umstände zu berücksichtigen"[259], um „eine Art obiter dictum" handele. Allerdings nicht um ein echtes, denn der BGH brauche diese Begründung, weil er erst auf dieser Grundlage die Revisibilität verneinte.[260]

Der Vermutung v. Reuters ist entgegenzuhalten, daß die vom Tatrichter vorgenommene Subsumtion, d.h. die Anwendung der entsprechenden Rechtsnorm

---

[251] Siehe dazu S. 11.
[252] BGH VersR 1952, 117.
[253] BGHZ 10, 14.
[254] BGH VersR 1952, 117.
[255] Siehe dazu S. 11.
[256] BGHZ 10, 14, (16).
[257] BGH VersR 1952, 117.
[258] V. Reuter, S. 22.
[259] BGHZ 10, 14, (17).
[260] Bokelmann, S. 40, Deutsch, S. 345.

auf den von ihm festgestellten Sachverhalt grundsätzlich revisibel ist,[261] wie es bei der einfachen Fahrlässigkeit unumstritten ist.[262] Daraus folgt, daß der BGH auf eine Begründung angewiesen war, wenn er darlegen wollte, warum trotz der Beurteilung eines Rechtsbegriffs die Revisibilität ausgeschlossen sein soll. Daher ist in Betracht zu ziehen, daß die Auffassung des IV. Senats, auch subjektive Momente berücksichtigen zu wollen, tragende Begründung dafür war, die Revisibilität abzulehnen. Denn bei der Beurteilung subjektiver Momente liegt es in der Natur der Sache, daß es sich um Einzelfälle handelt. Daraus ließe sich folgern, daß es sich durch den Einzelfallcharakter dieser Beurteilungsmethode lediglich um eine nicht revisible Tatfrage handelt. Es ist nicht Aufgabe des Revisionsgerichts Einzelfallfragen zu klären, da das nicht dem Rechtseinheitszweck und damit dem Zweck des Revisionsverfahrens dienen kann.[263] Vom Revisionsgericht kann dann nur überprüft werden, ob der Berufungsrichter in seiner Beurteilung allgemeine Denkgesetze oder Erfahrungssätze beachtet hat.[264]

Allerdings ist dem Urteil nicht zu entnehmen, auf welches Argument der IV. Senat seine Rechtsauffassung, die Revisibilität der groben Fahrlässigkeit abzulehnen, tatsächlich gestützt hat. Raum für eine Vermutung diesbezüglich bietet nur die Ansicht des BGH, daß es sich bei der Beurteilung grober Fahrlässigkeit um eine Frage des Einzelfalls handelt. Dann ist das Revisionsgericht - wie gerade erläutert - tatsächlich gehindert eine Überprüfung des Berufungsurteils hinsichtlich der Beurteilung der groben Fahrlässigkeit vorzunehmen. Alle weiteren Ausführungen in der Grundsatzentscheidung können ratio decidendi, sowie obiter dictum sein. Eine Klärung dieser Frage muß aber mangels aussagekräftiger Hinweise offen bleiben.

Die Auffassung Bokelmanns, der BGH benötige seine Ansicht, subjektive Momente in die Beurteilung der groben Fahrlässigkeit mit einbeziehen zu wollen, weil er erst von da her die Revisibilität verneinte, überzeugt nicht. Eine Begründung benötigte der BGH, wie bereits festgestellt[265], unzweifelhaft. Wie oben dargestellt kann der Grund nur vermutet werden. In Betracht kommt allenfalls die Auffassung des BGH, daß es sich bei der Beurteilung der groben Fahrlässigkeit um eine Frage des Einzelfalls handelt. Das könnte tragende Begründung dafür gewesen sein, die Beurteilung der groben Fahrlässigkeit als nichtrevisibel abzulehnen. Selbst wenn der Senat seine weitere Argumentation für notwendig erachtete ist nicht festzustellen, ob die Auffassung, subjektive Momente berücksichtigen zu wollen, maßgebend für die Begründung war. In Betracht zu ziehen wäre auch, daß sich der BGH maßgebend auf seine Auffassung

---

[261] Zöller ZPO, § 546, Rn. 6.
[262] BGHZ 10, 14, (16);.Baumbach/Lauterbach/Albers/Hartmann ZPO, § 547, Rn. 7.
[263] Zutreffend Henke, Die Tatfrage, S. 13. Zur Aufgabe des BGH: Baumbach / Lauterbach / Albers / Hartmann ZPO, vor § 542, Rn. 1.
[264] Zöller ZPO, § 546, Rn. 1.
[265] Siehe diese Seite oben.

bezog, dem Tatrichter die Beurteilung zu überlassen, „ob nach Gesamtlage der Umstände die Sorgfaltspflichtverletzung als besonders schwer erscheint."[266] Das ist unabhängig davon, ob in die Beurteilung der groben Fahrlässigkeit auch subjektiv-individuelle Momente zu berücksichtigen sind. Daraus ergibt sich, daß der BGH den von Bokelmann zitierten Satz nicht zwingend benötigte, um die Revisibilität verneinen zu können. Würde der BGH allerdings, was nur vermutet werden kann, auch die Einbeziehung der subjektiv-individuellen Momente als notwendige Begründung dafür angesehen haben, daß es sich bei der Beurteilung der groben Fahrlässigkeit um eine Einzelfallentscheidung handelt, so wäre diese Begründung ebenfalls ratio decidendi[267] und nicht etwa „kein echtes obiter dictum."[268]

Es ist also nicht festzustellen, warum der IV. Senat in seiner Grundsatzentscheidung mit keinem Wort auf den Widerspruch zu der ein Jahr zuvor ergangenen Entscheidung des I. Senats eingegangen ist. Es können nur Vermutungen angestellt werden. Neben den unterschiedlichen Senaten käme als mögliche Erklärung allenfalls in Betracht, daß den jeweiligen Entscheidungen unterschiedliche Sachverhalte zu Grunde lagen. Denn bei der vor der Grundsatzentscheidung ergangenen Entscheidung handelte es sich um ein Fall aus dem Haftungs- und Regreßrecht, bei der Grundsatzentscheidung handelte es sich hingegen um einen Fall des gutgläubigen Erwerbs. Daher könnte der IV. Senat „stillschweigend" der Ansicht Ausdruck verliehen haben, im Rahmen des gutgläubigen Erwerbs sei grundsätzlich ein anderer Beurteilungsmaßstab zu Grunde zu legen als im Haftungs- und Regreßrecht, wodurch ein weiteres Eingehen auf den vermeintlichen Widerspruch obsolet wäre. Eine abschließende Klärung des Problems dürfte allerdings unmöglich sein.

Es bleibt also offen, ob es sich bei der Ansicht des BGH hinsichtlich des Beurteilungsmaßstabes um eine ratio decidendi oder lediglich um ein obiter dictum handelte.

V. Ergebnis

Die grobe Fahrlässigkeit ist im Rahmen des gutgläubigen Erwerbs nach objektiven Kriterien zu beurteilen. Auf individuellen Gegebenheiten des Einzelnen kann keine Rücksicht genommen werden. Ob es sich bei der Ansicht des BGH in seiner Grundsatzentscheidung zur Revisibilität hinsichtlich des Beurteilungsmaßstabes um eine ratio decidendi oder lediglich um ein obiter dictum handelte, kann nicht geklärt werden.

---

266 BGHZ 10, 14, (17).
267 Dafür Lohe, VersR 1968, 323, (327).
268 Bokelmann, S. 40.

Fünftes Kapitel: Nachforschungspflichten

I. Einleitung

Im System des gutgläubigen Erwerbs beweglicher Sachen spielen Nachforschungsobliegenheiten eine bedeutende Rolle. Wegen deren Bedeutung für den gutgläubigen Erwerb ist herauszuarbeiten, inwieweit die Rechtsprechung dem Erwerber zum Erhalt seines guten Glaubens Nachforschungspflichten auferlegt hat. Grundsätzlich gilt jedoch die Regel, „daß eine allgemeine Nachforschungspflicht bei Dritten als Voraussetzung für einen gutgläubigen Eigentumserwerb nicht besteht.“[269] Doch muß der Erwerber gegebenenfalls Erkundigungen darüber anstellen, ob es sich bei dem Veräußerer um den Eigentümer bzw. den Verfügungsberechtigten handelt.[270]

Die Begriffe Nachforschungsobliegenheit und Nachforschungspflicht werden uneinheitlich verwendet. So bleibt die Trennung zwischen den unterschiedlichen Begriffen Pflicht und Obliegenheit unklar. Der BGH verwendet in den meisten Fällen den Begriff Nachforschungspflicht ohne Rücksicht darauf, daß es sich rechtlich um unterschiedliche Begriffe handelt.

II. Standpunkt der Literatur zu den Nachforschungspflichten

Von Teilen der Literatur werden Nachforschungsobliegenheiten als problematisch angesehen.[271] Geht man davon aus, daß der Zweck der §§ 932 ff BGB darin besteht, einen rasch und reibungslos ablaufenden Warenverkehr zu garantieren, dann haben Nachforschungspflichten an sich keinen Platz.[272] Wiegand ist der Ansicht, daß entweder der von der Besitzübertragung ausgehende Rechtsschein einen gutgläubigen Erwerb rechtfertige, oder derselbe infolge Kenntnis oder grob fahrlässiger Unkenntnis des Erwerbers ausgeschlossen sei. Letzteres sei der Fall, wenn der Rechtsschein durch Umstände im Rahmen des Erwerbsgeschäfts überlagert oder gar zerstört werde.[273] Diese klare Grenzziehung würde verwischt werden, wenn dem Erwerber zusätzliche Pflichten auferlegt würden, was im übrigen dem eigentlichen Gesetzeszweck, der Garantie eines reibungslos ablaufenden Güterverkehrs, zuwiderliefe.[274]

Betrachtet man jedoch die Beziehung zwischen Eigentümer und Erwerber, so ist es rechtspolitisch vertretbar, daß die Rechtsprechung die Vorschriften zum gutgläubigen Erwerb um ein differenziertes Steuerungssystem zur Beurteilung

---

[269] BGH NJW 1966, 1959, (1960); BGH NJW 1975, 735, (736).
[270] MüKo Quack, § 932, Rn. 41ff.
[271] MüKo/Quack, § 932, Rn 1; Staudinger/Wiegand, vor § 932, Rn. 3; Heck § 58 I 1; Wolff-Raiser § 68 II 1; Zweigert RabelsZ 23, 1; Baur-Stürner § 52 I 2; Soergel-Mühl Rn. 1.
[272] Staudinger/Wiegand, § 932 BGB, Rn. 68.
[273] Staudinger/Wiegand, § 932 BGB, Rn. 68.
[274] MüKo/Quack, § 932, Rn 1; Staudinger/Wiegand, vor § 932, Rn. 3; Heck § 58 I 1; Wolff-Raiser § 68 II 1; Zweigert RabelsZ 23, 1; Baur-Stürner § 52 I 2; Soergel-Mühl Rn. 1.

der Frage ergänzt hat, ob im Einzelfall ein Eigentumsgewinn des Erwerbers zu Lasten des ursprünglichen Eigentümers zu rechtfertigen ist. Dieses Steuerungssystem liegt darin, dem Erwerber dann eine Nachforschungspflicht aufzuerlegen, wenn aufgrund der Umstände Zweifel an der Berechtigung des Veräußerers angebracht sind. Erfüllt der Erwerber diese Nachforschungsobliegenheit nicht, so muß ein gutgläubiger Erwerb ausgeschlossen sein.

III. Unergiebige Nachforschung

In der Literatur besteht allerdings Uneinigkeit über die Frage, ob dem Erwerber auch dann Nachforschungspflichten aufzuerlegen sind, wenn diese nicht zur Aufklärung des wahren Sachverhalts führen können. Das wird in einem Rechtsstreit zum Problem, wenn der Erwerber bei zweifelhafter Lage den Beweis erbringt, daß er auch durch geeignete Nachforschungen keine Erkenntnisse über die Eigentumsverhältnisse hätte gewinnen können, etwa weil sich die nötigen Informationen ausschließlich in der Sphäre des Veräußerers befinden. Der BGH vertritt diese Auffassung in Anlehnung an das Reichsgericht.[275] Die Begründung dafür ist einer Entscheidung des Reichsgerichts vom 28.11.1933[276] zu entnehmen. Folgendes hatte sich zugetragen[277]:

B. schuldete den Gebrüdern M., denen die Stammanteile der Beklagten[278] gehörten 15.000,00 RM. Er vereinbarte mit der Beklagten, daß er seine Schuld gegenüber den Gebrüdern M. durch Ausstellung eines Dreimonatsakzepts über 2.100,00 RM und durch die Lieferung eines neuen Fahrzeugs der Marke Horch[279] an die Beklagte tilgen sollte. Später lieferte B. an die Beklagte einen Horch. Dieser Wagen war der klagenden Gesellschaft m.b.H.[280], deren Geschäftsführer B. war, kurz vorher von den Horchwerken in Zwickau unter Eigentumsvorbehalt bis zur völligen Zahlung des Kaufpreises geliefert worden. Der Kaufpreis wurde zwischenzeitlich von der Klägerin bezahlt.

Die in erster Linie auf Zahlung von 13,500,00 RM., in zweiter Linie auf Herausgabe des Wagens gerichtete Klage der Gesellschaft mbH[281] hat das Landgericht abgewiesen. Auf die Berufung der Klägerin hat das Oberlandesgericht die Beklagte zur Herausgabe des Wagens verurteilt, im Übrigen die Klage abgewiesen. Auf die Revision der Beklagten wurde das Urteil des Oberlandesgerichts aufgehoben und zur erneuten Entscheidung an die Vorinstanz zurückverwiesen. Zwischenzeitlich wurde der Wagen weiterveräußert. Die Beklagte wurde dar-

---

[275] BGH, Urteil vom 30.10.1952, Az. IV ZR 48/52 (unveröffentlicht); BGH WM 1958, 754, (755), offen gelassen in BGHZ 77, 274, (279).
[276] RGZ 143, 14, (18); Siehe auch RGZ 147, 321, (331).
[277] Der Sachverhalt ist unvollständig in dem Urteil wiedergegeben.
[278] Die genaue Rechtsform der Beklagten ist aus dem Urteil nicht ersichtlich.
[279] Horch ist eine heute nicht mehr existierende Automobilmarke.
[280] Genauer Name der Gesellschaft unbekannt.
[281] Genauer Name der Gesellschaft unbekannt.

aufhin verurteilt, an eine Zessionarin der Klägerin 11.250 RM zu zahlen. Die weiteren Ansprüche der Klägerin wurden dem Grunde nach für gerechtfertigt erklärt.

Auch dieses Urteil ist von dem erkennenden Senat, unter erneuter Zurückverweisung aufgehoben worden. In der weiteren Verhandlung beantragte die Klägerin, die Beklagte zur Zahlung von 20.374,23 RM nebst Zinsen zu verurteilen. Das Berufungsgericht hat die Beklagte nunmehr zur Zahlung von 13.500 RM verurteilt, wegen eines Betrags von 250 RM. die Klage abgewiesen, im übrigen den Klageanspruch dem Grunde nach für gerechtfertigt erklärt und insoweit die Sache zur Entscheidung über die Höhe des Anspruchs an das Landgericht zurückverwiesen. Die erneut von der Beklagten eingelegte Revision wurde zurückgewiesen.

Zunächst hatte der Berufungsrichter angenommen, „der Beklagten sei bei der Übergabe des Kraftwagens durch B. infolge grober Fahrlässigkeit unbekannt gewesen, daß der Kraftwagen dem B. nicht gehörte. (...) Nach der weiteren Feststellung waren dem Direktor E., einem Mitarbeiter der Beklagten, bei Übernahme des Wagens besondere Umstände bekannt, aus denen er schließen musste oder bei Anwendung auch nur geringer Sorgfalt hätte erkennen müssen, B. habe den Wagen nicht zu Eigentum erworben. (...) “[282] In diesen Feststellungen erkannte das Revisionsgericht keine Rechtsfehler. Insbesondere habe sich der Erwerber in diesem Fall nicht mit „völlig nichtssagende Erklärungen des B.“[283] zufrieden geben dürfen.[284] Allerdings lag eine Besonderheit des Falles in dem Umstand, daß die Revision vorgetragen hatte, „B. würde, wenn ihn E. des näheren befragt hätte, unwahre Ausflüchte gebraucht und so den E. auch weiter in Unkenntnis der wahren Sach- und Rechtslage erhalten haben.“[285] Daraus ergibt sich die Frage, ob Nachforschungen bei zweifelhaften Eigentumsverhältnissen nur dann anzustellen sind, wenn diese auch zu Ergebnissen führen können.

Zu diesem Problem erklärte das Reichsgericht in dem vorliegendem Fall: „(...) die Annahme eines nach § 932 Abs 2 BGB zu beurteilenden Falles setzt nicht den Nachweis voraus, daß der Erwerber bei Vornahme der Nachforschungen, deren Unterlassen ihm zur Last gelegt wird, den wahren Sachverhalt unter allen Umständen erfahren hätte. Dem Erwerber wird nur zum Schutze des Eigentums vom Gesetz eine gewisse Prüfungspflicht auferlegt.“[286] Mit dieser vom BGH übernommenen Rechtsansicht[287] hat sich die Literatur kritisch auseinandergesetzt:

---

[282] RGZ 143, 14, (15).
[283] RGZ 143, 14, (18).
[284] RGZ 143, 14, (18).
[285] RGZ 143, 14, (18).
[286] RGZ 143, 14, (18).
[287] BGH NJW 1994, 2022.

Die Richter des Reichsgerichts übernahmen dieses Prinzip nahezu wörtlich aus den Motiven: „Indem die Abwesenheit grober Fahrlässigkeit gefordert wird, wird dem Erwerber eine gewisse Nachforschungspflicht auferlegt (...). Eine strengere Diligenzpflicht darf man zwar, um den Zweck der Vorschrift nicht zu beeinträchtigen, dem Erwerber nicht auferlegen, wohl aber kann man verlangen, daß derselbe, wenn Anlaß zu weiteren Nachforschungen vorliegt, einen solchen Anlaß nicht [in] grob fahrlässiger Weise unberücksichtigt läßt"[288]. Das bedeutet, wird der Erwerber diesen Mindestanforderungen an sein Verhalten während des Erwerbsvorganges nicht gerecht, so ist seine Unkenntnis grob fahrlässig.

Mormann und Müller wendeten sich gegen die höchstrichterliche Rechtsprechung.[289] Sie führten aus, daß es dem Tatbestand des § 932 Abs. 2 BGB unmittelbar zu entnehmen sei, daß zwischen dem grob fahrlässigen Unterlassen der Erkundigung und der Unkenntnis der Berechtigung ein kausaler Zusammenhang bestehen müsse. Denn nach § 932 Abs. 2 BGB sei der Erwerber nur dann bösgläubig, wenn ihm „infolge" grober Fahrlässigkeit unbekannt geblieben ist, daß die Sache nicht dem Veräußerer gehört.[290]

Die Kritik Mormanns und Müllers an dieser Rechtsprechung ist nicht berechtigt. Entscheidet sich die Rechtsordnung, ein Rechtssubjekt unter bestimmten Voraussetzungen zu „enteignen", so muß das gerechtfertigt sein. Dem Grund für den Eigentumsverlust muß wenigstens ein gleichwertiger Erwerbstatbestand gegenüberstehen. Es kann dabei nicht unbeachtet bleiben, wie sich der Erwerber bei der Abwicklung eines Erwerbsgeschäfts verhält. Zumindest muß dieser soviel tun, daß man seinen „Glauben" an die Berechtigung seines Veräußerers als „gut" bezeichnen kann.[291] Es ist daher zu verlangen, daß der Erwerber bei zweifelhaften Eigentumsverhältnissen seine Redlichkeit dadurch zum Ausdruck bringt und damit erkennbar macht, daß er alles ihm mögliche getan hat, um bestehende Zweifel auszuräumen. Dieses Erfordernis kann insbesondere nicht davon abhängig sein, ob die Nachforschungen, wenn sie durchgeführt worden wären, zum Erfolg hätten führen können. Findet der Erwerber nach durchgeführten Erkundigungen nichts, so führen seine Bemühungen stets dazu, daß sein Glaube i.S.d § 932 Abs. 2 BGB als „gut" anzusehen ist.

Auch kann in diesem Zusammenhang nicht unberücksichtigt bleiben, daß der Erwerber nur durch sein Vertrauen in einen Rechtsscheintatbestand Eigentümer wird. Auch aus diesem Grunde muß von ihm verlangt werden können tätig zu werden, wenn Zweifel an den Eigentumsverhältnissen bestehen. Hat er Zweifel, so muß er sich über die Eigentumsverhältnisse Klarheit verschaffen, gleichgültig ob Nachforschungen nun im Einzelfall die Wahrheit ans Licht bringen oder nicht. Handelt er nicht, so konnte er sich offensichtlich keine schutzwürdige

---

[288] Mot. III, S. 346.
[289] Mormann WM 1966, 2 ff; Müller Sachenrecht, Rn. 2393 f.
[290] Mormann WM 1966, 2, (9).
[291] Müller, Sachenrecht, Rn. 2395.

Vorstellung über die Berechtigung seines Veräußerers machen. Es kann dann nicht davon gesprochen werden, daß der Erwerber auf eine etwaige Berechtigung vertraut hätte, wie es die Konzeption des Gesetzes vorsieht. Vielmehr überlagert in einem solchem Fall der unbedingte Erwerbswille jede zutreffende Vorstellung der tatsächlichen Eigentumsverhältnisse an der Sache.

Der Begriff „infolge“ in § 932 Abs. 2 BGB ist daher untechnisch zu verstehen[292]. Zu Recht bemerkt Wiegand in diesem Zusammenhang, daß besonders der Obliegenheitscharakter der Nachforschungspflichten hervorzuheben ist, denn bei Obliegenheiten spielt die Kausalität im Gegensatz zu echten Pflichtverletzungen keine Rolle.[293]

Die strenge Bewertung des Verhaltens des Erwerbers durch die höchstrichterliche Rechtsprechung im Interesse des Eigentümers läßt damit nichts anderes zu, als bestimmte Grundanforderungen an das Verhalten des Erwerbers zu stellen, die um so größer werden, je mehr objektiv dagegen spricht, daß der Veräußerer Eigentümer der Sache oder sonst wie berechtigt ist.[294]

IV. Die Rechtsprechung des BGH zu den Nachforschungspflichten

A. Anforderungen an Nachforschungspflichten

Der BGH hat wesentliche Grundsätze darüber aufgestellt, inwieweit der Erwerber zur Erhaltung seines guten Glaubens Nachforschungen über die Eigentumsverhältnisse anstellen muß. Im folgenden wird die Rechtsprechung des BGH daraufhin untersucht, wann im Einzelfall Erkundigungen des Erwerbers über die Eigentumsverhältnisse angebracht sind. Erörtert werden 32 Entscheidungen in chronologischer Reihenfolge, in denen Nachforschungspflichten eine Rolle spielten.

a) In dem folgenden Fall des IV. Senats vom 8.7.1954 (ZR 31/54)[295] hat sich der BGH erstmalig grundsätzlich zu den Anforderungen an die Nachforschungspflichten geäußert. Dieses Urteil zeigt besonders, wie wichtig dem BGH Erkundigungen sind, denn der Senat hat Fallbeispiele genannt, bei deren Vorliegen er Nachforschungen für unerlässlich hält, ohne daß die genannten Beispiele etwa Gegenstand des zu beurteilenden Sachverhalts waren. Folgendes hatte sich ereignet:

Die Klägerin hatte an die Firma S. & T. eine Kompressionsanlage verkauft. In der Auftragsbestätigung vom 19.06.1950 wurde ausdrücklich auf die beigefügten allgemeinen Lieferbedingungen der Klägerin Bezug genommen, in denen für den Kauf ein Eigentumsvorbehalt vorgesehen war. Zudem bestimmten die allgemeinen Geschäftsbedingungen, daß eine Weiterveräußerung der Ware bis

---

[292] RGZ 143, 14, (19).

[293] Staudinger/Wiegand, § 932, Rn. 82 ff.; noch anders Wiegand in JuS 1974, 201, (208).

[294] Maier, Bernhard, JuS 1982, 487, (490).

[295] BGH LM HGB § 366, Nr. 4=DB 1954, 693=BB 1954, 758.

zur Erfüllung aller Zahlungsverpflichtungen unzulässig sei. Der S. & T. wurde daraufhin die Anlage geliefert, wobei der Kaufpreis nicht gezahlt wurde.

Noch bevor der Kaufvertrag zwischen der Klägerin und der Firma S. & T. zustande gekommen und die Übergabe erfolgt war, verkaufte der Mitinhaber S. am 27.5.1950 durch Vertrag die Kompressionsanlage an die Beklagte. Übergeben wurde die Anlage am 29.6.1950.

Die Klägerin verlangte von der Beklagten die Herausgabe der Kompressionsanlage mitsamt den dazugehörigen Werkzeugen. Sie behauptete, daß die Beklagte beim Erwerb der Gegenstände bösgläubig gewesen sei und daher kein Eigentum an Ihnen erlangt habe. Das Berufungsgericht verurteilte die Beklagte zur Herausgabe der Kompressionsanlage. Die Revision der Beklagten hatte keinen Erfolg.

Das Berufungsgericht vertrat die Ansicht, daß die Beklagte bösgläubig i.S.d. § 932 BGB war.[296] Die Revision vertrat hingegen die Auffassung, der Berufungsrichter habe die nach Treu und Glauben gebotenen Anforderungen an die Nachforschungspflicht der Beklagten verkannt. Sie stellte zwar nicht in Abrede, daß der Beklagten eine solche überhaupt oblegen habe, sie war aber der Ansicht, die Beklagte habe ihr dadurch genügt, daß sie sich bei S. nach dessen Eigentum ausdrücklich erkundigt, und daß S. in dem Bestätigungsschreiben vom 27.5.1950 sein freies Eigentum ausdrücklich bestätigt habe.

Das Revisionsgericht folgte der Ansicht der Revision nicht. Der Senat führte aus: „Dem Berufungsrichter ist zunächst beizupflichten, daß eine Erkundigungspflicht des Erwerbers einer beweglichen Sache grundsätzlich dann besteht, wenn besondere Verdachtsgründe auftauchen, die Zweifel an dem Eigentum des Veräußerers bei dem Erwerber erwecken müssen. Damit befindet sich das BerGer. in Übereinstimmung mit der Rspr. Dafür, wie weit diese Erkundigungspflicht sich erstreckt, können allgemeine, für alle Veräußerungsgeschäfte geltende Grundsätze nicht aufgestellt werden. Ist der Veräußerer dem Erwerber als zuverlässig bekannt und hatte er keine Veranlassung, seinen Erklärungen zu mißtrauen, so braucht der Erwerber sich nicht noch anderweitig zu erkundigen. (...)[297] Wie der BerRichter aber feststellt, hat der Inhaber der Bekl. selbst gegen S. und T. ein gewisses Mißtrauen gehegt, das sich auch auf ihre wirtschaftlichen Verhältnisse erstreckt habe. Schon dieser Umstand rechtfertigt es, wenn das BerGer. annimmt, daß die Bekl. sich mit der Erklärung des S. allein nicht hätte begnügen dürfen. Abgesehen hiervon ist aber die Entscheidung und der Umfang der Erkundigungspflicht weitgehend auch von anderen Umständen abhängig. Handelt es sich um ein Erwerbsgeschäft, das mit dem Inhaber eines Gewerbebetriebs abgeschlossen wird, aber aus dem Rahmen der von dem Veräußerer in seinem Unternehmen sonst abgeschlossenen Geschäfte herausfällt, z.B. um eine Sicherungsübereignung durch einen Kaufmann, die eine üblicherweise unter Ei-

[296] BGH LM HGB § 366, Nr. 4.
[297] Unter Bezug auf RGZ 135, 75 (85); 141, 129 (132). Auch in BGH WM 1959, 117, (118).

gentumsvorbehalt verkaufte Sache betrifft, so wird dem Sicherungsnehmer eine weitergehende Erkundigungspflicht obliegen als bei Geschäften, die gewöhnlich Gegenstand des Unternehmens sind (...).[298] Die Verurteilung der Bekl. zur Herausgabe der Kompressoranlage ist deshalb zurecht erfolgt.“[299]

Der IV. Senat setzte sich also ausführlich mit der Frage auseinander, ob der Beklagten Bösgläubigkeit i.S.d. § 932 BGB vorzuwerfen war. Insbesondere legte er grundsätzlich dar, wann zur Verhinderung des Vorwurfs der groben Fahrlässigkeit Erkundigungen über die Eigentumsverhältnisse des Veräußerers angebracht seien. Allgemeingültige Grundsätze, inwieweit Erkundigungspflichten bestehen, können zwar nicht aufgestellt werden, aber bestehen Zweifel an der Berechtigung des Veräußerers, so muss diesen mit Nachforschungen begegnet werden. Damit stellte der Senat unzweifelhaft auf den Einzelfallcharakter der Bestimmung einer etwaigen Erkundigungspflicht ab. Der Umfang der Erkundigungspflicht ist seiner Ansicht nach von verschiedenen Faktoren abhängig. Um deutlich zu machen, wann jedenfalls zwingend Erkundigungen über die Eigentumsverhältnisse anzustellen sind, hat sich der Senat einiger grundsätzlicher Beispiele bedient. Handelt es sich beispielsweise um ein Erwerbsgeschäft mit einem Gewerbebetrieb, so ist danach zu fragen, ob das getätigte Geschäft nicht aus dem Rahmen der sonst in dem Unternehmen üblicherweise abgeschlossenen Geschäfte fällt, etwa die Sicherungsübereignung durch einen Kaufmann, die eine üblicherweise unter Eigentumsvorbehalt veräußerte Sache betrifft.[300] In einem solchen Fall sind weitergehende Nachforschungen erforderlich. Dem Sicherungsnehmer obliegt dann eine weitergehende Erkundigungspflicht als bei Geschäften, die üblicherweise Gegenstand des Unternehmens sind.[301] Diesen Grundsatz schränkte der Senat allerdings ein. Denn hinsichtlich einer unter Eigentumsvorbehalt veräußerten Sache könne sich dann etwas anderes ergeben, wenn dem Erwerber bekannt sei, daß der Veräußerer die Sache schon über einen Zeitraum besaß, in denen normalerweise eingeräumte Zahlungsziele bereits abgelaufen seien. Dann seien weitere Erkundigungen über einen möglichen Eigentumsvorbehalt nicht geboten.[302]

Etwas anderes kann sich nach Auffassung des Senats aber dann ergeben, wenn der Veräußerer dem Erwerber als zuverlässig bekannt ist. Dann sollen keine weiteren Erkundigungen zur Erhaltung des guten Glaubens notwendig sein. Diese Feststellung des Senats ist mißverständlich. Ausgehend von dem Grundsatz, daß Nachforschungen grundsätzlich nicht geboten sind, erscheint diese Feststellung überflüssig. Wenn Nachforschungen ohnehin nur geboten sind,

---

[298] Unter Bezug auf RGZ 147, 321 (331). Auch in BGH WM 1959, 117, (118); BGH WM 1968, 540, (542); BGH NJW 1999, 425.

[299] BGH LM HGB § 366, Nr. 4, Bl. 2 f.

[300] Auch BGH WM 1964, 1193, (1195).

[301] Auch BGH WM 1958, 930, (931).

[302] BGH MDR 1973, 44, (45); BGHZ 86, 300, (310 f.).

wenn Zweifel an den Eigentumsverhältnissen vorliegen, dann ergibt sich auch nichts Neues, wenn der Veräußerer dem Erwerber als Zuverlässig bekannt ist. Denn das bedeutet nichts anderes, als daß der Erwerber eben keine Zweifel an der Berechtigung des Veräußerers hat. Einen Sinn könnte diese Feststellung nur dann gewinnen, wenn bei Zweifel erzeugenden Umständen in dem Fall, daß der Veräußerer dem Erwerber als zuverlässig bekannt ist, unterlassene Nachforschungen nicht grundsätzlich zur Annahme grober Fahrlässigkeit führen würden. Die Durchsicht der Rechtsprechung gibt allerdings, soweit ersichtlich, keine Auskunft darüber, ob dies so verstanden werden darf.

Es lässt sich also festhalten, daß bei zweifelhaften Umständen Nachforschungen zur Erhaltung des guten Glaubens durch den Erwerber notwendig sind. Zwar kann der Erwerber erfolgreich vorbringen, daß er sich wie gerade dargestellt, auf bestimmte Erfahrungen verlassen habe, so wie beispielsweise die eben erwähnte Zuverlässigkeit. Aber ansonsten helfen ihm unbegründete Ausflüchte nicht, selbst wenn Umstände vorlagen, die ihm eine weitere Prüfung des Sachverhalts erschwert haben.

b) In dem folgenden Fall hatte sich der Erwerber nach Ansicht des BGH unbegründeter Ausflüchte bedient, um einen gutgläubigen Erwerb zu rechtfertigen. Nachforschungen wurden unterlassen. Als Beispiel dafür dient der folgende Fall, entschieden vom IV am 26. Oktober 1955 (IV ZR 35/55)[303]:

Die Klägerin besaß größerer Mengen Düngemittel, welches sie mangels eigener Kapazitäten bei der Firma B. einlagerte. Später übernahm die Firma B. diese Düngemittel von der Klägerin und schloß einen entsprechenden Kaufvertrag. Die Allgemeinen Verkaufs- und Lieferbedingungen, die dem Kauf zugrunde lagen, sahen einen verlängerten Eigentumsvorbehalt vor. Der Käufer sollte insbesondere die Ware als Eigentum der Verkäuferin kennzeichnen und von Gütern anderer Firmen getrennt halten. Auch war eine Verpfändung oder Sicherungsübereignung der Düngemittel nicht gestattet.

Die Firma B. leistete jedoch keine Zahlungen zur Begleichung der Kaufpreisschuld. Vielmehr stellte sie ihre Zahlungen ein, worauf die Eröffnung des Vergleichsverfahrens erfolgte.

Mit der Firma B. stand die Beklagte in Geschäftsbeziehungen. Die Firma B. schuldete der Beklagten eine größere Summe Geld aus dem Verkauf von Waren. Zur teilweisen Abgeltung dieser Schulden sollte die Firma B. der Beklagten Düngemittel liefern. In dem als Verkaufskontrakt bezeichneten Bestätigungsschreiben erklärte die B., die verkaufte Ware sei ihr bezahltes Eigentum. Später lieferte die B. der Beklagten die geforderten Düngemittel, die diese alsbald weiterveräußerte.

---

303 BGH WM 1956, 156.

Die Klägerin verlangte von der Beklagten den Betrag, den die Beklagte aus der Weiterveräußerung erzielt hatte. Beide Vorinstanzen erklärten die Klage dem Grunde nach für gerechtfertigt. Die Revision der Beklagten war erfolglos.

In diesem Fall berief sich die Beklagte darauf, B. habe es als Beleidigung auffassen müssen, wenn er hinsichtlich der Eigentumsverhältnisse Nachfragen angestellt hätte. Daher sei es ihm schon um der Geschäftsbeziehung willen unmöglich gewesen weitere Erkundigungen einzuziehen. Auch rügte die Revision, das Berufungsgericht habe ohne hinreichende Grundlage festgestellt, es sei eine unter ordentlichen Kaufleuten übliche Pflicht, sich die Lieferfirma nennen und die quittierten Rechnungen vorlegen zu lassen. Darauf reagierte der Senat wie folgt: „Die Rüge greift hier schon deshalb nicht durch, weil das Berufungsgericht seine Ausführungen über eine solche Prüfungspflicht nur im Zusammenhang mit der Erwägung gemacht hat, daß es von B. nicht als Beleidigung hätte aufgefaßt werden können, wenn der Inhaber der Beklagten ein solches Verlangen gestellt hätte. Daraus hat das Berufungsgericht wiederum gefolgert, B. hätte die verlangte Auskunft nicht verweigert. Darauf aber kommt es überhaupt nicht an. Wenn eine Nachforschungspflicht dahin bestand, ob die von B. abgegebene Erklärung, daß er Eigentümer der Düngemittel sei, richtig war – und das hat das Berufungsgericht festgestellt -, so ist es unerheblich, ob B. gewillt war, die notwendigen Auskünfte zu erteilen. Gab er sie nicht, so konnte das Bedenken gegen seine Erklärung dadurch nur verstärkt werden. Der Umstand, daß die Beklagte B. nicht habe verletzten wollen, kann es nicht rechtfertigen, daß sie die gebotenen Nachforschungen unterlassen hat.“[304]

c) In einem weiteren Urteil aus dem Jahre 1956 (ZR 34/56 vom 23.05.1956)[305] bekräftigte der IV Senat des BGH seine Grundsätze zur Beurteilung des guten Glaubens des Erwerbers. Ausgehend von seiner Definition der groben Fahrlässigkeit erläuterte er, wann ein Unterlassen von Nachforschungen den Vorwurf grob fahrlässigen Verhaltens zur Folge hat. „Damit jemandem eine grobe Fahrlässigkeit im Sinne der §§ 932 BGB, 366 HGB zur Last gelegt werden kann, müssen ihm (...) beim Erwerb der Sache Umstände bekannt gewesen sein, die mit auffallender Deutlichkeit dafür sprachen, daß der Veräußerer nicht Eigentümer bezw. nicht verfügungsberechtigt war. Der Erwerber muß sich also in einer Lage befunden haben, in der es für ihn auch bei nur durchschnittlichem Merk- und Erkenntnisvermögen[306] nicht schwer war, zu der Erkenntnis zu gelangen, daß die veräußerte Sache dem (Erwerber) [Veräußerer] nicht gehörte bezw. seiner Verfügungsbefugnis nicht unterlag. Die ihm bekannten Umstände müssen somit derart gewesen sein, daß er zu dieser Erkenntnis auch ohne ein besonders sorgfältiges und pflichtbewußtes Verhalten, insbesondere auch ohne

[304] BGH WM 1956, 156, (157).

[305] BGH WM 1956, 884=LM BGB § 932, Nr. 9=JZ 1956, 490.

[306] Auch BGH WM 1978, 1208, (1209); ähnlich in BGH WM 1959, 117, (119), hier ist von Anforderungen an den sorgsamen Kaufmann die Rede.

besonders hohe Aufmerksamkeit und besonders gründliche Überlegung, hätte gelangen können. Beachtet er solche Umstände nicht d. h. entscheidet er sich trotz ihrer Kenntnis für den Erwerb, obwohl er aus ihnen den Rechtsmangel der veräußerten Sache ohne Schwierigkeit unmittelbar hätte erschließen können oder obwohl ihm durch sie besonders augenfällig und eindringlich nahegelegt war, die Berechtigung in Zweifel zu ziehen und diesen Zweifel durch geeignete Nachforschungen und Erkundigungen klarzustellen, so handelt er grob fahrlässig."[307]

Der BGH stellte in dieser Entscheidung erstmals das Verhältnis zwischen seiner Definition der groben Fahrlässigkeit und Nachforschungspflichten dar. Habe der Erwerber gemessen an dem, was er tun musste, um dem Vorwurf grober Fahrlässigkeit zu entgehen, Zweifel an den Eigentumsverhältnissen haben müssen, so könne er nach Ansicht des BGH diesem Vorwurf nur durch geeignete Nachforschungen bzw. Erkundigungen begegnen.

d) Wie solche Erkundigungen im Einzelfall auszusehen haben, soll folgender vom VIII. Senats am 13. Mai 1958 (ZR 432/56)[308] entschiedener Fall verdeutlichen. Folgendes hatte sich ereignet:

Die Firma B. verkaufte verschiedene Gemüsedosen unter verlängertem Eigentumsvorbehalt an die Firma R. und lieferte die Waren an die Speditions- und Lagerfirma K., bei der sie für die Firma R. eingelagert wurden. Der R. wurden entsprechende Lagerscheine ausgestellt und übergeben. Bezahlt wurden die Konserven jedoch nicht.

Die beklagte Bank stellte der R. zur Finanzierung ihrer Warenkäufe Darlehen zur Verfügung. Im Gegenzug war der Beklagten das Eigentum an den von ihr finanzierten Waren übertragen worden. Darunter befanden sich auch Teile der Waren der Firma B. Entsprechend waren der Bank die Lagerscheine von R. übergeben und der Anspruch gegen den Lagerhalter K. abgetreten worden.

Später schrieb die Lagerhalterfirma K. der Beklagten unter Übersendung eines (neuen) Namenslagerscheines Nr. 412/54, dieser Lagerschein diene zum Austausch der Lagerscheine Nr. 288/53 und Nr. 298/53. Dies sei mit der Firma R. besprochen worden. Sie gab an, daß sie die beiden Lagerscheine als gegenstandslos betrachte und nun frei über die darin aufgeführten Waren verfüge. Die Beklagte antwortete umgehend, daß die Verfügung über die in den Lagerscheinen verzeichneten Waren nicht statthaft sei, denn diese Scheine befänden sich noch in ihrem Besitz. Für den Fall einer Verfügung verlange sie von der Firma K. Schadensersatz. Außerdem sollte sie dafür Sorge tragen, daß sich der Inhaber der Firma R. mit ihr, der Beklagten, in Verbindung setzte.

Am nächsten Tag erfuhr die Beklagte, daß über die Waren, die in den besagten Lagerscheinen bezeichnet waren, bereits verfügt worden war. Sie beauftragte darauf die Firma X., die Waren auf Lagerschein Nr. 412/54 abzuholen und an-

---

307 BGH WM 1956, 884, (885).

308 BGH WM 1958, 754=BB 1958, 573.

derweitig einzulagern und ließ sich von K. bestätigen, daß die Waren auf Lagerschein 412/54 in ihren Besitz übergegangen sei und daß die R. den Herausgabeanspruch bereits mit Übergabe dieses Lagerscheines abgetreten habe. Kurze Zeit darauf wurde über das Vermögen der Firma R. das Konkursverfahren eröffnet.

Die Klägerin war auf Grund eines Kreditsicherungsvertrages berechtigt, die Rechte der Firma B. aus deren Eigentumsvorbehalt geltend zu machen. Die Ware wurde inzwischen vereinbarungsgemäß verkauft und der Erlös auf ein Sperrkonto bei der Beklagten eingezahlt. Die Klägerin beanspruchte mit der Klage einen Teil des Erlöses. Sie machte geltend, daß die Beklagte bei dem Erwerb der Ware bösgläubig gewesen sei, was diese in Abrede stellte. Beide Vorinstanzen gaben der Klage statt. Die Revision der Beklagten war erfolglos.

Das Revisionsgericht war der Auffassung, das Berufungsgericht habe zurecht Bösgläubigkeit der Beklagten angenommen. „Seine Auffassung, die Beklagte habe hier nach den gesamten Umständen die im Geschäftsverkehr erforderliche Sorgfalt in ungewöhnlich großem Maße verletzt, wird im Ergebnis schon durch folgende Feststellung getragen: Der Beklagten seien nach dem „alarmierenden" Brief der Firma K. (...), dessen schwerwiegende Bedeutung sie alsbald erkannt habe, und vor allem nach der Erkenntnis, über die Waren der Lagerscheine Nr. 288 und 298 sei bereits widerrechtlich verfügt worden, Umstände bekannt gewesen, die mit auffallender Deutlichkeit den Verdacht nahe legten, die Firma R. sei auch sonst unzuverlässig und insbesondere nicht Eigentümerin der Waren laut Lagerschein Nr. 412; sie habe aus diesen Gründen dringende Veranlassung zu eingehender Nachforschung über den Ursprung der Ware des Lagerscheins Nr. 412 und die wahren Eigentumsverhältnisse an dieser gehabt, habe aber nichts in dieser Richtung getan, sondern gegenüber allen deutlich warnenden Anzeichen geradezu beide Augen geschlossen. Mit Recht verweist dabei das Berufungsgericht darauf, die Beklagte (...) hätte weder den Lagerschein Nr. 412/54 genau angesehen noch die Ware selbst auch nur flüchtig untersucht, ihre Nachforschungen hätten sich nur auf das Vorhandensein der ihr früher gegebenen weiteren Sicherheiten, nicht aber auf die Eigentumsverhältnisse an der neuen Sicherheit erstreckt."[309]

Dieses Urteil macht deutlich, wann ein Verhalten als grob fahrlässig anzusehen ist. Verschließt der Erwerber seine Augen vor Umständen, die deutlich darauf hinweisen, daß die Sache dem Veräußerer nicht gehört, dann ist dieses Verhalten grob fahrlässig. Ein gutgläubiger Erwerb ist ausgeschlossen, wenn Nachforschungen über die Eigentumsverhältnisse unterlassen wurden. In dieser Entscheidung stellte der BGH den oben schon bereits besprochenen[310] Grundsatz auf, daß es auf den Erfolg durchgeführter Erkundigungen nicht ankommt. Grundsätzlich sind bei Zweifeln an dem Eigentum, bzw. an der Berechtigung

[309] BGH WM 1958, 754, (755).
[310] Siehe dazu auch S. 52 ff.

des Veräußerers, Nachforschungen über die Eigentumsverhältnisse erforderlich. Es kommt also ausschließlich darauf an, ob Nachforschungen angestellt wurden.

Zu den Nachforschungspflichten dieses Falles stellte der Senat weiter fest: „Daraus, daß das Berufungsgericht auch aus dem Verhalten der Beklagten nach vollzogener Abtretung des Herausgabeanspruchs Schlüsse auf ihre ununterbrochene Leichtfertigkeit zieht, ergibt sich nicht, daß es, wie die Revision meint, den für den guten Glauben maßgebenden Zeitpunkt verkannt hat. Dieser war (...) frühestens der Augenblick, als der Lagerschein Nr. 412/54 der Firma K. mit der Aufforderung, die Ware herauszugeben, vorgelegt wurde. In diesem Augenblick war die Beklagte deshalb bösgläubig, weil sie nach den tatsächlichen Feststellungen des Berufungsgerichts den dringenden Verdacht haben mußte, die Ware gehöre nicht der Firma R., und aus diesem Grunde erst ausreichende Nachforschungen anstellen mußte, ehe sie das Eigentum gutgläubig erwerben konnte. Mit Recht hat deshalb das Berufungsgericht auch aus dem späteren Verhalten der Beklagten Schlüsse auf ihre Bösgläubigkeit gezogen. Sie ist nicht erst später bösgläubig geworden, sondern war es von vornherein."[311] Der VIII. Senat stellte auch hier deutlich fest, daß die Beklagte bösgläubig und damit grob fahrlässig gehandelt hatte, weil aufgrund der sich aufdrängenden Zweifel an den Eigentumsverhältnissen keine Nachforschungen angestellt worden waren. Allerdings bestand hier die Besonderheit, daß sich die Revision damit zu verteidigen versucht hatte, daß das Berufungsgericht den maßgeblichen Zeitpunkt der Beurteilung der Gutgläubigkeit verkannt habe. Dabei hatte die Revision übersehen, daß auch das Verhalten des Erwerbers außerhalb des Zeitpunktes des eigentlichen Erwerbsvorganges zur Beurteilung des guten Glaubens herangezogen wird. Das ist insofern auch zwingend erforderlich, als nur durch eine gründliche Prüfung und Beurteilung der Gesamtumstände auf die tatsächliche Gesinnung des Erwerbers zur Zeit des Erwerbs der Sache geschlossen werden kann.

B. Erkundigungspflicht nach einer Befugnis zur Weiterveräußerung

e) Im Gegensatz zu den bisher besprochenen Urteilen, in denen ausnahmslos Bösgläubigkeit des Erwerbers angenommen wurde, sei es durch Feststellungen des BGH, sei es durch die Erwägungen der Vorinstanzen, die der BGH rügelos bestehen ließ, kam es in einem Urteil des VIII. Senats vom 10. März 1959 (ZR 46/58) zum gegenteiligen Ergebnis.[312] Es wurde gutgläubiger Erwerb angenommen, was eine Ausnahme darstellt. In dem Prozeß wurde darüber gestritten, inwieweit der Erwerber einer unter verlängertem Eigentumsvorbehalt veräußerten Sache an die Verfügungsbefugnis des Weiterveräußerers glauben durfte, ohne sich dem Vorwurf der groben Fahrlässigkeit auszusetzen. Dabei hatte sich folgendes zugetragen:

---

[311] BGH WM 1958, 754, (755).
[312] BGH WM 1959, 533.

Die Klägerin veräußerte der Firma G. eine größere Menge Mehl. Die Ware wurde absprachegemäß in Säcken ohne Firmenanhänger unter verlängertem Eigentumsvorbehalt geliefert. Gleichzeitig räumte die Klägerin der Firma G. ein Zahlungsziel ein.

Die G. verkaufte das Mehl sofort an die Beklagte weiter, die nach Auslieferung sofort bezahlte. Die Firma G. versah die Mehlsäcke zum größten Teil mit eigenen Anhängern der Firma und lieferte sie an die Beklagte. Jedoch trugen verschiedene Säcke einer der letzten Lieferungen Anhänger der D.-Mühle.

Bevor die Klägerin den Kaufpreis für das Mehl einfordern konnte, wurde über das Vermögen der Firma G. das Konkursverfahren eröffnet. Daraufhin verlangte die Klägerin von der Beklagten Wertersatz gemäß den §§ 812 Abs. 1, 818 Abs. 2 BGB. Sie trug vor, der von der Firma G. mit der Beklagten vereinbarte Preis habe weit unter dem Marktpreis gelegen, der Beklagten falle daher bei dem Erwerb der Ware grobe Fahrlässigkeit zur Last. Beide Vorinstanzen wiesen die Klage ab. Die Revision der Klägerin blieb erfolglos.

Es galt zu klären, ob die Beklagte, in Kenntnis des verlängerten Eigentumsvorbehaltes, von der Verfügungsbefugnis der G. ausgehen durfte. Entgegen der Ansicht der Revision hatte es das Berufungsgericht nicht als erwiesen angesehen, daß die Beklagte bösgläubig gewesen war. Die Beklagte hatte behauptet, G. habe als Grund für den niedrigen Mehlpreis angegeben, ihm befreundete Mühlen seien genötigt gewesen, zur Erfüllung von Wechselverbindlichkeiten, gegen Ende jeder Woche, verbilligte Mehlpartien gegen Kasse abzustoßen. Die Revision hatte hingegen gerügt, das Berufungsgericht habe dabei außer acht gelassen, daß die in Frage stehenden Mehllieferungen an die Beklagte gar nicht zum Wochenende erfolgt wären. Dieser Rüge folgte der Senat nicht. „Der Revision ist zuzugeben, daß die Firma G. keine der hier in Frage stehenden Mehlpartien am Samstag an die Beklagte ausgeliefert hat und daß das Berufungsgericht der erwähnten Schutzbehauptung der Beklagten nicht weiter nachgegangen ist. Hierin liegt aber entgegen der Ansicht der Revision kein Rechtsfehler, der die Aufhebung des angefochtenen Urteils notwendig machen könnte (...). Die Tatsache, daß die Mehllieferungen nicht am Samstag, sondern an anderen Wochentagen erfolgten, brauchte im übrigen der Beklagten schon deshalb keinen Anlaß zu ernsthaften Zweifeln an der Richtigkeit der Angaben des G. zu geben, das Mehl stamme von notleidenden Mühlen, die zum Wochenende dringend Geld benötigten, weil die Erfahrung dafür spricht, daß ein Kaufmann, der gezwungen ist, an einem bestimmte Termin dringende Zahlungen zu leisten, mit Notverkäufen nicht bis zum letzte Tage zu warten pflegt, sondern gerade bei gedrückter Marktlage (...) danach trachten muß, sich rechtzeitig Geld zu besorgen, um am Fälligkeitstage die nötigen Mittel zur Verfügung zu haben.“[313]

---

[313] BGH WM 1959, 533, (534).

An dieser Auffassung änderte auch die Tatsache nichts, daß die Marktsituation in jener Zeit schlecht gewesen war. Die Revision hatte sich auf die Nachkriegsrechtsprechung zum gutgläubigen Erwerb von Wertpapieren berufen. Mit Rücksicht auf die besonderen Verhältnisse der Jahre 1946 und 1947 hatte der BGH seinerzeit eine tatsächliche Vermutung dahingehend anerkannt, daß der Erwerber von Wertpapieren hinsichtlich des Eigentums des Veräußerers nicht gutgläubig gewesen sei.[314] Wörtlich führte das Gericht aus: „Dieser Grundsatz läßt sich seiner Natur nach nicht auf den Fall übertragen, daß ein Kaufmann im Betriebe seines Handelsgewerbes an einen anderen Kaufmann in Zeiten sehr ungünstiger Absatzlage eine Ware zu besonders niedrigem Preise veräußert. Hier gilt vielmehr uneingeschränkt die allgemeine Regel, daß für den bösen Glauben des Erwerbers derjenige die Beweislast trägt, der den gutgläubigen Eigentumserwerb bestreitet."[315]

Dieses Urteil unterscheidet sich erheblich zur übrigen Rechtsprechung zum gutgläubigen Erwerb. Der Senat ist mit keinem Wort auf Nachforschungspflichten eingegangen. Es mag sein, daß man bei einer angespannten Marktsituation nicht schlechthin bösen Glauben unterstellen kann. Aber es bestünde im Fall zweifelhafter Eigentumsverhältnisse durchaus die Möglichkeit, die Anforderungen an die Nachforschungspflichten zu erhöhen, oder wenigstens überhaupt welche zu verlangen: Das gilt besonders dann, wenn hinzukommt, daß es sich um Waren handelt, die üblicherweise unter verlängertem Eigentumsvorbehalt zu veräußert werden pflegen.[316] Auch war dem Beklagten bekannt, daß die Marktverhältnisse angespannt waren. Wenn der Veräußerer in solch einem Fall einen besonders niedrigen Kaufpreis damit begründet, die Ware stamme von notleidenden Mühlen, so hätte die Beklagte wenigstens bei den ihr genannten Mühlen nachfragen können, ob eine Weiterveräußerung zu dem besagten niedrigen Preis zulässig sei. Dies besonders vor dem Hintergrund der sonstigen Rechtsprechung zum gutgläubigen Erwerb. Daß die Ware in Wirklichkeit von der Klägerin stammte, und deswegen die „Wahrheit" vielleicht nicht ans Licht gekommen wäre, ist unerheblich, weil es nach ständiger Rechtsprechung auf den Erfolg von Nachforschungen nicht ankommt.[317] Der Grund für dieses ausnahmsweise erwerberfreundliche Urteils kann nur vermutet werden. In Betracht käme der Umstand, daß sich der Senat nicht gegen das Urteil des Berufungsgerichts stellen wollte. Denn die Durchsicht der gesamten Rechtsprechung zum gutgläubigen Erwerb hat gezeigt, daß der BGH in den meisten Fällen das Urteil der Vorinstanz bestehen ließ.

---

[314] BGHZ 23, 86; WM 1957, 238.

[315] BGH WM 1959, 533, (534 f.). Unter Bezug auf Schlegelberger, HGB 3. Aufl. § 366 Nr. 26.

[316] Insoweit strenger z.B.: BGH WM 1964, 814, (817); BGH WM 1964, 1193; NJW 1989, 895, (897); BGH NJW 1999, 425.

[317] BGH WM 1958, 754; BGH WM 1968, 540.

f) Wiederum in einem Urteil des VIII. Senats vom 28.09.1964 (ZR 13/63) lag dem BGH ein ähnlicher Sachverhalt zur Entscheidung vor.[318] Im Gegensatz zum vorbesprochenen Urteil ging der Senat in diesem Urteil sehr wohl auf etwaige Erkundigungspflichten ein. Auch hier ging es um die Frage, ob die Veräußerung gedeckt war von der Befugnis des Vorbehaltsverkäufers zur Weiterveräußerung, es sich mithin um eine Veräußerung in „ordnungsgemäßem Geschäftsgang" gehandelt hatte. Das Gericht führte aus: Das „Berufungsgericht [hat] mit Recht [darauf] geschlossen, in Anbetracht der offen zutage getretenen äußerst bedrängten Finanzlage des W.[319] habe die Beklagte damit rechnen müssen, daß W. den für seine Verhältnisse beträchtlichen Posten Sämereien nicht oder jedenfalls nicht voll bezahlt hatte und deshalb auch noch nicht Eigentümer geworden war. Ebenso mußte die Beklagte aber auch, weil ihr § 17 der Verbandslieferungsbedingungen[320] bekannt war oder bekannt sein mußte, damit rechnen, daß W. entsprechend dieser Bestimmungen über die Ware nur „im ordnungsgemäßen Geschäftsgang gegen angemessene Gegenleistung" zu verfügen berechtigt war. Ob W. sich bei der Veräußerung an die Beklagte an diese Grenzen seiner Verfügungsbefugnis hielt, hat die Beklagte ebensowenig geprüft wie das Eigentum des W. Dem Berufungsgericht stellte sich danach die Frage, ob nach den konkreten Umständen die Beklagte nicht Veranlassung hatte, diese Prüfung vorzunehmen und ob sie nicht durch die Unterlassung dieser Prüfung ebenso grob fahrlässig gehandelt hat, wie in der Eigentumsfrage."[321]

Festzuhalten ist, daß der Erwerber bei Zweifeln an der Eigentumslage, aufgrund der schlechten Vermögenslage des Veräußerers, überprüfen muß, ob die Voraussetzung einer Veräußerung in „ordnungsgemäßem Geschäftsgang" vorliegt. Darüber hinaus wird dem Erwerber auch unterstellt, daß er Kenntnis von einem etwaigen bestehenden verlängerten Eigentumsvorbehalt hat, wenn allgemeine Bestimmungen eines Verbandes solche grundsätzlich vorsehen. Demzufolge hätte sich die Beklagte zum einen über die Eigentumsverhältnisse hinreichend informieren müssen. Zum anderen wäre eine Prüfung darüber geboten gewesen, ob eine Veräußerung in „ordnungsgemäßem Geschäftsgang" vorlag.

C. Erkundigungspflicht nach Sicherungsrechten Dritter

g) In dem in folgenden zu besprechenden Offsetmaschinenfall war erneut die schlechte Vermögenslage des Veräußerers Gegenstand der Beurteilung. Es handelte sich um den Fall, den der VIII. Senat durch Urteil vom 22.6.1966 (ZR

[318] BGH WM 1964, 1193.
[319] Veräußerer
[320] § 17 lautet: „Der Käufer ist zur Verfügung über die Ware nur im Wege des Verkaufs in ordnungsgemäßem Geschäftsgang gegen angemessene Gegenleistung berechtigt. Die Forderung aus dem Weiterverkauf geht mit ihrer Entstehung auf den Verkäufer bis zu dessen voller Befriedigung über."
[321] BGH WM 1964, 1193, (1195).

141/64) entschieden hat.[322] Es galt zu klären, ob sich der Erwerber einer Sache im Geschäftsverkehr zur Vermeidung der Bösgläubigkeit danach erkundigen muß, ob der Veräußerer die Sache schon an einen Dritten zur Sicherheit übereignet hat. Folgendes hatte sich zugetragen:

Die Firma F. kaufte von der Firma W. eine Offset-Maschine. Vereinbarungsgemäß sollte von der Firma W. eine Offset-Maschine Modell HEO 2a-n der Firma F. in Zahlung genommen werden. Gleichzeitig war die Firma W. Darlehensschuldnerin der Klägerin. Zur Sicherung der Forderung schloß die Firma W. mit der Klägerin einen Sicherungsübereignungsvertrag über die Maschine HEO 2a-n. In dem Vertrag wurde vereinbart, daß die Maschine zunächst bei der Firma F. verbleiben sollte. Später schlossen die Klägerin und die Firma W. ein Ergänzungsabkommen, wonach die Maschine am Tage des Vertragsschlusses in das Eigentum der Klägerin übergehen sollte. Sie sollte jedoch der Firma W. leihweise zur Benutzung überlassen werden.

Die Beklagte ihrerseits kaufte von der Firma W. eine Offset-Maschine, die von der Beklagten sofort bezahlt wurde. Die Maschine konnte von der W. jedoch nicht geliefert werden. Die Firma W. bot daraufhin der Beklagten, zum Ersatz für die ursprünglich verkaufte aber noch nicht gelieferte Maschine, die bei der Firma F. noch befindliche Offset-Maschine HEO 2a-n, an. Die Beklagte erklärte sich hiermit, nach Rücksprache bei der Firma F., über die Einsatzfähigkeit der Maschine einverstanden. Die Firma W. holte daraufhin die Maschine bei der F. ab und brachte sie, allerdings ohne Motor und einiger anderer Teile, zu der Beklagten. Die Übergabe der Maschine erfolgte ohne Kenntnis der Klägerin.

Später kündigte die Klägerin den mit der W. über die Maschine geschlossenen Leihvertrag, weil diese ihrer Verpflichtung zur Rückzahlung des Darlehens nicht nachgekommen war. Als die Klägerin erfuhr, daß sich die Maschine bei der Beklagten befand, verlangte sie von dieser die Herausgabe der Maschine. Das LG gab der Klage im wesentlichen statt. Das Berufungsgericht wies die Klage in vollem Umfang ab. Die Revision der Klägerin blieb erfolglos.

Der VIII. Senat nahm umfassend zur Frage Stellung, ob bei der Beklagten böser Glaube anzunehmen sei. Insbesondere behandelte er die Frage, inwieweit in diesem Fall Erkundigungspflichten bestanden. Neben dieser Frage wurde zum einen das Verhältnis zwischen Erkundigungspflichten bei Eigentumsvorbehalt und Sicherungsübereignung geklärt. Zum anderen wurde erläutert, inwieweit sich die Anforderungen an Nachforschungen ändern, wenn sich die verkaufte Sache noch beim Voreigentümer befindet.

Der Senat führte aus: „Die vom LG geteilte Meinung der Klägerin, daß die Beklagte, weil ihr die finanziellen Schwierigkeiten der Firma W. bekannt waren, verpflichtet gewesen sei, sich bei der Firma F. nach den Eigentumsverhältnissen

---

[322] BGH NJW 66, 1959=WM 1966, 792=MDR 66, 839=BB 66, 1001=LM BGB § 932, Nr. 22=Warn. 1966, Nr. 135.

zu erkundigen, verkennt die wirtschaftlichen Voraussetzungen und Erwägungen, von denen für das hier vorliegende Gebiet des Warenhandels die Rechtsprechung ausgeht, wenn sie das Erfordernis einer Erkundigung aufstellt. Die überaus weite Verbreitung des Eigentumsvorbehalts gibt beim Erwerb einer Ware von einem zahlungsschwachen Verkäufer Anlaß für den Verdacht, daß dem Vorlieferanten noch ein Vorbehaltseigentum zustehe. Aus diesem Grunde ist die Rechtsprechung der Auffassung, der Erwerber dürfe sich im allgemeinen nicht auf die bloßen Angaben des Veräußerers verlassen, sondern müsse weitere Erkundigungen, insbesondere beim Vorlieferanten, einholen. So liegt der Sachverhalt hier aber nicht. Die gekaufte Maschine befand sich noch bei der Voreigentümerin, der Firma F., die sie in ihrem Betrieb gebrauchte. Sie sollte von ihrem Standplatz bei der Firma F. zur Beklagten gebracht werden. Die Klägerin mußte allenfalls Bedenken haben, ob die Firma W. die Firma F. befriedigt habe. Ob die Beklagte von näheren Erkundigungen hierüber bei der Firma F. nicht schon deshalb absehen konnte, weil anzunehmen war, daß die Firma F., falls sie sich das Eigentum vorbehalten hatte, beim Abtransport der Maschine ihre Rechte selbst wahrnehmen werde, kann dahingestellt bleiben. Hier geht es nicht um ein Recht der Firma F., sondern um das Sicherungseigentum der Klägerin. Davon, daß der Klägerin Ansprüche gegen die Firma W. zustanden, hatte die Beklagte unstreitig keine Kenntnis. Aus den Akten ergibt sich nicht einmal, daß die Klägerin der Beklagten überhaupt bekannt war. Die Klägerin hat auch keine Umstände vorgetragen, aus denen die Beklagte mit der Sicherungsübereignung der Maschine an irgendwelche Gläubiger hätte rechnen müssen. Die Auffassung, daß der Erwerber sich bei dem Voreigentümer danach erkundigen müsse, ob der Veräußerer – wie hier – durch vorweggenommene Vereinbarung eines Besitzmittlungsverhältnisses die Ware vor der Veräußerung schon einem Dritten zur Sicherung übereignet habe, ist, soweit ersichtlich, in Rechtsprechung und Schrifttum nicht vertreten worden. Sie würde eine Überspannung der an den Erwerber zu stellenden Anforderungen bedeuten.[323] Noch weniger kann, wenn der Erwerber eine solche Erkundigung unterlassen hat, von einer groben Fahrlässigkeit gesprochen werden. Das Risiko, daß der Sicherungsgeber sich untreu verhält, trifft bei einem Sachverhalt wie hier allein den Sicherungsnehmer."[324]

Damit ist klargestellt, daß hinsichtlich der Nachforschungspflichten bei einer Sicherungsübereignung nicht dieselben Anforderungen gelten, wie bei einem Eigentumsvorbehalt.[325] Das ist auch insofern selbstverständlich, als eine Sache prinzipiell an jeden Dritten zur Sicherheit übereignet worden sein könnte. Die Sicherheit und Leichtigkeit des Rechtsverkehrs wäre gefährdet, wenn eine Sache erst dann gutgläubig erworben werden könnte, wenn sämtliche Gläubiger des

---

[323] Übernommen von BGH JZ 1970, 187=LM BGB § 932, Nr. 26=WM 1970, 120=MDR 1970, 410=BGH BB 1970, 150=Warn. 1969, Nr. 357=DB 1970, 248; BGHZ 86, 300, (311).
[324] BGH NJW 1966, 1959, (1960).
[325] Siehe dazu auch Pikart, WM 1971, 1526, (1526 ff.).

Veräußerers daraufhin befragt worden sind, ob an der Sache ein mögliches Sicherungseigentum besteht. Serick[326] weist zu Recht darauf hin, es gebe, anders als bei Vorbehaltsware, keinen Erfahrungssatz darüber, daß gewisse Warenarten normalerweise als Kreditunterlage für Sicherungsübereignungen dienten. Nur bei besonderen Verdachtsgründen treffe den Sicherungsnehmer eine besondere Nachforschungspflicht[327]. Das gilt freilich nicht allein für den Sicherungsnehmer. Daher besteht nur bei einem begründeten Verdacht hinsichtlich der mangelnden Berechtigung des Veräußerers grundsätzlich die Obliegenheit, sich hinreichend über die Eigentumsverhältnisse zu erkundigen.

D. Abweichung von geschäftstypischen Gepflogenheiten

h) Verdachtsmomente können sich beispielsweise auch ergeben, wenn ein Geschäft nicht den sonst üblichen Gepflogenheiten entspricht. Denn üblicherweise ist davon auszugehen, daß jedem Marktbereich bestimmte, geschäftstypische Merkmale zu entnehmen sind, unter denen ein Geschäft i.d.R. abgewickelt wird. Dazu der Laderaupenfall des VIII. Senats vom 17. Januar 1968 (ZR 54/66)[328]:

Die Firma P. die einen Großhandel mit Baumaschinen betrieb, veräußerte eine Laderaupe mit mehreren Zubehörteilen an R. unter Eigentumsvorbehalt. Auf den Kaufpreis leistete R. lediglich eine Anzahlung. Den Restbetrag finanzierte R. durch ein Darlehn der X. Bank, welches er in 24 Monatsraten zurückzahlen sollte. Zur Sicherung des Darlehns ließ sich die Bank Wechsel geben, die die Firma P. ausstellte und R. akzeptierte. Außerdem wurde der Bank zur Sicherheit von der Firma P. und mit Zustimmung des R. das Eigentum an der Laderaupe übertragen. R. löste einige Wechsel ein, kam dann aber seinen Verpflichtungen nicht mehr nach. Deshalb holte die Firma P. die Laderaupe zurück und löste die fälligen Wechsel selbst ein. Später übernahm die Klägerin mit Zustimmung des R., die Laderaupe. In diesem Zusammenhang vermietete sie die Laderaupe und einen Bagger an R. mit der Verpflichtung, ihm das Eigentum an Laderaupe und Bagger zu übertragen, sobald die monatlichen Mietzinszahlungen, die nach der Vereinbarung 3000 DM betrugen, insgesamt den Betrag von 50.000 DM erreicht hätten. Auf Veranlassung der Klägerin gab die Firma P. die Laderaupe an R. zurück, der damit Erdarbeiten durchführte.

Die Beklagte handelte mit fabrikneuen Baumaschinen. Sie erfuhr durch einen Gebrauchtwagenhändler, daß R. die Laderaupe verkaufen wollte und ließ die Maschine durch ihren Prokuristen N. auf der Baustelle besichtigen. Die Beklagte wollte die Maschine nur erwerben, um sie einer Kundin, Frau W., die eine gebrauchte Laderaupe suchte, sogleich weiter zu verkaufen. Der mit der Kundin vereinbarte Kaufpreis sollte z. T. durch die Y. Bank, mit der die Beklagte in laufender Geschäftsverbindung stand, finanziert werden. Bei den Kaufverhandlun-

[326] Serick, Eigentumsvorbehalt und Sicherungsübereignung, Bd. II, § 23 III S. 256.
[327] BGH JZ 1970, 187.
[328] BGH WM 1968, 540.

gen erklärte R. dem Prokuristen der Beklagten, er beabsichtige eine Gastwirtschaft zu erwerben und wolle deshalb die Laderaupe verkaufen. In einer eidesstattlichen Erklärung, die sich der Prokurist N. auf Anregung der Y. Bank geben ließ, versicherte R., die zum Verkauf angebotene Laderaupe sei sein „uneingeschränktes Eigentum, d.h. frei von jeder Finanzierung und nicht anderweitig sicherungsübereignet". Der Begriff der eidesstattlichen Erklärung sei ihm bekannt. Die Beklagte kaufte die Laderaupe zum Preis von 25.000 DM. Daraufhin wurde die Maschine auf ein Grundstück einer Schwesterfirma der Beklagten gebracht und dort von Beauftragten des R. gereinigt.

Als die Klägerin von diesem Besitzwechsel erfuhr, verlangte sie mit der Begründung, R. habe nur aufgrund der mit ihr getroffenen Vereinbarung die Laderaupe besessen, sie aber nicht zu Eigentum erworben, deren Herausgabe. Das Landgericht verurteilte die Beklagte zur Herausgabe der Laderaupe an die Klägerin. Das Oberlandesgericht wies die Berufung der Beklagten zurück, deren Revision erfolglos blieb.

Keine Rechtsfehler erkannte der VIII. Senat bei den Ausführungen des Berufungsgerichts zu der Frage, ob die Beklagte Nachforschungen hätte anstellen müssen. Das Berufungsgericht hatte den Beweis dafür als erbracht angesehen, daß die Beklagte die Laderaupe, durch die Vereinbarung mit R., deswegen nicht zu Eigentum erworben habe, weil ihr infolge grober Fahrlässigkeit unbekannt geblieben sei, daß die Raupe nicht dem Veräußerer R. gehört habe. Das Berufungsgericht war der Auffassung gewesen, der Prokurist der Beklagten N. habe seine Sorgfaltspflicht in ungewöhnlichem Maße verletzt. Er habe mit R. noch niemals Geschäfte irgendwelcher Art vorher geschlossen. Auch habe er ihn nicht persönlich gekannt, R. habe N. nur die Anschrift seines Rechtsanwalts angegeben. Angeblich habe er sich zu dieser Zeit gerade im Umzug befunden. Außerdem hätten die Verhandlungen nur an neutralen Orten stattgefunden. Schon diese ungewöhnlichen Umstände hätten ausreichen müssen, um bei dem Prokuristen der Beklagten N. Zweifel zu wecken. Zudem habe es sich um einen Kaufgegenstand von beträchtlichem Wert gehandelt. Bei diesem Geschäft handelte es sich auch nicht um eines, was zum gewöhnlichen Geschäftsgang eines Bauunternehmers gehöre. Aus diesen Gründen hätte N., nach Auffassung des Berufungsgerichts, Erkundigungen darüber einholen müssen, ob R. Eigentümer der Raupe war. Dieser Erkundigungs- und Prüfungspflicht sei N. nur oberflächlich und ungenügend nachgekommen. N. wurden zwar Papiere vorgelegt, diese seien jedoch ungeeignet gewesen, daraus Schlüsse auf das Eigentum oder auf die Verfügungsbefugnis des R. zu ziehen. So habe sich N. eine dem Gericht vorliegende Preisliste und eine Werkzeugliste aushändigen lassen, die allerdings nichts über den Kaufvertrag oder Eigentumsübergang erkennen ließen. Hätte N. die ihm von R. gegebenen Angaben über den Kauf umfassend geprüft, dann hätten diese Nachforschungen ergeben, daß er die Laderaupe gekauft hatte. Sie hätten aber auch den für die Veräußerung wesentlichen Punkt offengelegt, daß R. eben nicht

Eigentümer der Maschine geworden war. N. habe die unbedingt zu fordernde Nachprüfung unterlassen. Auch sonstige, ihm vorgelegte Geschäftspapiere, haben ihm ebenfalls keinen ausreichenden Anhaltspunkt für einen Eigentumserwerb vermittelt. Mit der eidesstattlichen Versicherung des R. habe sich N. unter den in diesem Fall vorliegenden Umständen nicht begnügen dürfen.[329]

Aus den Ausführungen des Berufungsgerichts, denen sich der VIII. Senat anschloß, lassen sich hinsichtlich etwaiger Nachforschungspflichten immer wieder dieselben Grundsätze entnehmen, die zweifelsohne als ständige Rechtsprechung bezeichnet werden können. Bestehen Zweifel an der Berechtigung des Veräußerers, dann sind Nachforschungen geboten. In diesem Fall ergab sich eine Reihe von Umständen, die solche Zweifel erzeugen mußten. Ist der Veräußerer dem Erwerber als zuverlässig bekannt, dann sind keine weiteren Nachforschungen erforderlich, es sei denn, es bestehen konkrete Zweifel an der Berechtigung des Veräußerers im Einzelfall. Ist der Veräußerer dem Erwerber allerdings unbekannt, so darf kein Umstand ignoriert werden, der Anlaß zu Zweifeln an der Berechtigung des Veräußerers gibt. In diesem Fall gab es eine Reihe von Umständen, die die Berechtigung des Veräußerers zweifelhaft erscheinen ließen. Wird nur die Anschrift eines Rechtsanwalts angegeben und finden die Kaufverhandlungen an einem neutralem Ort statt, dann soll das ausreichen, um Zweifel zu erwecken. Wenn es sich darüber hinaus um einen Gegenstand von beträchtlichen Wert handelt und der Kauf zudem nicht zu dem gewöhnlichen Geschäftsgang des veräußernden Unternehmens bzw. Kaufmannes gehört, dann sind erst Recht Zweifel an der Berechtigung geboten.

In diesem Fall gab es eine Reihe von Umständen, die nicht den üblichen Geschäftsgepflogenheiten entsprachen. Verhandlungen an einem neutralen Ort, ein Geschäft, welches nicht zu dem Geschäftszweck eines Bauunternehmens gehört, geben Anlaß zu Zweifeln. Solche müssen durch geeignete Erkundigungen ausgeräumt werden. Die von der Beklagten angestellten Nachforschungen reichten nach Ansicht des BGH nicht aus, einen gutgläubigen Erwerb zu rechtfertigen. Jedoch verwundert, daß der Senat die Schlussfolgerung des Berufungsgerichts nicht angegriffen hatte, daß Nachforschungen des N. ergeben hätten, daß R. nicht Eigentümer der Laderaupe war. Damit hatte das Berufungsgericht die Notwendigkeit der Nachforschungen mit dem Erfolg derselben begründet. Nach ständiger Rechtsprechung des BGH kommt es aber auf den Erfolg der Nachforschungen gerade nicht an.[330] Es ist ausschließlich erforderlich, daß der Erwerber die im Einzelfall gebotenen Nachforschungen anstellt. Unterlässt er diese, dann ist eben dieses Verhalten grob fahrlässig.

Versucht sich der Erwerber wegen unterlassener Erkundigungen zu rechtfertigen, so werden daran vom BGH nicht minder strenge Anforderungen gestellt,

---

[329] BGH WM 1968, 540, (541), so auch BGH MDR 1973, 44, (45); BGH JZ 1970, 187; BGH Warn. 1973, Nr. 3; BGH WM 1978, 1208, (1209).

[330] Siehe S. 52 ff.

als es bei Nachforschungspflichten der Fall ist. Dafür bietet dieser Fall ein deutliches Beispiel. Denn die Revision hatte entgegen den Ausführungen des Berufungsgerichts die Ansicht vertreten, es sei nicht gerechtfertigt aus den Umständen festzustellen, weder einzeln noch zusammengefaßt, daß N. bei den Vertragsverhandlungen hinsichtlich des Eigentums an der Maschine Verdacht hätte hegen und weitere Erkundigungen und Prüfungen hätte vornehmen müssen.[331] Zunächst hatte sie sich gegen die Gründe gewendet, aus denen das Berufungsgericht geschlossen hatte, N. hätte die Verpflichtung gehabt, die Angaben des R. über sein Eigentum an der Laderaupe zu überprüfen. Die Revision hatte hingegen die Auffassung vertreten, die Gründe des Berufungsgerichts seien für die Begründung einer solchen Verpflichtung untauglich.[332]

Diese Ansicht teilte das Revisionsgericht nicht. Der Senat führte aus: „Wenn das Berufungsgericht in diesem Zusammenhang darauf hingewiesen hat, daß N. bis zu den Kaufverhandlungen mit R. ihn nicht persönlich gekannt habe, eine Feststellung, die bereits im Tatbestand des Berufungsurteil getroffen ist, so hat es damit ersichtlich nur zum Ausdruck gebracht, N. habe bis dahin keine Gelegenheit gehabt, sich von der Zuverlässigkeit des R. in geschäftlichen Dingen selbst ein Bild zu machen. Dem steht nicht entgegen, daß die Beklagte vorgetragen hatte, ihr bzw. N. seien die Firma R. und ihr Inhaber seit mehreren Jahren als Firma, die bestehende Erdarbeiten mit Großbaggern durchführte, bekannt gewesen; sie, die Beklagte, habe auch gewußt, daß R. ohne Beanstandung für die Baufirma M. Erdarbeiten größeren Umfanges durchgeführt hatte. Das Berufungsgericht hat dieses Vorbringen nicht übersehen, wie die Revision rügt; denn es hat die Behauptung der Beklagten sogar ausdrücklich in den Tatbestand des Berufungsurteils übernommen. Die Tatsache, daß R. mehrere Jahre einen Geschäftsbetrieb unterhielt, gab noch keinen Grund zu der Annahme, er habe die der Beklagten angebotene Laderaupe auch bezahlt. Das Berufungsgericht durfte auch die Umstände, daß R. damals seinen Geschäftsbetrieb nicht fortsetzen wollte und die Kaufverhandlungen nicht in einer Niederlassung des R. stattfanden, sondern an dritter Stelle, wo sich die Raupe damals befand, dahin würdigen, daß hier Vorsicht beim Erwerb der Maschine geboten war. Die Angabe des R., er wolle evtl. eine Gastwirtschaft erwerben, bildete ebenfalls keinen Umstand, der N. hinsichtlich der Zuverlässigkeit des R. in Sicherheit wiegen konnte. Es ist deshalb kein Rechtsfehler darin zu sehen, daß das Berufungsgericht unter diesen Umständen die Nachforschungspflicht insbesondere auch mit dem beträchtlichen Wert des Kaufgegenstandes und der Erwägung begründet hat, es habe sich nicht um einen Verkauf im gewöhnlichen Geschäftsgang des Veräußerers gehandelt. Ist hiernach die Erkundigungspflicht der Beklagten rechtlich einwandfrei bejaht worden, so ist auch die weitere Feststellung gerechtfertigt, daß der Prokurist N. es unterlassen hat, die Prüfung darauf zu erstrecken, was

---

[331] BGH WM 1968, 540, (541).
[332] BGH WM 1968, 540, (542).

nach den Umständen einem verständigen Käufer ohne weiteres einleuchten mußte. Nach der Darstellung des N. bei seiner Zeugenaussage im ersten Rechtszuge, die das Berufungsgericht gewürdigt hat, hat er sich mit der Vorlage einer Rechnung begnügt, auf der R. Eintragungen über geleistete Zahlungen auf den Kaufpreis vorgenommen haben soll. Die Würdigung des Berufungsgerichts, ein solches Handeln habe die im Geschäftsleben erforderliche Sorgfalt in einem besonders hohen Maße verletzt, ist aus Rechtsgründen nicht zu beanstanden."[333]

Der Senat bestätigte demnach, daß die vom Berufungsgericht festgestellten Umstände, bei N. Zweifel an der Eigentumslage hätten erzeugen müssen. Die Argumente der Revision reichten dem Senat nicht zur Rechtfertigung eines gutgläubigen Erwerbs der Laderaupe aus. Daraus ergibt sich, daß bei bestehenden Zweifeln an den Eigentumsverhältnissen nachzuprüfen ist, ob der Veräußerer berechtigt ist, die Sache zu veräußern. In diesem Zusammenhang macht dieser Fall deutlich, daß Kenntnisse des Erwerbers von außerhalb des konkreten Rechtsgeschäfts liegenden Umständen allein nicht ausreichten, um guten Glauben annehmen zu können. Daher konnte die Beklagte aus der Kenntnis, daß R. seinen Betrieb bereits mehrere Jahre unterhielt, für sich nichts herleiten. Denn daraus konnte nicht geschlossen werden, die Sache sei bezahlt. Auch daß eine Firma längere Jahre am Markt erfolgreich tätig, der Inhaber dem Erwerber zudem bekannt ist, soll zur Begründung des guten Glaubens nicht ohne weiteres genügen. Zwar hatte der BGH schon entschieden, daß sich der Erwerber, wenn der Veräußerer dem Erwerber als zuverlässig bekannt ist, er sich nicht noch anderweitig über die Eigentumsverhältnisse erkundigen muß.[334] Liegen aber darüber hinaus Umstände vor, die Zweifel an den Eigentumsverhältnissen erzeugen mußten, dann sind dennoch weitere Nachforschungen zur Erhaltung des guten Glaubens notwendig. Deswegen konnten die Umstände, daß der Betrieb nicht fortgesetzt würde, bzw. ein Spartenwechsel vorgenommen werden sollte, zusammen mit der Tatsache, daß die Kaufverhandlungen an einem neutralem Ort stattgefunden hatten, nicht ignoriert werden. Nachforschungen waren geboten, und zwar umfassend und zielgerichtet. Das heißt, die Kenntnis, daß der Veräußerer R. seinen Geschäftsbetrieb aufgeben und eine Gastwirtschaft erwerben wollte, sagt nichts über die tatsächlichen Eigentumsverhältnisse an der Maschine aus. Relevante Informationen konnten nur durch zielgerichtete Nachforschungen über die Eigentumsverhältnisse an der Laderaupe erlangt werden. Daß sich der Prokurist der Erwerberin eine Rechnung hatte vorlegen lassen, wäre nur dann eine geeignete Grundlage für den guten Glauben gewesen, wenn ihr eindeutig zu entnehmen gewesen wäre, daß die Maschine vollständig bezahlt war. So lag der Fall hier aber nicht. Auf jener Rechnung waren lediglich einige Zahlungen vermerkt. Daher war diese „Erkundigung" nicht geeignet, Zweifel zu beseitigen. Im Gegenteil, sie hätte weitere Zweifel erzeugen müssen.

---

[333] BGH WM 1968, 540, (542).
[334] BGH LM HGB § 366, Nr. 4, Bl. 2 f.

Damit ist deutlich, daß Erkundigungen ergeben müssen, daß der Veräußerer berechtigt ist. Ungenauigkeiten in der Nachforschung gehen zu Lasten des Erwerbers.

E. Kenntnis der persönlichen Verhältnisse des Veräußerers

i) Nachforschungspflichten können sich nicht nur daraus ergeben, daß ungewöhnliche Geschäftspraktiken Zweifel an den Eigentumsverhältnissen auslösen mußten. Solche Zweifel können auch dadurch begründet werden, daß dem Erwerber die persönlichen Verhältnisse seines Vertragspartners bekannt sind. Inwieweit er diese berücksichtigen muß, soll der Obligationenfall des II. Senats vom 07.07.1969 (261/67)[335] verdeutlichen.

Damit S. seinen aufwendigen Lebensstil finanzieren konnte, hatte er seinem Vater gegen Zahlung einer entsprechenden Summe Geldes Obligationen von erheblichem Wert zu Eigentum übertragen. Diese Wertpapiere hatte sich S. zuvor von seiner Freundin, der späteren Klägerin geben lassen. Ihr gegenüber hatte er erklärt, er benötige Geld zu dem Zwecke des Aufbaus einer Versicherungsagentur. Die Wertpapiere sollten als Sicherheit für die Existenzgründung des S. dienen, aber im Eigentum der F. verbleiben.

Die Klägerin war der Ansicht, daß der Vater bei dem Erwerb der Obligationen bösgläubig war. Sie behauptet dazu, er habe von den Vorstrafen (Betrug, Unterschlagung, Untreue und Urkundenfälschung), der Spielerleidenschaft, den zahlreichen Frauenbekanntschaften und dem aufwendigen Lebensstils des Sohnes gewußt. Die Klägerin verlangte vom beklagten Vater die Herausgabe der Obligationen. Beide Vorinstanzen wiesen die Klage ab. Die Revision der Klägerin führte zur Aufhebung und Zurückverweisung.

Es war die Frage zu beantworten, ob grob fahrlässiges Verhalten in der Annahme des Vaters gesehen werden konnte, daß sein Sohn der Eigentümer der Obligationen gewesen sei. Der BGH stellte dazu fest, daß der Verdacht der Nichtberechtigung des Veräußerers sich auch aus der Persönlichkeit des Veräußerers ergeben kann. So lag es in diesem Fall. Der BGH führte dazu folgendes aus: „Hier war dem Vater, der von dem Sohn erwarb, bekannt, daß sein Sohn eine Reihe von Vorstrafen erlitten hatte, die auf Vermögensdelikten beruhten und zu mehrjährigen Freiheitsstrafen geführt hatten. Der Sohn hatte seinerzeit auch den Schmuck der Mutter gestohlen und war vom Vater enterbt worden. Auch wenn (...) der Vater an eine Besserung des Sohnes glaubte, konnte sich ein erheblicher Verdachtsgrund, die Papiere gehörten ihm nicht, daraus ergeben, daß dem Vater bekannt war, der Sohn habe sich mehrfach in das Vertrauen von Frauen eingeschlichen und z.B. das, was er mit der Klägerin getan habe, auch mit einer anderen Mieterin des Beklagten getan. Ferner habe er nicht nur seine Mutter, sondern auch andere Verwandte geschädigt. Die Behauptung der Kläge-

[335] BGH WM 1969, 1233.

rin war dahin zu verstehen, dem Vater sei die Vermögensschädigung von Frauenbekanntschaften bereits beim Erwerbe der Papiere bekannt gewesen. Auch war behauptet, der Vater habe die Spielerleidenschaft seines Sohnes gekannt. Trat der Sohn, der im übrigen dem Beklagten innerhalb eines Jahres vier Frauen vorgestellt hatte, mit denen er sich verloben wollte, unter diesen Umständen mit einer wohlhabenden Frau in nähere Beziehung, so konnte dies einen dringenden Verdachtsgrund abgeben, der Sohn setze sein früheres Leben fort. (...)"[336]

Diese Argumentation macht deutlich, daß bei der Frage, wie das Verhalten des Erwerbers zu beurteilen ist, der gesamte Kenntnisstand des Erwerbers mit in die Betrachtung einzubeziehen ist. Also auch Kenntnisse, die der Erwerber schon lange vor der Durchführung des Erwerbsgeschäftes erlangt hatte, sind nicht außer acht zu lassen.

Wenn also der Beklagte bei dem Erwerb der Wertpapiere von den Vorstrafen, der Spielerleidenschaft und den zahlreichen Frauenbekanntschaften des Sohnes wußte, dann war dem Vater auch bewußt, daß sein Sohn nicht vertrauenswürdig war. Ein Vertrauen in eine Besserung des Verhaltens des Sohnes war leichtfertig und konnte keine hinreichende Vertrauensgrundlage zur Rechtfertigung gutgläubigen Erwerbes bilden. Vor diesem Hintergrund und in Anbetracht der Kenntnisse des Beklagten hätten sich Zweifel an der Berechtigung des Sohnes, die Obligationen zu verkaufen, nahezu aufdrängen müssen. Dementsprechend hätte der Beklagte sorgfältige Erkundigungen über die Eigentumsverhältnisse an den Obligationen anstellen müssen.

Aus diesen Feststellungen ergibt sich, daß auch enge persönliche Verhältnisse, wie hier zwischen Vater und Sohn, Nachlässigkeiten nicht entschuldigen. Die Anforderungen an Nachforschungspflichten sind in solch einem Fall nicht weniger streng. Das bedeutet, auch hier ist zu fordern, daß sich der Blick des Erwerbers auf alle das Rechtsgeschäft begleitenden Umstände richtet.

F. Nachforschungspflichten bei Kunstgegenständen

j) Die Anforderungen an Nachforschungspflichten können dann besonders streng zu handhaben sein, wenn es sich bei der veräußerten Sache um einen besonders wertvollen Gegenstand handelt. Bedeutung gewinnt ein solcher Fall gerade im Kunsthandel, wo zu entscheiden ist, ob ein möglicherweise wertvolles Unikat gutgläubig erworben wird und der Alteigentümer sein Eigentum unwiederbringlich verliert. Dazu das Kykladenidolurteil des VIII. Senats vom 10.01.1973 (ZR 132/71)[337]:

Der Kläger besaß ein sogenanntes Kykladenidol, eine weibliche Figur aus dem 3. Jahrtausend vor Christus. Er überließ das Idol, das 70.000 bis 80.000 DM wert war, einem gewissen G., der sich u.a. auch im Kunsthandel betätigte, mit anderen Kunstgegenständen zum Verkauf. G. übergab das Idol in Gegenwart des

[336] BGH WM 1969, 1233, (1234).
[337] BGH Warn. 1973, Nr. 3.

griechischen Studenten P., den er als Eigentümer des Idols vorstellte, dem Beklagten, um es ihm zu Eigentum oder zu Sicherungseigentum zu übertragen. Der Beklagte zahlte dafür 7000 DM an P., die letzterer dem G. aushändigte. Der Kläger behauptete, Eigentümer und früherer Besitzer des Idols zu sein und begehrte mit der Klage dessen Herausgabe. Das Berufungsgericht gab der Klage statt. Die Revision blieb erfolglos.

Der BGH hielt den Erwerber nicht für gutgläubig. Zur Begründung führte der VIII. Senat aus, daß „Das Berufungsgericht (...) mit Recht der Auffassung [ist], daß an die Nachforschung des Beklagten hohe Anforderungen zu stellen sind, weil eine Sache von bedeutendem Wert unter ungewöhnlichen Umständen übergeben wurde.“[338] Der Erwerb eines wertvollen Kunstgegenstandes, der einen tatsächlichen Wert von mindestens 70.000 DM hat zu einem Preis von 7.000 DM, bedeutet ein grobes Mißverhältnis zwischen dem Wert der Sache und dem für diesen entrichteten Geldbetrag. Das mußte bei dem Erwerber zumindest Zweifel erwecken und Anlaß zu weiteren Nachforschungen geben.[339] Da kann auch der Einwand nicht helfen, die Sache sei „nur“ zur Sicherheit übereignet worden.

Der BGH hatte in diesem Falle nicht nur das Verhältnis zwischen den Vertragsparteien untersucht, sondern auch das „Außenverhältnis“. Das sind diejenigen Umstände, die ein Geschäft typischerweise begleiten. So zum Beispiel die in einem Geschäftszweig üblichen Abwicklungs- bzw. Durchführungsgepflogenheiten eines Veräußerungsgeschäfts. Weicht ein Geschäft von derartiger Praxis ab, so kann das Anlaß zu Zweifeln an der Berechtigung des Veräußerers erzeugen. So lag es auch in diesem Fall. Der BGH bestätigte die Auffassung des Berufungsgerichtes, „daß derart wertvolle Kunstwerke nur im Fachhandel, auf Versteigerungen oder von privaten Sammlern verkauft werden. Bei P. habe es sich aber um einen dem Beklagten bis dahin völlig unbekannten jungen griechischen Studenten gehandelt.“[340]

Auch sind rechtliche Voraussetzungen, die mit einem Rechtsgeschäft verbunden sind, für den guten Glauben von Bedeutung. Eine solche könnte „die heute allgemein bekannte Tatsache [sein], daß wertvolle Antiquitäten strengen Ausfuhrbestimmungen ihrer Herkunftsländer unterliegen.“[341] Wenn deutlich ist, daß der Veräußerer einer solchen Antiquität diese erst kürzlich nach Deutschland eingeführt hat, so muß sich dem Erwerber die Frage nach der Herkunft aufdrängen. Stellt er diese Frage nicht, so kann dieses Unterlassen nicht zu einem Eigentumserwerb führen. Auch kann er sich nicht mit einer eidesstattlichen Erklärung des vermeintlichen Eigentümers begnügen.[342] Es ist im übrigen folge-

---

[338] BGH Warn 1973, Nr. 3, 9, (10).
[339] BGH Warn 1973, Nr. 3, 9, (10). Siehe auch: BGH WM 1968, 540, (541).
[340] BGH Warn 1973, Nr. 3, 9, (10).
[341] BGH Warn 1973, Nr. 3, 9, (10).
[342] BGH Warn 1973, Nr. 3, 9, (10).

richtig, wenn das Unterlassen des Erwerbers bezüglich der Aufklärung der wahren Eigentumsverhältnisse schon nicht zu einem gutgläubigen Erwerb führt, daß dann eine eidesstattliche Erklärung des Veräußerers, daß er Eigentümer bzw. verfügungsbefugt sei, einen bestehenden Verdacht nicht ausräumen und damit nichts anderes bewirken kann.

G. Kollision verlängerter Eigentumsvorbehalt mit einem pactum de non cedendo

Vor der Einführung des § 354a HGB wirkte es sich erheblich auf den guten Glauben des Erwerbers aus, wenn dieser in seine Allgemeinen Geschäftsbedingungen ein Abtretungsverbot aufnahm, welches mit einem verlängerten Eigentumsvorbehalt kollidierte. Es handelt sich um folgende Konstellation: Der Vorbehaltsverkäufer ermächtigt seinen Abnehmer zur Weiterveräußerung der Vorbehaltsware. An die Stelle des Eigentums, das er durch die Weiterverfügung verliert, soll die Forderung aus dem Weiterverkauf an den Zweitabnehmer treten. Dabei ist klarzustellen, daß die Verfügungsbefugnis des Vorbehaltskäufers auf solche Veräußerungen beschränkt ist, die die vereinbarte Vorausabtretung wirksam werden lassen.[343] Vereinbarte der Vorbehaltskäufer mit dem Zweitabnehmer ein Abtretungsverbot, welches die Vorausabtretung gemäß § 399 BGB vereiteln konnte, so fehlte ihm die Befugnis zur Weiterveräußerung der Sache. Er verfügte als Nichtberechtigter und es stellte sich die Frage nach der Gutgläubigkeit des Erwerbers. Dazu das folgende Urteil vom 18.06.1980 (VIII. 119/79)[344]:

k) Die Klägerin veräußerte Stoffe an die Firma B. Dem Kauf wurden die Allgemeinen Verkaufs- und Lieferbedingungen der Klägerin zugrunde gelegt die einen verlängerten Eigentumsvorbehalt sowie die Abtretung der Forderungen aus dem Verkauf auch der verarbeiteten Stoffe vorsahen. Die Firma B. verarbeitete die Waren weiter und veräußerte das Endprodukt an die Beklagte. Die Beklagte legte diesem Geschäft ihre Allgemeinen Geschäftsbedingungen zugrunde. Diese enthielten eine Garantie des Verkäufers, daß Rechte Dritter an den Waren nicht bestünden und daß Vereinbarungen des Verkäufers mit Dritten über einen Eigentumsvorbehalt oder einen verlängerten Eigentumsvorbehalt nicht anerkannt würden. Auch wurden Forderungsabtretungen ohne ausdrückliche Genehmigung ausgeschlossen. Später wurde über das Vermögen der B. das Konkursverfahren eröffnet.

Die Klägerin nahm daraufhin die Beklagte aufgrund des verlängerten Eigentumsvorbehalts auf Zahlung des Kaufpreises in Anspruch. Das Landgericht wies die Klage ab, das Oberlandesgericht gab ihr statt. Die Revision blieb erfolglos.

---

[343] Vgl. zur Vorausabtretung Drobing, 51. DJT Bd. I, 1976, Fn. 38ff. m.w.Nachw.; Lambsdorff, Rn. 289ff.

[344] BGHZ 77, 274.

Es war die Frage zu klären, ob die Beklagte das Eigentum an der Ware erlangt hatte. Der BGH stellte zunächst aufgrund der Feststellung des Berufungsgerichts, daß die Firma B. durch das vereinbarte Abtretungsverbot nicht zur Übertragung des Eigentums ermächtigt war fest, daß ein Eigentumserwerb nur nach den Vorschriften der §§ 932 BGB, 366 HGB möglich sei. Daher kam es auf den guten Glauben der Beklagten an. Das Berufungsgericht hatte den guten Glauben nach Auffassung des Senats rechtsirrtumsfrei verneint. Das Berufungsgericht hatte ausgeführt, die Unkenntnis der Beklagten beruhe auf grober Fahrlässigkeit. Es hatte die grobe Fahrlässigkeit darin gesehen, daß die Beklagte mit einem verlängerten Eigentumsvorbehalt der Rohstofflieferanten der B., eines Verarbeitungsbetriebes mittlerer Größe, habe rechnen müssen. Gleichwohl habe die Beklagte durch die Vereinbarung eines Abtretungsverbots einen verlängerten Eigentumsvorbehalt ausgeschaltet, ohne nähere Erkundigungen einzuziehen.

Der Senat fügte den Ausführungen des Berufungsgerichts hinzu, daß in der Rechtsprechung des Reichsgerichts und des Bundesgerichtshofs bisher nicht abschließend darüber entschieden worden sei, was die Annahme grober Fahrlässigkeit voraussetze, wenn keine Erkundigungen über einen Eigentumsvorbehalt oder einen verlängerten Eigentumsvorbehalt eingeholt worden wären. In mehreren Entscheidungen hätte der BGH bereits geäußert, daß eine Erkundigungspflicht von den Umständen des Einzelfalls abhinge. Er verwies darauf, daß er Nachforschungspflichten angenommen hatte, wenn die Umstände eine Prüfung der Berechtigung des Veräußerers nahelegten.[345]

Ob der Erwerber einer Sache deswegen Erkundigungen anzustellen hatte, weil er in seine Allgemeinen Geschäftsbedingungen ein Abtretungsverbot aufgenommen hatte, war vom BGH zu diesem Zeitpunkt noch nicht entschieden worden.[346] Der BGH schloß sich zunächst den Ausführungen von Huber[347] und Serick[348] an, die in diesem Fall eine Erkundigungspflicht des Erwerbers annehmen. Hiernach gäbe es einen Erfahrungssatz, daß „heutzutage im Handelsverkehr Waren unter Eigentumsvorbehalt geliefert werden und daß der Erwerber daher bei allen Waren, die oder deren Rohstoffe von einem Vorlieferanten erworben wurden, mit einem Eigentumsvorbehalt rechnen muß“[349]. Der Käufer hat demnach im Regelfall Nachforschungen darüber anzustellen, ob ein Eigentumsvorbehalt des Vorlieferanten des Verkäufers besteht. Wer solche Nachforschungen unterläßt, handelt grob fahrlässig und ist nicht gutgläubig im Sinne des § 932 Abs. 2 BGB.[350]

---

[345] BGHZ 77, 274, (277); BGH WM 1968, 540; BGH MDR 1973, 44; BGH NJW 1975, 735.
[346] Siehe BGHZ 51, 113, (116).
[347] Huber, NJW 1968, 1905.
[348] Serick, Bd. IV 2 a = S. 691.
[349] BGHZ 77, 274, (277).
[350] BGHZ 77, 274, (277).

An dem guten Glauben an die Verfügungsbefugnis des Verkäufers fehlt es, nach Auffassung des Senats, besonders demjenigen, der ein Abtretungsverbot vereinbart hat. Der Senat führte dazu weiter aus: „Gerade diese Vereinbarung zeige, daß er mit einem verlängerten Eigentumsvorbehalt rechne und auch wisse, daß der Vorlieferant des Verkäufers die Veräußerungsermächtigung nur deshalb erteilt habe, weil ihm die Forderung aus dem Zweitgeschäft im voraus abgetreten werde“.[351] Denn damit muß dem Erwerber klar sein, daß er mit der Aufnahme eines solchen Abtretungsverbots, ohne Erkundigungen über die Eigentumsverhältnisse einzuziehen, in Kauf nimmt, daß er den verlängerten Eigentumsvorbehalt vereitelt. „In jedem Fall handelt er grob fahrlässig, weil er damit rechnen muß, daß der Verkäufer nur bei Abtretung seiner Kaufpreisforderung zur Veräußerung ermächtigt ist.“[352]

Damit legte der VIII. Senat auch in diesem Fall strenge Maßstäbe an. Die Frage bleibt jedoch, ob es auf die Feststellung in dem Urteil ankam, daß der Erwerber ein Abtretungsverbot in seine Allgemeinen Geschäftsbedingungen aufgenommen hatte. Denn wenn die Rechtsprechung zu dem Schluß gelangte, daß unter Kaufleuten generell davon auszugehen sei, daß Verarbeitungsbetriebe die Ware stets unter verlängertem Eigentumsvorbehalt veräußern würden und damit im gegebenen Fall Nachforschungen über die tatsächlichen Eigentumsverhältnisse erforderlich seien, so ergibt sich nichts anderes, wenn der Zweitkäufer ein Abtretungsverbot in seine Allgemeinen Geschäftsbedingungen aufnimmt. Nur weil er die ohnehin in Geschäftskreisen vorausgesetzte Kenntnis in seinen Allgemeinen Geschäftsbedingungen verarbeitet, rechnet er nicht in höherem Maße mit einem verlängerten Eigentumsvorbehalt als derjenige, der ein solches in seine Allgemeinen Geschäftsbedingungen nicht aufgenommen hat. Das lässt aber den Schluß zu, daß der BGH jede Tatsache aufgreift, die seines Erachtens Anlaß gibt, einen gutgläubigen Erwerb in Frage zu stellen. Der Fall soll jedoch hinsichtlich dieser Frage, wegen der mangelnden Bedeutung heutzutage aufgrund des § 354a HGB, nicht weiter vertieft werden.[353]

H. Nachforschungspflicht eines Kaufmanns

I) Bekanntlich ist für die Beurteilung der Umstände zur Ermittlung des guten Glaubens auch auf die Person des Erwerbers abzustellen.[354] Das bedeutet, der Beurteilung ist zugrundezulegen, welcher sozialen Gruppe der Erwerber angehört.[355] Daher können wegen der besonderen Kenntnisse eines Kaufmannes im

---

[351] BGHZ 77, 274, (278).
[352] BGHZ 77, 274, (278).
[353] Maier, JuS 1982, 487; Serick, § 54 IV 2a; Capellle-Canaris, § 18 I 4c; Huber NJW 1968, 1907; K. Schmidt, HandelsR, § 22 II 1 f.
[354] Baur/Stürner, § 52 1. b).
[355] MüKo/Quack, § 932, Rn. 36; Staudinger./Wiegand, § 932, Rn. 49; BGB RGRK/Pikart Rn. 38; Westermann/Gursky § 46 2c.

Einzelfall gesteigerte Anforderungen an Erkundigungspflichten bestehen. Dazu der Hubarbeitsbühnenfall des II. Senats vom 9.11.1998 (144/97)[356]:

Die Beklagte, eine Energielieferungsgesellschaft, schloss mit dem ihr gegenüber als „Baumaschinenvermietung" auftretenden L. einen Mietoptionsvertrag über fünf Hubarbeitsbühnen und einen Kaufvertrag über zehn fabrikneue Hubarbeitsbühnen zum Preis von 854.000 DM netto. Diese bestellte L. seinerseits bei der S-OHG. Zur Finanzierung der Bestellung veranlasste L. die Klägerin - eine Leasinggesellschaft - zum Eintritt in diesen Vertrag. Er schloss mit ihr, namens der von ihm neben seinem Vermietungsunternehmen geführten L. Bauausführung GmbH, einen Mietkaufvertrag über die noch zu liefernden Arbeitsbühnen. Diese Arbeitsbühnen wollte die GmbH angeblich an die Beklagte weitervermieten. Dann wurden die zehn Hubarbeitsbühnen, die gemäß Vereinbarung der Klägerin mit der S-OHG mit Zahlung des Kaufpreises in das Eigentum der Klägerin übergehen sollten, durch die S-GmbH, eine Schwestergesellschaft der OHG, auf dem Gelände der Beklagten an L. ausgeliefert. Die Klägerin zahlte den Kaufpreis an die S-GmbH. Die Beklagte beglich den von ihr mit L. vereinbarten Kaufpreis.

Später stellte die L. die Zahlung der Leasingraten ein. Die Klägerin kündigte darauf den Vertrag mit der L. und verlangte Herausgabe der Arbeitsbühnen. Die Beklagte berief sich darauf, die Maschinen gutgläubig erworben zu haben, weil sie an eine Verfügungsbefugnis der L. geglaubt habe. Das Landgericht gab dem Herausgabeverlangen der Klägerin statt. Das Berufungsgericht entschied sich umgekehrt. Die Revision führte zur Wiederherstellung des erstinstanzlichen Urteils.

Der Senat war der Auffassung, daß die Beklagte das Eigentum an den Maschinen nicht kraft guten Glaubens erworben habe. Er führte in diesem Zusammenhang aus, das Berufungsgericht habe die Tatsache nicht sachgerecht gewürdigt, daß L. nicht als berufsmäßiger Händler aufgetreten sei. Es habe zudem den Erfahrungssatz nicht beachtet, daß ein Einzelunternehmer Verkaufsobjekte mit hohem Wert regelmäßig nicht aus Eigenmitteln vorfinanzieren könne.[357] Das Gericht führte hierzu weiter aus: „Zwar darf derjenige, der bei einem Händler im Rahmen von dessen Geschäftsbetrieb eine Ware kauft, bei Fehlen sich aufdrängender gegenteiliger Anhaltspunkte von dessen Verfügungsbefugnis ausgehen (...).[358] L ist aber der Bekl. gegenüber nicht als berufsmäßiger Händler, sondern als Vermieter von Baumaschinen aufgetreten. Sowohl sein ursprüngliches Vermietungsangebot als auch dessen teilweise Annahme durch die Bekl. im Schreiben vom 7.10.1992, und insbesondere die Bestellung der zehn Hubarbeitsbühnen im Schreiben der Bekl. vom 20.11.1992, weisen die „Firma L" als „Baumaschinenvermietung" aus. Es ist anerkannt, daß bei Veräußerungsgeschäften au-

---

356 BGH NJW 1999, 425.

357 BGH NJW 1999, 425, (426).

358 Unter Bezug auf BGH NJW 1975, 735; Baumbach/Hopt, § 366, Rn. 6.

ßerhalb des gewöhnlichen oder ordnungsgemäßen Geschäftsbetriebs des Veräußerers erhöhte Anforderungen an den guten Glauben des Erwerbers zu stellen sind (...)[359]. Zum gewöhnlichen Betrieb eines Baumaschinenvermieters mag der gelegentliche Verkauf einer gebrauchten Maschine noch gehören, nicht aber der Verkauf von zehn hochwertigen, fabrikneuen Maschinen zum Preis von ca. 854.000 DM Netto."[360]

Nach ständiger Rechtsprechung bestehen grundsätzlich Nachforschungspflichten nur dann, wenn Zweifel an den Eigentumsverhältnissen angebracht sind. Allerdings hat der BGH schon vielfach entschieden, daß auch ohne konkreten Verdacht Nachforschungspflichten bestehen können. So hat sich der Erwerber einer Sache, die im Geschäftsverkehr gewöhnlich unter Eigentumsvorbehalt veräußert wird, nach den Eigentumsverhältnissen zu erkundigen.[361] Oftmals werden Waren allerdings unter verlängertem Eigentumsvorbehalt veräußert, so daß der Erwerber regelmäßig damit rechnen kann, daß der Veräußerer verfügungsbefugt ist, sofern eine Veräußerung im „ordnungsgemäßen Geschäftsgang" vorliegt. Etwas anderes gilt dann, wenn der Erwerber Zweifel daran haben muß, daß eine Transaktion im „ordnungsgemäßen Geschäftsgang" stattgefunden hat. Dann sind erhöhte Anforderungen an Erkundigungspflichten geboten. Wenn demnach, wie in diesem Fall, ein als Vermietungsfirma auftretendes Unternehmen besonders wertvolle Sachen veräußert, dann handelt es sich regelmäßig nicht um eine Veräußerung im „ordnungsgemäßen Geschäftsgang". Das bedeutet, daß der Erwerber darauf zu achten hat, will er sich nicht grober Fahrlässigkeit schuldig machen, daß es sich um ein typisches Geschäft des Veräußerers handelt. An den guten Glauben der Beklagten waren folglich erhöhte Anforderungen zu stellen.

Die konkreten Anforderungen an den guten Glauben hängen im wesentlichen davon ab, inwieweit die besonderen Umstände des Falles Zweifel erzeugen mußten. In diesem Fall gaben die Umstände erheblichen Anlaß dazu: „Unabhängig davon mußte sich der Bekl. aufdrängen, daß ein Einzelunternehmer wie L auf Bestellung eines Kunden vom Hersteller zu beschaffende Verkaufsobjekte im Werte von ca. 850 000 DM nicht vor ihrer Weiterveräußerung aus verfügbaren Eigenmitteln vorfinanzieren kann. Sie mußte daher mit einem Eigentumsvorbehalt der Lieferanten oder mit Sicherungsrechten Dritter an den Hubarbeitsbühnen rechnen, was einer Gutgläubigkeit i.S. vom § 932 BGB entgegensteht. Ein guter Glaube an die Verfügungsbefugnis des L (§ 366 HGB) ließe sich unter diesen Umständen allenfalls auf die Annahme gründen, er sei von der Vorlieferantin oder einem sonstigen Berechtigten zur Weiterveräußerung ermächtigt, was beim An- und Verkauf fabrikneuer hochwertiger Ware regelmäßig dann geschieht, wenn diese unter verlängertem Eigentumsvorbehalt, also gegen Ab-

[359] Unter Bezug auf BGH NJW 1989, 895, (897); BGH WM 1964, 1193, (1195).
[360] BGH NJW 1999, 425, (426).
[361] Ständige Rechtsprechung. Siehe dazu S. 65 ff.

tretung der Ansprüche aus einem Weiterverkauf der Ware, an einen Zwischenhändler geliefert wird. Auch auf dieser Grundlage scheidet jedoch eine Gutgläubigkeit der Bekl. i.S. von § 366 HGB aus, weil sie die Maschinen bei L ausweislich ihrer schriftlichen Bestellung vom 20.11..1992 nach Maßgabe ihrer „umseitigen allgemeinen Einkaufsbedingungen" bestellt hat und diese eine Abtretung der Kaufpreisforderung nur mit schriftlicher Einwilligung der Bekl. zulassen, deren Erteilung nicht vorgetragen oder ersichtlich ist. Nimmt in einem solchen Fall der Zweitkäufer keine Erkundigungen (insbesondere beim Vorlieferanten) über das Verfügungsrecht oder die Eigentumsverhältnisse vor, so nimmt er die Vereitelung eines etwaigen verlängerten Eigentumsvorbehaltes in Kauf und handelt daher grob fahrlässig (...).[362] Daran ändert unter den vorliegenden Umständen nichts, daß sie bis dahin reibungslose Geschäftsbeziehungen unterhalten haben will."[363]

Die Argumentation des Senats hinsichtlich der Frage, ob die Beklagte gutgläubig i.S.d. § 366 HGB gewesen ist, hat wegen § 354a HGB heute wohl keine Bedeutung mehr. Allerdings ist die Forderung des Senats bemerkenswert, daß die Beklagte neben einem Eigentumsvorbehalt auch mit „Sicherungsrechten Dritter" rechnen müsse. Nach ständiger Rechtsprechung gilt der Grundsatz, daß eine Erkundigungspflicht über mögliche Sicherungsübereignungen die an den Erwerber zu stellenden Anforderungen überspannen würde.[364] Es wäre daher auch in diesem Fall ausreichend gewesen, wenn von der Beklagten gefordert worden wäre, daß sie sich aufgrund der genannten Umstände zumindest an den Vorlieferanten zu wenden gehabt hätte, um nachzufragen, ob die Maschinen bezahlt worden seien. Insbesondere wird es wohl kaum herauszufinden sein, außer einer wenig ergiebigen Nachfrage beim Veräußerer, welche Bank den Kauf möglicherweise finanziert haben könnte, um sich im Gegenzug dafür das Eigentum übertragen zu lassen.

I. Schlußfolgerungen

Bei der Untersuchung der Rechtsprechung zum gutgläubigen Erwerb beweglicher Sachen hat sich gezeigt, daß nur sehr wenige Urteile dem Erwerber einer Sache das Eigentum an derselben kraft guten Glaubens zusprachen. Dabei zeigten die untersuchten Entscheidungen, daß sich der Erwerbsvorgang in den Fällen, in denen der gute Glaube des Erwerbers in Frage stand, i.d.R. nicht im Rahmen der sonst üblichen Markt- bzw. Handelsgepflogenheiten abspielte. Es läßt sich die Regel aufstellen, daß in solchen Fällen Zweifel an den Eigentumsverhältnissen angebracht sind. Daraus ergibt sich, daß bei Abweichung von der

---

[362] Unter Bezug auf BGHT 77, 274, (278).

[363] BGH NJW 1999, 425, (426).

[364] Ständige Rechtsprechung siehe S. 65 ff. Anders MüKo/Quack, § 932, Rn. 35. der die Auffassung vertritt, daß sich der Erwerber um eine etwa bestehende Sicherungsübereignung zu kümmern habe.

Norm grundsätzlich an den Eigentumsverhältnissen gezweifelt werden muß, denen der Erwerber mit entsprechenden Erkundigungen nachzugehen hat. Nachforschungen sind in den Fällen des gutgläubigen Erwerbs damit nahezu immer geboten, will sich der Erwerber nicht dem Vorwurf grob fahrlässigen Verhaltens aussetzen. Also sind Nachforschungsobliegenheiten in der Praxis Regel und nicht etwa Ausnahme. Die Intensität dieser Erkundigungsobliegenheiten richtet sich nach dem Grad der Zweifel, die im Einzelfall angebracht sind, wobei auch die Personengruppe, der der Erwerber angehört, in die Beurteilung mit einzubeziehen ist.

Den mit Abstand größten Anteil an Entscheidungen zum guten Glauben bilden die Fälle, in denen es sich bei Erwerber und Veräußerer jeweils um Kaufleute handelt. Da der BGH die zur Beurteilung des guten Glaubens relevante grobe Fahrlässigkeit rein objektiv-typisierend beurteilt, wurden dem Erwerber die üblichen Kenntnisse der Personengruppe, der er angehörte, zugerechnet. Dementsprechend konnten rund 80% der für ein Unternehmen erwerbenden Personen keinen gutgläubigen Erwerb herbeiführen. Erwarb ein Unternehmen von einer Privatperson, so konnte der BGH ebenfalls kein gutgläubigen Erwerb angenommen werden. Auch Banken, die sich Sachen zur Sicherheit übereignen ließen, konnten in den meisten Fällen nicht für gutgläubig erachtet werden. An sie wurden - den jeweiligen Marktgepflogenheiten entsprechende - strenge Anforderungen an Erkundigungspflichten gestellt.

In diesem Zusammenhang war festzustellen, daß in den meisten Fällen entweder dem Einzelfall nicht gerecht werdende, oder gar keine Erkundigungen angestellt worden waren. Der Erwerber konnte sich auch nicht mit persönlichen Unzulänglichkeiten rechtfertigen, denn subjektive Momente spielten bei der Beurteilung des guten Glaubens keine Rolle. Insbesondere sind verkehrsüblich gewordene Nachlässigkeiten und leichtsinnige Handlungsweisen keine Rechtfertigung, guten Glauben anzunehmen.

In den meisten Fällen hatten schon die Vorinstanzen den Erwerber für bösgläubig gehalten, der sich gegen diese Beurteilung erfolglos gewehrt hatte. Wie die einzelnen Senate den guten Glauben beurteilten, wird in der folgenden Tabelle gezeigt:

Erwerb Gesamt	Anzahl	GE -	GE +	Offen
2. Senat	4	4	0	0
4. Senat	5	2	1	2
8. Senat	15	9	3	3
9. Senat	1	1	0	0
Gesamt	25	16	4	5

Die meisten Fälle waren vom 8. Senat zu beurteilen. Nur drei der Fälle führten zum gutgläubigen Erwerb. Der 4. Senat gelangte nur in einem Fall und der 2. Senat in keinem Fall zu einem gutgläubigen Erwerb. In dem einzig vom 9. Senat zu behandelnden Fall wurde dem Erwerber auch der gutgläubige Erwerb versagt. Dieses Ergebnis macht deutlich, daß die Annahme eines gutgläubigen Erwerbs die Ausnahme ist. In nur vier der Entscheidungen wurde guter Glaube festgestellt. Das läßt den Schluß zu, daß der BGH das grundsätzlich erwerberfreundliche Konzept der §§ 932 BGB, 366 HGB praktisch ins Gegenteil gekehrt hat. Die Erleichterung und Sicherung des Rechtsverkehrs ist also nicht generell zu bevorzugen.[365] Das Interesse des ursprünglichen Eigentümers muß nur dann hinter dem des Rechtsverkehrs zurückstehen, wenn der Erwerber keinerlei Zweifel an der Berechtigung des Veräußerers zu haben braucht, oder wenn er bestehenden Zweifeln ohne Erfolg mit ausreichenden Nachforschungen begegnet ist. Dieses Ergebnis zeigt, daß der BGH einfache Fahrlässigkeit nicht zu kennen schien, wenn unabhängig von der Intensität etwaiger Zweifel, unterlassene Nachforschungen immer zur Annahme grober Fahrlässigkeit führt.

---

[365] Hager, S. 2 ff.

Fünftes Kapitel: Besonderheiten im Kraftfahrzeughandel

I. Einführung

Im Folgenden werden die Entscheidungen des BGH besprochen, die den gutgläubigen Erwerb von Kraftfahrzeugen zum Gegenstand haben. Diese Fälle unterscheiden sich insofern von denen des vorangegangenen Kapitels, als daß das Erwerbsgeschäft eines Kraftfahrzeuges untrennbar mit dem Kraftfahrzeugbrief verknüpft ist. Daher wird auch der gutgläubige Erwerb eines Kraftfahrzeuges erheblich von der Existenz des Kfz-Briefs beeinflußt. Aus diesem Grund werden die Entscheidungen zum gutgläubigen Erwerb von Kraftfahrzeugen gesondert behandelt.

Innerhalb der Fälle zum gutgläubigen Erwerb von Kraftfahrzeugen war der Handel mit Gebrauchtfahrzeugen wesentlich häufiger Quelle von Streitigkeiten, als es beim Erwerb von Neuwagen der Fall war. In der frühen Rechtsprechung des BGH hatte das seinen Grund darin, daß der Krieg und die Wirren der Nachkriegsjahre für erhebliche Unregelmäßigkeiten im Gebrauchtwagenhandel gesorgt hatten.[366] Die in den letzten Jahren eingetretene Ruhe läßt sich in erheblichem Maß auf die Strenge der Gerichte zurückführen.[367] Dadurch ist das grundsätzlich erwerberfreundliche Konzept des Gesetzes[368] im Prinzip ins Gegenteil gewandelt worden.[369] Die große Anzahl höchstrichterlicher Urteile hat insbesondere dazu geführt, daß die meisten Rechtsfragen im Handel mit Kraftfahrzeugen geklärt wurden.[370]

II. Der Kraftfahrzeugbrief

A. Einführung

Die Übergabe der Sache erweckt i.d.R. den Eindruck der Berechtigung des Veräußerers. Bei einem Kraftfahrzeugerwerb muß allerdings neben dem Fahrzeug auch der Kfz-Brief übergeben werden. Bei dem Kfz-Brief handelt es sich weder um ein Wertpapier, noch um ein Traditionspapier.[371] Das bedeutet, daß die Übergabe des Briefs nicht die Übergabe des Kraftfahrzeugs ersetzen kann.[372] Die Frage ist aber, welche Rolle der Brief insbesondere in der Situation spielt, daß ein Kfz von einem Nichtberechtigten erworben wird. In der Regel kann sich der Erwerber einer Sache auf den von der Besitzübertragung ausgehenden Rechtsschein verlassen.[373] Dieser Grundsatz kann jedoch nicht ohne weiteres auf den

---

[366] Reinking/Eggert, Rn. 1481.
[367] Reinking/Eggert, Rn. 1481.
[368] Reinking/Eggert, Rn. 1478.
[369] Siehe dazu in diesem Kapital IV. A.
[370] Reinking/Eggert, Rn. 1481.
[371] BGH NJW 1975, 735, (736); unter Bezug auf BGH NJW 1970, 653.
[372] BGH NJW 1978, 1854.
[373] Staudinger Wiegand § 932, Rn. 12.

den Kraftfahrzeughandel übertragen werden. Beim gutgläubigen Erwerb von Kraftfahrzeugen besteht wie gesagt die Besonderheit, daß der Rechtsscheintatbestand von einem Kfz-Brief beeinflußt wird[374]. Deswegen ist der Kfz-Brief für den gutgläubigen Erwerb von Kraftfahrzeugen von zentraler Bedeutung. Neben Sicherungsübereignung, Eigentumsvorbehalt und anderen Formen der Gebrauchsüberlassung, hat insbesondere der Kfz-Brief für eine Reduktion der Legitimationswirkung des Kfz-Besitzes gesorgt.[375]

B. Dogmatische Einordnung des Kfz-Briefs in das System des gutgläubigen Erwerbs

Wird ein Kraftfahrzeug veräußert, dann besteht die Frage, ob neben dem Fahrzeug zur Erfüllung der Erwerbsvoraussetzungen auch der Brief mit übergeben werden muß. Wäre das der Fall, dann könnte ein Fahrzeug ohne Übergabe des Kfz-Briefs überhaupt nicht gutgläubig erworben werden. Es würde mithin an einem Tatbestandsmerkmal des objektiven Rechtsscheintatbestands fehlen. Unzweifelhaft könnte die Notwendigkeit der Briefvorlage dann dem objektiven Rechtsscheintatbestand zugeordnet werden, wenn der Brief als eigenständiger Rechtsscheinträger angesehen würde[376], der den Eigentümer legitimiert.[377] Dazu ist festzustellen, daß es sich bei dem Kfz-Brief nicht um einen eigenständigen Rechtsscheinträger handelt.[378] Vielmehr teilt dieser lediglich, in entsprechender Anwendung des § 952 BGB, hinsichtlich der Eigentumsverhältnisse das rechtliche Schicksal des Fahrzeugs[379], wobei angenommen wird, daß das Eigentum an dem Kfz-Brief dem Eigentümer des Kraftfahrzeugs zusteht.[380] Daraus folgt, daß der Kfz-Brief dem subjektiven und nicht dem objektiven Rechtsscheintatbestand zuzuordnen ist.

Etwaige Vorschläge der Literatur,[381] den Kfz-Brief dem objektiven Tatbestand zuzuordnen, sind von der Rechtsprechung unbeachtet geblieben, wobei Giel der Rechtsprechung fehlerhaft unterstellte, daß sie grundsätzlich gutgläubigen Erwerb dann ablehne, wenn der Kfz-Brief fehle.[382]

Für die dogmatische Zuordnung des Kfz-Briefs zum objektiven Tatbestand besteht im übrigen auch keine Notwendigkeit, da auf Rechtsscheindefizite sachgerecht mit dem Erfordernis des guten Glaubens reagiert werden kann. Auch können dadurch die verschiedenen Fallkonstellationen, wie beispielsweise Neu-

---

[374] Siehe dazu die ausführliche Darstellung bei Barheine, S. 2 ff.
[375] Reinking/Eggert, Rn. 1489.
[376] Fischer JR 1975, 416.
[377] Barheine, S. 14.
[378] Barheine, S. 14; Giegerich, NJW 1986, 1976. A.a. Fischer JR 1975, 416.
[379] BGH WM 1959, 138, (140).
[380] Endress DAR 1959, 116; Schmidt, DAR 1963, 321, (322).
[381] Etwa Rebe AcP 173, 186, (195); Fischer JR 1975, 416.
[382] Giel AcP 161, 357, (374f) unter unrichtigem Bezug auf BGHZ 10, 122; BGH LM BGB § 932 Nr. 12.

und Gebrauchtwagenfälle mit Inlands- und Auslandszulassung, nach dem gleichen Grundmuster gelöst werden.[383] Auch wäre die grundsätzliche Möglichkeit des gutgläubigen Erwerbs in Frage gestellt, wenn sich der zum Erwerb vom Nichtberechtigten notwendige Rechtsscheinträger auf zwei verschiedene Sachen aufteilen würde. Denn würde der Brief dem Kraftfahrzeug in der Weise zugeordnet, daß der Rechtscheinträger aus Kfz und Brief besteht, so müßten diese konsequenterweise als eine einheitliche Sache angesehen werden. Die Übergabe der Sache könnte also nur dann als erfolgt angesehen werden, wenn Fahrzeug und Brief übergeben wurden. Da auf den Brief entsprechend die Vorschrift des § 952 BGB angewendet wird, wäre fraglich, wie an der Sache - Fahrzeug und Brief - gutgläubig Eigentum erworben werden sollte, da auf § 952 BGB die Vorschriften des Erwerbs vom Nichtberechtigten nicht anwendbar sind.[384] Auch müßte dem Erwerber beim Kfz-Kauf, ohne Übergabe des Briefs, gutgläubiger Erwerb mangels bestehender Vertrauensgrundlage stets versagt bleiben.[385] Die Rechtsprechung lehnt das zutreffend ab. Unter „besonderen Umständen“ kann auch ohne Briefvorlage Eigentum an Kraftfahrzeugen kraft guten Glaubens erworben werden.[386] Dementsprechend ist der Brief, im Rahmen des gutgläubigen Erwerbs, dem subjektiven Tatbestand der §§ 932 BGB, 366 HGB zuzuordnen.[387]

C. Der Zweck des Kfz-Briefs

Es gilt zu klären, welche Rolle dem Kfz-Brief, bezogen auf das dazugehörige Fahrzeug, zukommt. In diesem Zusammenhang besteht grundsätzlich die Frage, welche Aussagekraft der Brief, hinsichtlich des Eigentümers eines Kraftfahrzeugs, besitzt. Dazu ist klarzustellen, daß dem Brief grundsätzlich nicht der Eigentümer des Fahrzeugs entnommen werden kann. Etwaige diesbezügliche Einträge sind unzulässig.[388] Ihm kann aber wohl eigentumssichernde Funktion zugeordnet werden. Neben der Eigentumssicherung dient er besonders der Erschwernis des Absatzes gestohlener Kraftfahrzeuge,[389] auch wenn die wichtigste Sperre gegen Rechtsverlust die Vorschrift des § 935 BGB ist.[390]

Zur weiteren rechtlichen Einordnung des Briefs ist die Regelung des § 25 Abs. 4 Satz 2 StVZO zu nennen. Sie charakterisiert den Zweck des Kfz-Briefs: „Zur Sicherung des Eigentums oder anderer Rechte am Fahrzeug ist der Brief bei jeder Befassung der Zulassungsstelle mit dem Fahrzeug, besonders bei Meldungen über den Eigentumswechsel (§ 27 Abs. 3 StVZO), vorzulegen“.

---

[383] Reinking/Eggert, Rn. 1493.
[384] Staudinger, Gursky § 952, Rn. 24.
[385] Barheine, S. 16.
[386] Siehe dazu S. 88 ff.
[387] Reinking/Eggert, Der Autokauf, Rn. 1491.
[388] BGH NJW 1978, 1854 f.; Müller/Rüth, § 23 StVZO, Rn. 9.
[389] Schlechtriem, NJW 1975, 2088.
[390] Schlechtriem, NJW 1975, 2088, (2089).

Der BGH hatte sich erstmals in einem Urteil des III. Zivilsenats vom 25.06.1953[391] (III ZR 353/51) mit der Rolle des Briefs auseinanderzusetzen. Er bezog sich auf den Wortlaut der Ausführungsverordnung zur Reichsstraßenverkehrsordnung vom 29.09.1934[392], in der es heißt: „ Beantragt ein unrechtmäßiger Besitzer die Zulassung des Fahrzeugs, so zeigt das Fehlen des Briefs den unrechtmäßigen Erwerb". Dabei stellte der BGH klar, daß der Brief nur den Schutz des Eigentümers oder des dinglich Berechtigten bezweckt.[393] „Aus dem Besitz des Kraftfahrzeugbriefes (...) kann (...) noch nicht das Eigentum des Besitzers an dem Kraftfahrzeug entnommen werden."[394]

Wie der BGH die Rolle des Kfz-Briefs im System des gutgläubigen Erwerbs von Kraftfahrzeugen bewertete, soll die folgende Untersuchung der Rechtsprechung zeigen. Behandelt werden zunächst die Fälle, die den Erwerb von Gebrauchtwagen zum Gegenstand haben. Ein weiterer Abschnitt ist dann dem gutgläubigen Erwerb neuer Kraftfahrzeuge vorbehalten.

III. Gebrauchtwagenfälle

A. Einführung

Im Handel mit Gebrauchtwagen hat der BGH umfangreich zwischen Eigentümer- und Erwerberinteressen abgewogen. Dabei zeigte sich, daß überwiegend zu beurteilen war, ob der Erwerber eines Kraftfahrzeugs gutgläubig sein kann, wenn er sich den Kfz-Brief nicht mit übergeben ließ,[395] bzw. ihn nicht weiter daraufhin überprüft hatte, ob Halter und Eigentümer personenidentisch waren. Möglich bleibt in solchen Fällen der gutgläubige Erwerb aber schon deswegen, weil der Brief nicht dem objektiven Rechtsscheintatbestand zugerechnet wird.[396]

Den guten Glauben des Erwerbers will die Rechtsprechung auch in den Kfz-Fällen anhand der „besonderen Umstände" des Einzelfalls ermitteln.[397] Bei der Beurteilung der „besonderen Umstände" soll auf die Individualität des Einzelnen[398] bzw. auf die Personengruppe, der der Erwerber angehört[399], abzustellen sein. An einen professionellen Kraftfahrzeugerwerber sind strengere Anforderungen zu stellen, als an eine Privatperson. Hätte der Erwerber aufgrund bestimmter Umstände an der Berechtigung seines Veräußerers zweifeln müssen, so treffen ihn Nachforschungsobliegenheiten, an die der BGH erklärtermaßen einen

---

[391] BGHZ 10, 122, siehe auch BGH NJW 1953, 1505, BGH; WM 1959, 138, (140).
[392] RGBL I, 869.
[393] Anders bei der Betriebserlaubnis einer Baumaschine. Siehe BGH WM 1993, 1203.
[394] BGHZ 10, 122, (125).
[395] Zu der Rolle der Betriebserlaubnis einer Baumaschine siehe BGH WM 1993, 1203.
[396] Siehe oben S. 85 ff.
[397] Siehe dazu: BGH BB 1955, 778; BGH WM 1959, 117; BGH LM HGB § 366, Nr. 10; BGH LM BGB § 932, Nr. 17; BGHZ 68, 323; BGH NJW RR 1987, 1456.
[398] BGHZ 10, 14.
[399] Barheine, S. 2; Wiegand, JuS 1974, 207.

strengen Maßstab anlegt.[400] Freilich obliegen dem Erwerber eines Kfz in der Regel gewisse Mindestpflichten, wie Briefvorlage und Einsicht in denselben, wobei der Erwerber trotz Erfüllung dieser Pflichten, gleichwohl bösgläubig sein kann, wenn die Umstände Zweifel an der Berechtigung des Veräußerers belassen. Die Umstände des jeweiligen Falles können allerdings auch ergeben, daß der Erwerber auch ohne Vorlage des Briefs gutgläubig sein kann. Dazu folgende Fälle:

B. Kfz-Kauf ohne Übergabe des Briefs

a) Das erste Mal setzte sich der BGH in einem Urteil des IV. Senats vom 24. Mai 1954[401] mit der Frage auseinander, wie es sich auf den guten Glauben eines Erwerbers auswirkt, wenn sich dieser den Kfz-Brief nicht hatte vorlegen lassen. In dem zugrundeliegenden Fall erwarb eine Privatperson von einem Kaufmann. Mit folgendem Sachverhalt musste sich der Senat befassen:

Die Klägerin stand mit R., einem Händler für landwirtschaftliche Erzeugnisse, in einer Geschäftsverbindung. Zur Sicherheit ihrer Ansprüche ließ sich die Klägerin fünf gebrauchte Kraftfahrzeuge übereignen und die dazugehörigen Kraftfahrzeugbriefe aushändigen. Eines dieser Fahrzeuge verkaufte R. unter Eigentumsvorbehalt an den Beklagten weiter, dem er das Fahrzeug sogleich übergab. Später wurde über R. das Konkursverfahren eröffnet. Daraufhin beglich der Beklagte die Restschuld. Die Klägerin begehrte von dem Beklagten gestützt auf ihr Sicherungseigentum Herausgabe des Fahrzeugs. Land und Oberlandesgericht hatten die Klage abgewiesen. Die Revision hatte keinen Erfolg.

Das Berufungsgericht hatte entschieden, daß der Beklagte bei dem Erwerb des streitigen Kraftwagens von der Firma R. gutgläubig war. Die Revision hatte hingegen die Auffassung vertreten, daß dem Beklagten grob fahrlässiges Verhalten beim Erwerb des Fahrzeugs zur Last gelegt werden müsse, weil dieser sich bei der Durchführung des Kaufs nicht den Kfz-Brief hatte vorlegen lassen. Daher habe das Berufungsgericht seine Feststellungen unter einer Verkennung des Begriffs der groben Fahrlässigkeit getroffen. Bei einer richtigen Auffassung dieses Begriffs sei das Verhalten des Beklagten als ein solches zu beurteilen, bei dem die erforderliche Sorgfalt nach den gesamten Umständen in ungewöhnlich großem Maße verletzt worden sei.[402]

Der IV. Senat teilte die Ansicht der Revision nicht. Er stellte dazu fest, daß „das Berufungsgericht unter Zugrundelegung eines richtigen Begriffs der gewöhnlichen Fahrlässigkeit zum Ausdruck gebracht [hatte], daß die Verletzung dieser Pflicht grundsätzlich eine Fahrlässigkeit bedeute.“[403] Dabei hatte das Berufungsgericht die Auffassung vertreten, daß aufgrund der näheren Umstände

---

[400] Etwa BGH NJW 1975, 735; NJW RR 1987, 1456.

[401] BGH IV. ZR 50/54 (unveröffentlicht).

[402] BGH IV. ZR 50/54.

[403] BGH IV. ZR 50/54.

nicht festgestellt werden könne, ob der Beklagte die ihm obliegenden Pflichten in erheblichem Maße verletzt habe. Es handle zwar derjenige beim Erwerb eines gebrauchten Fahrzeugs in der Regel grob fahrlässig, der sich den Kfz-Brief nicht vorlegen lasse, doch könne man ein solches Verhalten nicht ohne weiteres als grob fahrlässig betrachten. Ein solches Verhalten könne infolge besonderer Umstände des Einzelfalls, trotz der Nichtvorlage, mit den Anforderungen der dem Erwerber obliegenden Sorgfaltspflichten vereinbar sein. Dieser auch vom BGH geteilten Auffassung war die Revision entgegengetreten. Sie hatte angeführt, daß zumindest immer dann grobe Fahrlässigkeit vorliege, wenn der Erwerber eines Kraftfahrzeugs von der Vorlage des Briefs absehe, obwohl ihm der Veräußerer erklärt habe, daß er den Brief zur Zeit nicht vorlegen könne. Dazu vertrat der IV. Senat die Ansicht, daß „[vielmehr] auch in einem solchen Falle - wovon auch das Berufungsgericht ausgeht - entscheidend ist (...), ob die Gründe, die der Veräußerer für die Nichtvorlage des Briefs angibt, dem Erwerber nach den besonderen Umständen des Einzelfalls glaubwürdig erschienen sind und erscheinen konnten, oder ob diese Umstände und die Erklärung des Veräußerers sein Mißtrauen wecken mußten."[404] Zu den in diesem Zusammenhang von dem Berufungsgericht anerkannten Umständen, die vorliegend dazu führten, daß dem Beklagten der Vorwurf der groben Fahrlässigkeit erspart blieb, wollte sich der BGH nicht äußern. Hierbei handle es sich um eine im Revisionsrechtszug nicht angreifbare Tatsachenwürdigung des Berufungsgerichts und nicht, wie die Revision meinte, um die Zugrundelegung eines unrichtigen Begriffs der groben Fahrlässigkeit. Vom Revisionsgericht sei nur nachprüfbar, ob Verstöße gegen Verfahrensrecht, gegen Denkgesetze oder Erfahrungssätze vorliegen.[405]

In der Auffassung des Berufungsgerichts sah die Revision eine Verletzung des § 286 ZPO. Das Berufungsgericht habe übersehen, daß bereits einen Tag vor der Abfassung des Kaufvertrags mündlich über den Verkauf Einigung erzielt wurde. Dabei habe der Beklagte nicht nach dem Kfz-Brief gefragt. Dementsprechend „könnten die Anforderungen des Beklagten an den Nachweis des Eigentums seines Veräußerers nur sehr gering gewesen sein."[406] Diese Rüge hielt der IV. Senat für unbegründet. Er stellte dabei darauf ab, daß „für die Frage der Gutgläubigkeit des Erwerbers nicht sein Verhalten beim Abschluß des schuldrechtlichen Kaufvertrags, sondern seine Vorstellung bei der Einigung über den Eigentumsübergang und bei der Übergabe entscheidend ist. Zu dieser Einigung und Übergabe ist es nach dem feststehenden Sachverhalt zugleich mit der schriftlichen Festlegung des Kaufvertrags erst (...) am Tage nach der (...) mündlichen Kaufvereinbarung gekommen."[407] Der BGH sah es als selbstverständlich an, daß der Erwerber annehmen könne, daß ihm der Kfz-Brief bei der endgülti-

[404] BGH IV. ZR 50/54.
[405] Urteil bezieht sich auf BGHZ 10, 14 f. Siehe dazu auch S. 9 ff.
[406] BGH IV. ZR 50/54.
[407] BGH IV. ZR 50/54.

gen schriftlichen Festlegung des Vertragsinhalts und der Übergabe des Kraftfahrzeugs vorgelegt werden würde. Jedes vorherige Verlangen, den Brief sehen zu wollen, würde gegenüber der Verkäuferin ein gewisses Mißtrauen zum Ausdruck bringen müssen.

Auch der weitere Angriff der Revision, daß der Beklagte auch an dem Tage der Übergabe die Frage nicht gestellt habe, ob der Wagen tatsächlich freies Eigentum der Firma R sei, hatte keinen Erfolg. Der Senat hielt das für „verständlich und mit der Sorgfaltspflicht des Beklagten vereinbar, wenn er nach den gesamten Umständen keinen begründenden Anlaß hatte, den Erklärungen der Verkäuferin und ihrem gesamten Verhalten, mit dem sie sich –mindestens schlüssig– als Eigentümerin ausgegeben hatte, Mißtrauen entgegenzubringen. Daß zu solchen Bedenken für den Beklagten kein Grund bestanden habe, nimmt aber das Berufungsgericht an, indem es insbesondere ausführt, daß auch die Nichtvorlage des Kraftfahrzeugbriefs (...) den Beklagten nicht habe mißtrauisch zu machen brauchen, weil ihm der Zeuge R in glaubwürdiger Weise erklärt habe, der Brief müsse sich im Büro der Firma R befinden. War aber diese Erklärung nach den Umständen glaubwürdig, so konnte der Beklagte sich mit ihr zufrieden geben und ohne grobe Fahrlässigkeit von weiteren Fragen über das Eigentumsrecht der Verkäuferin absehen; denn in dieser Äußerung des Zeugen lag, wie das Berufungsgericht ausführt, die Zusicherung, daß der Brief sich nicht in Händen irgendwelcher dritter Personen befand, was auf ein fremdes Eigentumsrecht an dem Wagen hätte hindeuten können.“[408]

An die Nachforschungspflichten des Erwerbers wurden in jenem Fall nicht allzu große Anforderungen gestellt. Wo sonst bei Fehlen eines Kfz-Briefs erhöhte Aufmerksamkeit erforderlich ist, sah der BGH diesbezüglich aufgrund der Umstände dieses Falles keine Notwendigkeit.

Der von der Revision gerügte Verstoß gegen § 286 ZPO schlug ebenfalls fehl. Der Erwerber konnte sich in jenem Fall mit den Äußerungen seines Veräußerers zufrieden geben. Der Erwerber durfte sich, insbesondere ohne Zweifel, darauf verlassen, daß sich der Kfz-Brief in den Räumen der Firma R befand.

Dieses Ergebnis läßt sich nur dadurch erklären, daß es sich bei dem Erwerber um eine Privatperson handelte. Denn es kann in der Regel nicht erwartet werden, daß eine Privatperson über die Branchenkenntnisse verfügt, die von einem Kfz-Händler zu verlangen sind. Daher kann sich ergeben, daß die Umstände des jeweiligen Falles bei einer Privatperson den Eindruck hinterlassen haben, daß es sich bei dem Veräußerer um den Eigentümer handelt, ohne das ein Kfz-Brief vorgelegt wurde.

b) In einem weiteren Urteil vom 19.10.1955 (IV ZR 84/55)[409] mußte der BGH ebenfalls entscheiden, wie es sich auswirkt, wenn der Erwerber, bei dem es sich, wie im vorangegangenen Urteil, auch um eine Privatperson handelte,

[408] BGH IV. ZR 50/54.
[409] BGH WM 1956, 158.

sich den Kfz-Brief beim Kauf nicht hatte vorlegen lassen. Folgendes war vorgefallen:

Der Kaufmann H. erwarb von dem Autohaus S. einen gebrauchten Personenkraftwagen, der von der K.-Bank finanziert wurde. Zur Sicherheit wurde der K.-Bank das Eigentum an dem Wagen übertragen und der auf H. umgeschriebene Kfz-Brief übergeben.

Später erstritt die Klägerin ein vollstreckbares Urteil gegen H. wegen eines ihr zustehenden Schadensersatzanspruchs und betrieb daraus die Zwangsvollstreckung. Darüber hinaus erwirkte die Klägerin einen Pfändungs- und Überweisungsbeschluß gegen die K.-Bank auf Übertragung des Eigentums an dem Kfz. Nach Befriedigung der Bank wurde der Klägerin der Kfz-Brief zugesendet. Zuvor verkaufte und übergab H. jedoch das Fahrzeug an den Beklagten.

Die Klägerin verlangte von der Beklagten unter Bestreiten des gutgläubigen Erwerbs u.a. Herausgabe des Wagens. Die Vorinstanzen gaben der Klage statt. Die Revision führte zur Abweisung der Klage.

In seiner Begründung hatte das Berufungsgericht angenommen, daß dem Erwerber grobe Fahrlässigkeit vorzuwerfen war, weil er sich vom Veräußerer nicht den Kfz-Brief hatte zeigen lassen.[410] Diese Auffassung teilte der BGH nicht. „Bedenken erregt der vom Berufungsrichter eingenommene Standpunkt, weil er anzunehmen scheint, daß beim Erwerb von gebrauchten Kraftfahrzeugen der Erwerber schlechthin dann bösgläubig sei, wenn er sich den für das übergebene Fahrzeug ausgestellten Kraftfahrzeugbrief nicht vorlegen lasse."[411] Der IV. Zivilsenat begründete seine Ansicht unter Bezugnahme auf das zuvor dargestellte Urteil des IV. Senats vom 24.05.1954[412]. Er wiederholte die dort vertretene Ansicht, daß zwar in der Regel grobe Fahrlässigkeit des Erwerbers dann anzunehmen sei, wenn dieser sich den Kfz-Brief nicht hatte vorlegen lassen, dieses jedoch nicht in jedem Fall zutreffe. Es sei mit der Sorgfaltspflicht des Erwerbers vereinbar, daß der Erwerber, infolge besonderer Umstände, von der Vorlage absehe.[413] Der Beklagte hatte vorgetragen, daß er nach dem Kfz-Brief gefragt hatte und ihm darauf erklärt worden war, der Brief sei zur Sicherheit für ein kleines Darlehen bei einem Dritten hinterlegt worden. Der Name des Inhabers des Briefs sei ihm mit dem Hinweis nicht genannt worden, der Brief sei ohnehin erst nach Bezahlung der vereinbarten Kaufpreisraten zu übergeben gewesen. Weiter habe er nach Anfrage bei der Kraftfahrzeugzulassungsstelle die Auskunft erhalten, daß der Wagen auf H. zugelassen sei, was ihn beruhigt habe.[414]

---

[410] BGH WM 1956, 158, (159).
[411] BGH WM 1956, 158, (159).
[412] Urteil vom 24. Mai 1954, IV. ZR 50/54 (unveröffentlicht).
[413] BGH WM 1956, 158, (159).
[414] BGH WM 1956, 158.

Eine abschließende Entscheidung hinsichtlich des guten Glaubens des Beklagten ließ der BGH jedoch offen, da er einen Herausgabeanspruch des Klägers bereits aus anderen Gründen nicht für gegeben hielt.

Offen bleibt allerdings, warum der Senat der Tatsache keine Bedeutung geschenkt hat, daß der Beklagte wußte, daß sich der Brief zur Sicherheit für ein „kleines" Darlehen bei einem Dritten befand. Hätte der Beklagte Kenntnis von einer Sicherungsübereignung gehabt, so wäre er ohne Zweifel bösgläubig gewesen.

c) Auch in dem folgenden Fall ließ sich der Erwerber eines Kraftfahrzeugs keinen Kfz-Brief vorlegen. Der BGH verneinte aber diesmal in Übereinstimmung mit dem Berufungsgericht einen gutgläubigen Erwerb. Im Gegensatz zu den vorangegangenen Urteilen war der Erwerber in diesem Fall ein Kfz-Händler, der ein Kraftfahrzeug von einer Autovermietung erworben hatte. In dem Urteil des VI. Zivilsenats vom 4. Oktober 1963 (VI ZR 104 und 176/62)[415] ging es um folgendes:

Die Klägerin betrieb ein Kreditinstitut für die Finanzierung von Kraftwagen und stand mit Frau P. in Geschäftsbeziehung, die Kraftfahrzeuge an Selbstfahrer vermietete. In der Zeit vom 15.04.1960 bis zum 24.03.1961 schloß die Klägerin mit Frau P. unter anderem Kreditverträge zur Finanzierung von acht fabrikneuen Volkswagen, die Frau P. von dem Volkswagen-Vertragshändler S. gekauft hatte. Zur Sicherung dieser Finanzierung übertrug Frau P. das Eigentum an dem Wagen der Klägerin und vereinbarte in Formularverträgen, daß das Sicherungseigentum bis zur vollständigen Erfüllung aller Forderungen der Klägerin aus sämtlichen Finanzierungsverträgen erhalten bleiben sollte. Bis zu diesem Zeitpunkt übernahm Frau P. die Verpflichtung, die Wagen für die Klägerin in Leihbesitz zu nehmen und von jeder Verfügung abzusehen. Die Kraftfahrzeugbriefe wurden der Klägerin bei Zahlung des Kaufpreises von S. ausgehändigt. Als Frau P. in Zahlungsverzug geriet, wollte die Klägerin auf ihr Sicherungseigentum zurückgreifen und stellte dabei fest, daß die Kraftwagen, nach kurzem Gebrauch, an die Beklagte veräußert worden waren. Die Beklagte veräußerte die Wagen durch ihren Geschäftsführer, den Zweitbeklagten, jeweils binnen 24 Stunden nach Lieferung an die Firma R in Liechtenstein weiter. Zweck dieser Veräußerung war ein sogenannter grauer Export, auch bekannt unter dem Ausdruck Reimport.

Die Klägerin verlangte daraufhin u.a. Ersatz des durch die Veräußerung der Wagen entstandenen Schadens. Das Landgericht hat der Klage dem Grunde nach stattgegeben. Das Oberlandesgericht hat das Grundurteil des Landgerichts bestätigt. Die Revision der Beklagten hatte keinen Erfolg.

---

[415] BGH WM 1963, 1253=BGH Vers 1964, 45.

Der VI. Senat mußte entscheiden, ob trotz Nichtvorlage der Kfz-Briefe gutgläubiger Erwerb möglich war. Insbesondere dann, wenn sich der Erwerber auf „markttypische Gepflogenheiten" berufen hatte. Der Senat sah die Voraussetzungen für einen gutgläubigen Erwerb als nicht gegeben an und stützte die getroffenen Feststellungen des Berufungsgerichts mit den Worten: „Dabei fällt ausschlaggebend ins Gewicht, daß die Eheleute P. über keinen der angebotenen Wagen einen Kraftfahrzeugbrief vorlegen konnten."[416] Ausgangspunkt der Beurteilung war der Grundsatz, daß der Erwerber eines Kraftfahrzeugs in der Regel grob fahrlässig handelt, wenn er sich von dem Veräußerer den Kfz-Brief nicht vorlegen läßt.[417] In diesem Zusammenhang hatten die Beklagten zu ihrer Verteidigung vorgetragen, daß ein Vertreter der Firma R., ein seriöser Autohändler, die Eheleute P. als absolut zuverlässig bezeichnet hatte. Dementsprechend war die in jenem Fall schriftlich abgegebene Erklärung und durch schriftliche Erklärung bestätigte Versicherung, daß die Fahrzeuge bezahlt und unbestrittenes Eigentum der Verkäuferin waren, als glaubwürdig erschienen. Insbesondere seien Rückfragen im Handel nicht üblich und in diesem Fall schon deshalb nicht angezeigt gewesen, weil sonst der Geschäftszweck (grauer Export) in Frage gestellt worden wäre. Auch hätten Rückfragen nichts zur Aufklärung der Eigentumsverhältnisse beitragen können. Das Fehlen der Kfz-Briefe war deswegen nicht verdächtig erschienen, weil die Eheleute P. erklärt hatten, daß die Briefe aus den bekannten Gründen (Schutzmaßnahmen gegen den grauen Export) bei der Lieferfirma zurückgehalten worden waren. Darüber hinaus hätten sie schon deshalb keinen Verdacht geschöpft, weil die Vertragshändler auch sonst auf Weisung des Volkswagenwerks versucht hätten, durch vorläufige Einbehaltung der Briefe der Gefahr einer Weiterveräußerung der Wagen zum grauen Export entgegenzutreten.

Diesen Argumenten ist der BGH entgegengetreten.[418] Die Berufung auf eine gängige Praxis könne nicht „mit der Wirkung rechtlich anerkannt werden (...), daß der Kfz-Brief seiner vom Gesetzgeber gewollten Schutzfunktion zugunsten des Eigentümers beraubt werde. Nur bei ganz besonderen Umständen, die für einen gewissenhaften Kaufmann an der Berechtigung des Verkäufers keinen Zweifel ließen, könne eine grobe Fahrlässigkeit des Erwerbers verneint werden. Als solchen besonderen Umstand wollen die Beklagten die Anweisung des Volkswagenwerks an seine Vertragshändler werten, bei exportverdächtigen Kunden die Kraftfahrzeugbriefe vorerst zurückzuhalten."[419] Weiter stellte der BGH klar, daß sich der Erwerber mit solchen Erklärungen und einer vom Veräußerer abgegebenen Versicherung, daß die Wagen unbestrittenes Eigentum und bezahlt seien nur dann zufriedengeben dürfe, wenn keine Bedenken an der

---

[416] BGH WM 1963, 1253, (1254).
[417] Unter Bezug auf BGH WM 1959, 138.
[418] Unter Bestätigung von BGH WM 1959, 138. Urteil besprochen ab S. 101.
[419] BGH WM 1963, 1253, (1254).

Richtigkeit dieser Aussagen bestünden. Allerdings könnten zweifelhafte Geschäftspraktiken nicht zur Basis eines gutgläubigen Erwerbs gemacht werden. Der Erwerber handele auf eigenes Risiko, wenn er an der Berechtigung des Veräußerers hätte zweifeln müssen. Denn auch die „Praktiken des grauen Marktes dürfen keineswegs dazu führen, daß auf diesem Markt die Schutzfunktion des Kraftfahrzeugbriefes zugunsten des Eigentümers im Ergebnis entfällt."[420] Es kam somit darauf an, ob nach Würdigung der übrigen Einzelumstände ein Vertrauen des Zweitbeklagten in eine Verfügungsbefugnis der Frau P. gerechtfertigt gewesen war. Der VI. Senat vertrat die Auffassung, daß gerade nach den vom Berufungsgericht gewürdigten Umständen ein Vertrauen auf eine etwa bestehende Verfügungsbefugnis trotz des fehlenden Kfz-Briefs nicht gerechtfertigt sei: „Frau P. betrieb nach den Kaufverträgen eine Autovermietung, längere Geschäftsbeziehungen zwischen ihr und den Beklagten hatten noch nicht bestanden. Eine Erkundigung nach der Lieferfirma der Volkswagen, die offenkundig ganz kurz vorher von einem Vertragshändler des Volkswagenwerkes erworben worden waren, ist unterblieben. Unterlagen über den Ankauf der Fahrzeuge und ihre Finanzierung hat sich der Zweitbeklagte nicht vorlegen lassen. In den Kaufverträgen blieb die Spalte, in die die Nummer der Kraftfahrzeugbriefe eingetragen werden sollte, unausgefüllt. Ein branchenkundiger Käufer, der die Gepflogenheiten des Kraftfahrzeughandels kannte, mußte damit rechnen, daß noch ein Eigentumsvorbehalt der Lieferfirma an den Wagen bestand. Es lag keineswegs fern, daß eben hierauf die Nichtvorlage der Kraftfahrzeugbriefe zurückzuführen war."[421]

Damit war klargestellt, daß die äußeren Umstände dieses Falles erheblichen Anlaß zu Zweifeln gaben, so daß Nachforschungspflichten zur Erhaltung des guten Glaubens bestanden. Hinzu kamen in jenem Fall auch Wertungen des subjektiven Erwerbstatbestandes. „Wie das Berufungsgericht festgestellt [hat], sind dem Zweitbeklagten auch Bedenken in dieser Richtung gekommen. Zu ihrer Ausräumung war aber die Erklärung der Käuferin ebenso wenig geeignet wie das Leumundszeugnis des C., an dessen Firma die Beklagte die Wagen weiterveräußerte und der an der Gründung der Erstbeklagten zum Zwecke des grauen Exports beteiligt war. Hätte sich der Zweitbeklagte die Unterlagen über den Ankauf der Volkswagen von den Eheleuten P. geben lassen oder hätte er jene näheren Erkundigungen angestellt, die ihm das Berufungsgericht mit Recht zumutet, so wäre wenigstens mit einiger Wahrscheinlichkeit offenbar geworden, daß Frau P. nicht Eigentümerin der Wagen war."[422]

Aufgrund dieser Feststellungen kam der VI. Senat zu dem Ergebnis, daß ein gutgläubiger Erwerb wegen der unterlassenen Nachforschungen über die Eigentumsverhältnisse weder nach § 932 BGB, noch nach § 366 HGB zu rechtfertigen

[420] BGH WM 1963, 1253, (1254).
[421] BGH WM 1963, 1253, (1254).
[422] BGH WM 1963, 1253, (1254).

war. Damit unterscheidet sich dieses Urteil zwar im Ergebnis von den vorangegangenen, was sich aber dadurch erklären läßt, daß es sich in diesem Fall bei dem Erwerber erstmalig um einen Kfz-Händler handelte. Verständlicherweise wird an diese Personengruppe ein strengerer Beurteilungsmaßstab angelegt, als es bei Privatpersonen der Fall sein muß. Der Senat verlangte dementsprechend die Sorgfalt eines gewissenhaften Kaufmanns. Einem Käufer werden damit die Kenntnisse der Gepflogenheiten seiner Branche zugerechnet.

d) In dem folgenden Fall des Jahres 1965 wurde, wie im vorbesprochenen Fall, einer Bank ein Kfz zur Sicherheit übereignet. Wie in der vorbesprochenen Entscheidung wurde ein gutgläubiger Erwerb, diesmal aber entgegen der Ansicht des Berufungsgerichts, verneint. Problematisch war hier ebenfalls ein Interessenkonflikt zwischen der Sicherungsnehmerin und einem Käufer des Sicherungsgebers. In diesem Urteil des VIII. Zivilsenats vom 27.1.1965 (VIII ZR 62/63)[423] hatte sich folgendes ereignet:

Der Kraftfahrzeughändler K. stand in laufenden Geschäftsbeziehungen zur klagenden Bank. Diese räumte ihm größere Kredite ein, zu deren Sicherung K. ihr regelmäßig gebrauchte Kraftfahrzeuge übereignete, die zum Verkauf bestimmt waren. Dabei übergab er der Klägerin die Kraftfahrzeugbriefe, behielt aber die Fahrzeuge (mit den sonstigen Papieren und den Schlüsseln) in seinem Besitz, um sie Kunden vorführen zu können. Wenn ein Wagen verkauft wurde, gab die Bank, jeweils auf Anforderung, die Kraftfahrzeugbriefe an den jeweiligen Erwerber heraus.

Der Beklagte erwarb nacheinander mehrere Wagen von K., u.a. einen gebrauchten Mercedes 220 SE. Dieses Fahrzeug wurden von K. zugelassen, versteuert und versichert. Daraufhin übergab K. das Fahrzeug inklusive Schlüssel und Kraftfahrzeugschein. Auf dem Kfz-Schein wurde von dem Stadt- und Polizeiamt vermerkt, daß das Fahrzeug in den Besitz von K. übergegangen ist.

Hinsichtlich des Briefs wurde der Beklagte mit dem Hinweis hingehalten, dieser sei noch „bei der Bank“. Er sollte ihn wenige Tage nach dem Kauf abholen. Nachdem der Beklagte weitere Male vertröstet wurde, brach das Unternehmen des K. zusammen.

Die klagende Bank verlangte Herausgabe des Wagens von dem beklagten Erwerber. Das Landgericht hat der Klage stattgegeben. Das Berufungsgericht war gegenteiliger Auffassung. Die Revision der Bank war erfolgreich.

Der erkennende Senat hielt die Gründe, die das Berufungsgericht zur Grundlage für den gutgläubigen Erwerb des Beklagten gemacht hatte, für untauglich. Es hatte angenommen, daß die Tatsachen, daß das Fahrzeug zum einen zugelassen, versteuert und versichert war, und zum anderen mit Wissen und Willen des Klägers Kaufinteressenten angeboten und ihnen vorgefahren wurde, ausreichen würde, einen guten Glauben des Beklagten i.S.d. § 366 HGB an eine Verfü-

[423] BGH NJW 1965, 687 = LM HGB § 366, Nr. 12 = JZ 1965, 219.

gungsbefugnis, zu rechtfertigen. Daß das Fahrzeug nicht entwendet worden war, hätte der Beklagte aus dem Eintrag im Kfz-Schein ersehen können.[424]

Dagegen führte der VIII. Senat des BGH an: „Daß die Klägerin als Kreditgeberin K's daran interessiert war, daß dieser die Wagen auch umsetzte und daran verdiente, versteht sich von selbst. Eine andere Frage aber ist, ob sie K freie Hand ließ oder an dem einzelnen Veräußerungsgeschäft durch das Erfordernis ihrer Zustimmung beteiligt werden wollte, um sicherzustellen, daß sie entweder den Erlös in Anrechnung auf den Kredit oder aber an Stelle des verkauften Fahrzeugs ein anderes als Sicherheit erhielt. Daß sie den Kraftfahrzeugbrief in der Hand behielt, sprach gerade dafür, daß sie K bei dem Verkauf nicht völlig freie Hand lassen wollte (...)".[425] Damit konnte der Beklagte nach Ansicht des BGH jedenfalls nicht davon ausgehen, daß es sich um eine Veräußerung im Rahmen eines ordentlichen Geschäftsgangs handelte. Diesen Vorwurf untermauerte der Senat durch die Feststellung, daß K gewußt habe, daß sich der Brief noch bei einer Bank befand. Daraus hätte der Beklagte den deutlichen Hinweis ableiten müssen, daß diese noch Rechte an dem Fahrzeug hatte.

Der Senat sah es für die Beurteilung des guten Glaubens als unerheblich an, daß die Besitzerlangung des K in den Kfz-Schein eingetragen wurde. Denn dieser Besitzerwerb könne „nicht die wegen des Fehlens des Briefs sich aufdrängende Vermutung, daß (...) [K] jedenfalls im Zeitpunkt der Veräußerung (...) nicht befugt war, allein über das Fahrzeug zu verfügen, [entkräften]."[426]

Im Übrigen wurde klargestellt, daß kein Indiz für eine Verfügungsbefugnis darin zu sehen sei, wenn der Veräußerer das Fahrzeug, auch für eigene Zwecke, genutzt habe.

In diesem Urteil findet sich auch der Grundsatz wieder, daß sich der Erwerber auf eine gängige Praxis dann nicht verlassen kann, wenn aus ihr nicht eindeutig auf eine Befugnis des Veräußerers im Einzelfall geschlossen werden kann.[427] Der Beklagte hatte darauf verwiesen, er hätte ein halbes Jahr vorher bereits ein anderes Fahrzeug unter gleichen Umständen von K erworben. Dort wäre ihm der Brief kurze Zeit später anstandslos nachgeliefert worden. Der Senat legte, in Konsequenz seiner ständigen Rechtsprechung, das mit einem solchen Vorgehen verbundene Risiko dem Erwerber auf. Der Senat führte aus: „Die Tatsache, daß das mit einem solchen Geschäft verbundene Risiko das eine Mal nicht aktuell geworden war, rechtfertige für den Beklagten nicht die Erwartung, auch der Erwerb des Mercedes, dessen Brief K. ebenfalls nicht vorlegen konnte, werde in Ordnung gehen."[428]

---

[424] BGH NJW 1965, 687.
[425] BGH NJW 1965, 687.
[426] BGH NJW 1965, 687.
[427] BGH NJW 1965, 687.
[428] BGH NJW 1965, 687.

Den Einwand des Beklagten, er sei in Rechtssachen völlig unerfahren und habe deshalb nicht gewußt, daß in der Regel davon auszugehen sei, daß das Fehlen des Briefs grundsätzlich gegen die Berechtigung des Veräußerers spreche, lehnte der Senat ab. Nach Auffassung des Senats ist für die Beurteilung der groben Fahrlässigkeit i.S.d. §§ 932 BGB, 366 HGB entscheidend, daß der Erwerber die im Verkehr erforderliche Sorgfalt in besonders grober Weise außer acht gelassen hat. Dementsprechend ist notwendige Bedingung für einen Erwerb kraft guten Glaubens, sich darüber zu unterrichten, „daß in Deutschland zu einem Kraftfahrzeug ein Kraftfahrzeugbrief gehört, und daß dessen Fehlen grundsätzlich dafür spricht, daß der Veräußerer nicht verfügungsberechtigt ist. Unkenntnis dessen, was der Verkehr erfordert, entschuldigt im Zivilrecht nicht.“[429]

Der BGH sah es demnach als entscheidend an, daß sich der Erwerber eines Kraftfahrzeugs, zur Erhaltung des guten Glaubens, den Kfz-Brief vorlegen lassen mußte. Als zwingend wurde die Briefvorlage insbesondere dann angesehen, wenn der Erwerber im Einzelfall keinerlei sonstige Erkenntnisse gewonnen hatte, aus denen geschlossen werden konnte, daß der Veräußerer in irgendeiner Weise zur Veräußerung berechtigt gewesen war. Das Fehlen des Briefs war überhaupt nur dann zu rechtfertigen, wenn er nicht zu Sicherungszwecken, sondern aus anderem Grunde einbehalten wurde.[430]

Damit wurde in diesem Fall, im Gegensatz zu dem oben besprochenen[431] Urteil des IV. Senats, klargestellt, daß bei Kenntnis des Erwerbers, daß der Kfz-Brief noch als Sicherheit für ein Darlehen hinterlegt war, ein gutgläubiger Erwerb schon aus diesem Grunde nicht in Frage kam.

e) In einem weiteren Fall,[432] der etwa zwei Jahre später entschieden wurde, erwarb eine Privatperson ein Kraftfahrzeug wiederum ohne Vorlage eines Kfz-Briefs. Dieser befand sich wie schon in den vorangegangenen Urteilen wegen Sicherungsübereignung bei einer Bank. Auch in diesem Fall sah sich der BGH aufgrund der Umstände nicht in der Lage, einen gutgläubigen Erwerb ohne Vorlage des Briefs zu rechtfertigen.

Damit lässt sich feststellen, daß die Fälle, in denen ein Kfz-Kauf ohne Übergabe eines Briefs stattgefunden hat, durchweg gemeinsam haben, daß es sich ausschließlich um Sicherungseigentümer handelte, deren Interessen gegen die des Erwerbers abzuwägen waren. Allerdings ging der BGH auf diesen Umstand nicht näher ein. Lediglich im ersten Fall nahm der BGH gutgläubigen Erwerb an. Dort hatte eine Privatperson von einem Kaufmann erworben. Im zweiten Fall blieb die Entscheidung hinsichtlich des guten Glaubens des Erwerbers of-

---

429 BGH NJW 1965, 687.

430 BGH NJW 1965, 687, (688).

431 BGH WM 1956, 158; siehe oben S. 90 ff.

432 BGHZ 47, 207, (Urteil vom 20.02.1967; III ZR 134/65)=NJW 1967, 1022=MDR 1967, 569=BB 1967, 516= WM 1967, 448.

fen. Hätte es sich im ersten behandelten Fall[433] bei dem Erwerber um einen Kfz-Händler gehandelt, so ergibt der Vergleich mit der übrigen Rechtsprechung dieser Fallgruppe, daß in jener Fallkonstellation wohl weitere Nachforschungen über die Eigentumsverhältnisse notwendig gewesen wären. Im zweiten Fall[434] ließ der BGH die Entscheidung offen, freilich ohne auf den Umstand eingegangen zu sein, daß der Erwerber Kenntnis davon hatte, daß sich der Brief zur Sicherheit für ein - nach Angaben des Veräußerers kleines - Darlehen noch bei einer Bank befand.

In den folgenden zwei Fällen handelte es sich bei den Erwerbern um Kfz-Händler. Gutgläubiger Erwerb wurde in diesen Fällen nicht angenommen. Der BGH machte anhand seiner Beurteilung der das Erwerbsgeschäft begleitenden Umstände deutlich, daß ein Kfz-Händler erhöhte Prüfungspflichten hinsichtlich der Eigentumsverhältnisse hat. Diese strengere Beurteilung der besonderen Umstände erklärt sich insbesondere dadurch, daß von einem Händler erwartet wird, daß er die Bedeutung des Kfz-Briefs im Kraftfahrzeughandel kennt.[435] Auch in der Beurteilung der besonderen Umstände erwartet die Rechtsprechung von einem Kfz-Händler, daß dieser weiß, daß es zweifelhaft erscheint, wenn eine Autovermietung Fahrzeuge verkauft oder daß Kraftfahrzeuge in der Regel unter Eigentumsvorbehalt erworben werden.[436]

Das entledigt allerdings eine Privatperson nicht aller Pflichten. Hat eine Privatperson, aufgrund der Umstände, Grund an der Berechtigung des Veräußerers zu Zweifeln, so bestehen Nachforschungspflichten. So beurteilte der BGH den letzten Fall – den Kauf eines Kfz durch eine Privatperson – nicht anders als die zuvor behandelten. Er nahm gutgläubigen Erwerb nicht an. Der Erwerber hatte sich ohne Grund den Brief nicht vorlegen lassen, so daß ein anderes Ergebnis nicht zu erwarten war.

C. Kraftfahrzeugverkauf ins Ausland ohne Übergabe des Briefs

f) Soll ein Fahrzeug ins Ausland verbracht werden, dann besteht die Besonderheit, daß der Kfz-Brief nicht „mitexportiert“, sondern daß dieser zur Entwertung dem Verkehrsamt übergeben wird.[437] Die Frage ist, wie derjenige zu behandeln ist, der für einen nichtberechtigten Dritten den Export eines Kfz durchgeführt hat. In dem Urteil des VI. Senats vom 14.02.1967 (VI ZR 140/65)[438] war eine solche Problematik zu beurteilen. Diesem lag folgender Sachverhalt zugrunde:

Der Vertreter S. kaufte einen neuen Skoda, der von der Sparkasse R. finanziert wurde. Zur Sicherheit ließ sich die R. das Eigentum an dem Wagen über-

433 siehe Seite 88 ff.
434 siehe Seite 90 ff.
435 Barheine, S. 23.
436 BGH WM 1963, 1253, (1254).
437 BGH NJW 1996, 2226, (2227); Reinking/Eggert, Rn. 1517.
438 BGH WM 1967, 562.

tragen und sich den Brief aushändigen. Die Finanzierung wurde durch den Kläger vermittelt, einem Filialleiter der X.-Versicherung. Mit R. bestand eine Vereinbarung, daß im Falle der Tilgung der Verbindlichkeit durch den Kläger das Sicherungseigentum auf diesen übergeht, denn der Kläger hatte für dieses Geschäft als „Händlerfirma" gebürgt. S. zahlte jedoch auf die Darlehnsschuld nichts zurück, so daß der Betrag durch den Kläger beglichen wurde. Daraufhin wurde dem Kläger bestimmungsgemäß das Sicherungseigentum übertragen und der Brief übergeben.

Zwischenzeitlich veräußerte S. den Skoda unter Mitwirkung der Beklagten an die niederländische Autohändlerfirma N., die den Wagen ihrerseits weiterveräußerte. Die Beklagte wurde durch ihren Geschäftsführer F. vertreten, der dieses Geschäft, ohne den Brief je gesehen zu haben, durchgeführt hatte. Nach Angaben des Klägers hatte F. den S. nach dem Brief gefragt. Dieser habe geantwortet, daß er den Brief nicht besitze. Darauf entgegnete F. schließlich, daß er auf den Brief keinen Wert lege, da dieser ohnehin für die Ausfuhr nicht erforderlich sei. Die Beklagte verteidigte sich mit den Argumenten, daß F. den S. nicht nach dem Brief gefragt und F. deshalb auch nicht erfahren habe, daß dieser den Brief nicht besitze. Vielmehr solle F. dem S. zu verstehen gegeben haben, daß er den Brief beim zuständigen Verkehrsamt entwerten lassen könne, was im Exportgeschäft üblich sei.

Der Kläger verlangte nach diesen Geschehnissen von der Beklagten gemäß den §§ 989, 990 BGB Schadensersatz. Die Vorinstanzen gaben der Klage dem Grunde nach statt. Die Revision hatte dagegen keinen Erfolg.

Streitig unter den Parteien war zunächst, ob die Beklagte überhaupt Eigentum an dem Wagen erlangen sollte. Der Kläger hatte behauptet, die Beklagte habe durch F. das Fahrzeug von S. gekauft und mangels guten Glaubens kein Eigentum erlangt. Er hatte hinsichtlich des guten Glaubens die Auffassung vertreten, daß F. einerseits durch den niedrigen Kaufpreis und andererseits durch das Fehlen des Briefs hätte Verdacht schöpfen müssen, daß der Wagen nicht redlich erworben worden war.

Angeführt hatte die Beklagte hingegen, daß S. unmittelbar das Geschäft mit der Firma N. ausgehandelt und sie das zwischen jenen verabredete Geschäft auf deren Bitte hin nur „ausfuhrtechnisch" abgewickelt habe.

Der Senat ließ es dahingestellt sein, ob die Beklagte das Fahrzeug zum Zwecke der Eigentumsübertragung erlangte um es weiter zu veräußern, oder ob sie lediglich Hilfe in der Abwicklung des Geschäfts leistete. Der Senat beurteilte das Verhalten der Beklagten jedenfalls als grob fahrlässig, so daß er einen Schadensersatzanspruch entweder aus § 823 oder aus den §§ 989, 990 BGB als gegeben ansah.[439]

---

[439] Vgl. BGH WM 1956, 884.

Der BGH sah es als grob fahrlässig an, daß sich F. weder den Kfz-Brief hatte vorlegen lassen noch weitere Erkundigungen über den Verbleib desselben verlangte. Als leichtfertig beurteilte der Senat auch, daß F. darauf vertraute, daß der niederländische Käufer die Eigentumsverhältnisse schon ausreichend prüfen werde. Jedenfalls „durfte (...) [die Beklagte] sich auf das Geschäft keineswegs einlassen, wenn nach den Umständen die Befürchtung sehr nahelag, daß der Wagen noch im Vorbehaltseigentum des Verkäufers stand, oder daß er einem Kreditinstitut zur Sicherheit übereignet war."[440] Aufgrund dieser Umstände bestätigte der BGH die Auffassung des Berufungsgerichts, in jenem Fall erhöhte Prüfungspflichten zu verlangen, „wenn der Käufer des Wagens – wie im vorliegenden Fall – die Person des Verkäufers nicht näher kennt und zudem weiß, daß der Wagen ins Ausland gebracht werden soll."[441] Ließ sich F. in einem solchen Fall den Kfz-Brief nicht zeigen ohne wenigstens Aufklärung darüber zu verlangen, wo sich der Brief befand, so konnte das nach Auffassung des Senats nur als grob fahrlässig angesehen werden.[442]

Der Senat führte aus: „Dem Geschäftsführer wäre im übrigen auch dann der Vorwurf grober Fahrlässigkeit zu machen, wenn er persönlich des Glaubens gewesen wäre, die von ihm vertretene Beklagte sei nicht Käuferin des Wagens im Rechtssinne. Schaltete sich die Beklagte in der geschehenen Weise in die ins Ausland führenden Geschäftsbeziehungen über den Wagen ein, so mußte sie sich um die Vorlage des Kraftfahrzeugbriefes kümmern und naheliegenden Zweifeln nachgehen, ob der deutsche Verkäufer Eigentümer des Wagens war."[443]

Damit gelten im Fall des Exportes keine anderen Voraussetzungen an den gutgläubigen Erwerb des zu exportierenden Kraftfahrzeugs als im inländischen Handel. Der Erwerber hat insbesondere dann, wenn er zum einen seinen Veräußerer nicht näher kennt und zum anderen weiß, daß das Fahrzeug ins Ausland verbracht werden soll, erhöhte Prüfungspflichten. Insbesondere muß sich der Erwerber den Brief vorlegen lassen, will er sich nicht dem Vorwurf grob fahrlässigen Verhaltens vorwerfen lassen.

D. Kfz-Kauf mit Übergabe einer Bescheinigung des Straßenverkehrsamts

g) In einem anderen Fall war es so, daß sich der Erwerber beim Kauf eines Gebrauchtwagens keinen Brief, sondern lediglich eine Bescheinigung des Straßenverkehrsamtes vorlegen ließ, die besagte, daß ein neuer Brief nach dem Aufgebotsverfahren ausgestellt werden sollte. Eine solche Konstellation kann sich dann ergeben, wenn dem Veräußerer der Brief abhanden gekommen war. Der

---

440 BGH WM 1967, 562, (563).
441 BGH WM 1967, 562, (563).
442 Unter Bezug auf BGH WM 1959, 138; siehe dazu auch den folgenden Fall.
443 BGH WM 1967, 562, (563).

BGH entschied einen solchen Fall mit Urteil vom: 02.12.1958 (VIII ZR 212/57)[444], in dem Erwerber und Veräußerer Kfz-Händler waren.

Der Kläger, - eine Privatperson - hatte bei der Firma K. einen neuen Mercedes 180 gekauft und das Fahrzeug mit einem Scheck bezahlt. Seinen alten Mercedes 220 wollte er durch die Firma K. verkaufen lassen, was dann auch am 30. Dezember 1953 durch Kaufvertrag mit der Beklagten - einer Gebrauchtwagenhändlerin - geschah. Einen Kraftfahrzeugbrief ließ sich die Beklagte beim Kauf nicht vorlegen. Der Pkw verblieb zunächst noch beim Kläger, bis er gegen Ende Dezember 1953 durch die Firma K. abgeholt wurde. Dabei war streitig, ob dieses gegen den Willen des Klägers geschah sowie ob dieser gegebenenfalls die Abholung nachträglich genehmigte. Am 04. Januar 1954 schrieb der Kläger der Firma K., der Kraftfahrzeugbrief für seinen Mercedes 220 sei ihm anscheinend verlorengegangen. Der Wagen befinde sich seit der Zulassung in seinem Besitz; Rechte Dritter am Fahrzeug bestünden nicht, so daß keine Veranlassung gegeben sei, den Brief als Sicherheit an irgendeiner Stelle zu hinterlegen. Er bat darum, daß sich die Firma K. einen neuen Kfz-Brief auf seinen Namen ausstellen lassen solle.

Die Firma K. wendete sich daraufhin am 06. Januar 1954 an die Zulassungsstelle mit der Bitte um Neuausstellung eines Briefs mit der Begründung, sie habe das besagte Kfz in Zahlung genommen und bereits weiterverkauft. Die Firma K. erhielt dann eine Bescheinigung mit dem Inhalt, daß das Aufgebotsverfahren für den in Verlust geratenen Kraftfahrzeugbrief in die Wege geleitet worden sei. Nach erfolgter Aufbietung werde ihr der Ersatzkraftfahrzeugbrief übersandt. Diese Bescheinigung wurde der Beklagten am 08. Januar mitsamt dem Fahrzeug übergeben.

Am 09. Januar stellte die Firma K. ihre Zahlungen ein. Über ihr Vermögen wurde später das Konkursverfahren eröffnet. Am 11. Januar verlangte der Kläger zunächst Herausgabe des Mercedes 220, weil das Fahrzeug der Beklagten gegen seinen Willen übergeben worden sei. Die Beklagte lehnte die Herausgabe unter Berufung auf gutgläubigen Erwerb ab. Sie veräußerte das Fahrzeug daraufhin weiter ins Ausland. Die dazu erforderlichen Papiere erhielt sie auf Grund der Bescheinigung des Straßenverkehrsamtes.

Mit der Klagte verlangte der Kläger Schadensersatz wegen verschuldeter Unmöglichkeit der Herausgabe. Die Beklagte berief sich, zumindest im Rahmen des § 366 HGB auf gutgläubigen Erwerb. Das Landgericht hat die Klage abgewiesen. Das Oberlandesgericht hat ihr dem Grunde nach stattgegeben. Die Revision der Beklagten war erfolglos.

In diesem Fall stellte der VIII. Zivilsenat zunächst, in Bestätigung seiner ständigen Rechtsprechung, klar, daß „aber für den Handel jedenfalls mit gebrauchten Kraftwagen die Vorlage und Übergabe des Kraftfahrzeugbriefes bei Übereig-

[444] BGH WM 1959, 138 = LM BGB § 932, Nr. 12 = MDR 1959, 207=DAR 1959, 73.

nungen von erheblicher Bedeutung ist und daß in der Regel jeder grob fahrlässig handelt, der sich beim Kauf eines (...) Wagens den Brief nicht mit übergeben läßt (...).[445]

Zu erörtern war, wie in dem Fall des Abhandenkommens des Kfz-Briefs beim Berechtigten zu verfahren sei und ob, in diesem Zusammenhang, die Bescheinigung des Straßenverkehrsamtes die Übergabe oder Vorlage des Kfz-Briefs ersetzen könne.

Die Revision hatte zu ihrer Verteidigung angeführt, daß es im regulären Kraftfahrzeughandel nichts ungewöhnliches sei, daß angesehene Firmen untereinander nicht sofort den Kfz-Brief übergeben würden.[446] Dazu nahm der Senat wie folgt Stellung: „Zutreffend hat [das Berufungsgericht] ausgeführt, [daß] eine leichtsinnige Handlungsweise [nicht] dadurch ihren Charakter [verliert], daß sie von einer Vielzahl von Personen oder ganz allgemein in einem bestimmten Geschäftszweige geübt werde, nachdem der Gesetzgeber auf dem Gebiete des Kraftfahrzeughandels nun einmal durch die Einführung des Kraftfahrzeugbriefes die Möglichkeit geschaffen habe, sich gegen die Folgen eines Erwerbs vom Nichtberechtigten zu schützen, handle jeder Händler auf eigene Gefahr, der von dieser Möglichkeit keinen Gebrauch mache; es sei denn, die Umstände seien ausnahmsweise so gelagert, daß auch der vorsichtigste Geschäftsmann keinen Zweifel an der Berechtigung seines Veräußerers zu haben brauche. Im übrigen dürfe auch die großzügige Handhabung einer bestimmten Gruppe von Geschäftsleuten nicht dazu führen, daß der Kraftfahrzeugbrief seiner vom Gesetzgeber gewollten Schutzfunktion zu Gunsten des Kraftfahrzeugeigentümers beraubt werde. (...) [Dementsprechend sind] schlechte Gewohnheiten des Handels bei der Frage des guten Glaubens nicht zu beachten (...).“[447]

Damit stellte der BGH zutreffend klar, daß in den Fällen gutgläubigen Erwerbs langjährige Übung nicht zum Gewohnheitsrecht werden kann, insbesondere wenn sie zu einer ungerechtfertigten Benachteiligung des Eigentümers führt. Schlechte Gewohnheiten können dementsprechend nicht entlastend berücksichtigt werden.[448] Vielmehr ist zu beachten, daß Nachforschungspflichten zur Erhaltung des guten Glaubens zwingend sind, wenn Zweifel an der Berechtigung des Veräußerers bestehen. Die Schutzfunktion des Kfz-Briefs wäre gefährdet, wenn nachlässige Verhaltensweisen zum gutgläubigen Erwerb führen könnten. Ist, wie in diesem Fall, der Kfz-Brief abhanden gekommen, so ist es zwar unmöglich, Einsicht zu nehmen oder gar dessen Übergabe zu verlangen. Der BGH teilte aber in diesem Zusammenhang nicht die Auffassung der Revision, die der Meinung war, daß aus der Nichtexistenz eines Kfz-Briefs dann nichts

445 BGH WM 1959, 138, (139).
446 BGH WM 1959, 138, (140).
447 BGH WM 1959, 138, (140); auch BGH NJW 1996, 2226, (2227).
448 Dazu auch König, S. 130 ff.

hergeleitet werden könne, wenn er dem Eigentümer abhanden gekommen sei.[449] Dazu sagte der BGH: „Der Gesetzgeber hat dafür die Möglichkeit der Ausstellung eines Ersatzkraftfahrzeugbriefes gegeben, die abgewartet werden muß, wenn sich ein Erwerber nicht dem Vorwurf der groben Fahrlässigkeit aussetzen will."[450] Die Übergabe einer Bescheinigung des Straßenverkehrsamtes mit dem Inhalt, daß im Wege des Aufgebotsverfahrens nach erfolgter Aufbietung der Ersatzkraftfahrzeugbrief übersandt werde, reicht in Konsequenz der zuvor genannten Auffassung des BGH nicht aus, den guten Glauben des Erwerbers zu begründen.

Der BGH bestätigte die Feststellung des Berufungsgerichts, daß aus einer solchen Bescheinigung nicht einmal zu ersehen sei, daß sich der darin erwähnte Kfz-Brief auf den übergebenen Wagen bezog. Auch in dem Fall, daß unbestritten wäre, daß die Bescheinigung zu dem umstrittenen Fahrzeug gehörte, ändert nach Auffassung des BGH nichts daran, daß sich der Erwerber bei Übernahme des Wagens leichtfertig auf eine Bescheinigung verlassen hatte, die zu einem beliebigen Wagen hätte gehören können. Das Gericht meinte, dies sei dem Fall gleichzustellen, wenn sich der Erwerber einen falschen Kfz-Brief vorlegen lasse ohne nachzuprüfen, ob er wirklich zu dem übergebenen Fahrzeug gehöre.[451] Der Erwerber könne sich entlastend auch nicht darauf berufen, daß etwa das Amt für Verkehr eine solche Bescheinigung als ausreichend für die Ausstellung einer internationalen Zulassung ansehe, insbesondere wenn diese erst erheblich später nach Übergabe des Wagens ausgestellt wurde. In jenem Fall sei für den Erwerber kein Vertrauenstatbestand für den Zeitpunkt der Übernahme geschaffen worden.[452] Anders könne der Fall dann liegen, wenn die Zulassungsstelle das Fahrzeug zugelassen habe, ohne daß ihr der Kraftfahrzeugbrief vorgelegt wurde. Dann könne der Erwerber nach erfolgter Zulassung in dem Fall, daß keine weiteren verdächtigen Umstände vorlagen, keinen Verdacht schöpfen, weil bestimmungsgemäß eine Zulassung ohne Brief nicht erfolgen dürfe.[453]

Der Senat stellte demnach klar, daß eine Bescheinigung des Straßenverkehrsamtes den Brief nicht ersetzen könne. Der Erwerber muß sich in diesem Falle so verhalten, als hätte er ein Fahrzeug ohne Papiere erworben. Dem Vorwurf der groben Fahrlässigkeit kann er dann nur durch geeignete Nachforschungen entgehen.

---

[449] BGH WM 1959, 138, (140).
[450] BGH WM 1959, 138, (140).
[451] BGH WM 1959, 138, (140).
[452] BGH WM 1959, 138, (141).
[453] BGH BB 1959, 1228 f.

E. Kfz-Kauf mit Übergabe eines gefälschten Briefs

h) Auch das nächste Urteil unterstreicht die Bedeutung des Kfz Briefes. In dem Urteil des VIII. Senats vom 23.05.1966 (VIII ZR 60/64)[454] hatte sich der Erwerber eines Kraftfahrzeugs - ein Kfz-Händler - im Gegensatz zu der Lage in den bisher besprochenen Entscheidungen den Kfz-Brief zusammen mit dem Fahrzeug übergeben lassen. Der Brief war jedoch gefälscht.

In dem Fall hatte der Kläger, der eine Autovermietung betrieb, einen Mercedes 180 a, Baujahr 1957, an W. vermietet, der das Fahrzeug mit Hilfe des Kfz-Händlers L. an den Kfz-Händler B. weiterveräußert hatte. Diesem wurde ein Kfz-Brief übergeben, der ursprünglich zu einem Mercedes 180, Baujahr 1954, gehört hatte. Die Fahrgestellnummer war gefälscht. Verschiedene Angaben in dem Brief waren durch Tuschekleckse und Radierungen unleserlich gemacht worden. B. verkaufte sodann den Wagen weiter an die Beklagte, gleichfalls eine Gebrauchtwagenhändlerin, die durch ihren Einkaufsleiter Z. vertreten wurde. Z. veräußerte den Mercedes zwischenzeitlich weiter.

Der Kläger nahm daraufhin die Beklagte gemäß den §§ 989, 990 BGB auf Schadensersatz in Anspruch. Er trug vor, die Beklagte habe nicht gutgläubig Eigentum an dem Kfz erworben. Zum einen sei der Preis auffallend niedrig gewesen und zum anderen hätte der Beklagten die Fälschungen an dem Brief auffallen müssen. Insbesondere sei für den Mercedes 180 a ein Brief mit insgesamt 11 Seiten und nicht, wie der verfälschte, einer mit nur 7 Seiten ausgegeben worden. Die Beklagte setzte dem entgegen, daß ihr der Wagen zu einem normalen Preis von einer vertrauenswürdigen Firma angeboten worden sei. Die Vorinstanzen haben die Klage abgewiesen. Die Revision des Klägers führte zur Aufhebung und Zurückverweisung.

Oftmals spricht allein die Tatsache dafür, daß der Erwerber Zweifel an den ihm dargestellten Eigentumsverhältnissen hätte haben müssen, wenn sich der Erwerber eines Kraftfahrzeugs den Brief nicht zusammen mit dem Fahrzeug hat übergeben lassen,. Wird mit dem Fahrzeug auch der Brief übergeben, so kommt es in dem Fall, daß der Erwerber Einsicht in den Brief genommen hat, darauf an, ob die Umstände, die das Geschäft begleitet haben, Anlaß zu Zweifeln an der Berechtigung des Veräußerers geben.

Nach Auffassung des VIII. Zivilsenats lagen in diesem Fall Anhaltspunkte vor, die Zweifel an dem Eigentum des Veräußerers hätten wecken müssen. Er hielt es für unverständlich, daß das Berufungsgericht die Tatsache unbeachtet gelassen hatte, daß dem Einkaufsleiter (Z) der Beklagten klar gewesen sei, daß es sich bei dem Fahrzeug um einen Mercedes 180 a gehandelt, der Brief jedoch auf zwei Seiten die Typenbezeichnung 180 enthalten hatte. An diesem auffälligen Umstand sollte sich nach Ansicht des BGH auch dadurch nichts ändern, daß Z. vermutet hatte, daß für die ersten Modelle der Serie 180 a noch die alten Kfz-

---

[454] WM 1966, 678=MDR 1966, 754=LM § 932, Nr. 21=Warn. 1966, Nr. 122. BGH BB 1966, 720.

Briefe der Serie 180 verwendet worden seien. Wäre das der Fall gewesen, so hätten die Formulare durch entsprechende Änderungen dem neuen Modell angepaßt werden müssen.

Als weiteres verdächtiges Merkmal, welches den Beklagten hätte mißtrauisch werden lassen, erachtete der BGH die Tatsache, daß die an dem Brief durchgeführten Radierungen ein Loch verursacht hatten. Wesentlich kam es dem Senat jedoch auf den Umstand an, daß die Leistungsmerkmale, die bei den Modellen 180 und 180 a verschieden gewesen waren, durch Tuschekleckse unkenntlich gemacht worden waren. Darüber hinaus hatten die besagten Tuschekleckse eine andere Farbe als die im Brief verwendete. Der BGH führte aus: „Daß ein Gebrauchtwagenhändler diese Auffälligkeiten ohne grobe Fahrlässigkeit entweder übersehen oder sich mit einer Unachtsamkeit des früheren Briefbesitzers erklären durfte, kann dem Berufungsgericht nicht zugegeben werden. Ersichtlich hat es seine Würdigung insoweit von der Erwägung beeinflussen lassen, daß die Vorlage eines Kraftfahrzeugbriefes mit zutreffender Fahrgestellnummer ohne weiteres genüge, um gutgläubigen Erwerb an einem Gebrauchtfahrzeug zu begründen.“[455]

Daß das Berufungsgericht ferner darauf abgestellt hatte, daß entscheidende Angaben im Brief klein gedruckt gewesen waren, sollte nach Auffassung des Senats hingegen unzulässig sein, weil sämtliche einschlägigen Angaben des Briefs üblicherweise in kleinem Format gedruckt werden würden.

Der Senat stellte im weiteren klar, daß ein Kraftfahrzeughändler, dem die „zahlreichen Unregelmäßigkeiten im Handel mit gebrauchten Kraftfahrzeugen geläufig sind,“[456] im vorliegenden Fall mit nur durchschnittlicher Aufmerksamkeit an der Berechtigung des Veräußerers hätte zweifeln müssen. Die Pflicht hätte bestanden, durch geeignete Erkundigungen, etwa beim Kraftfahrt-Bundesamt, potentiellen Zweifeln Ausdruck zu verleihen. „Dabei ist nicht einzusehen, warum eine auf die Identität der Fahrgestellnummer beschränkte Prüfung wegen des großen Geschäftsumfangs der Beklagten sachgerecht und ausreichend gewesen sein soll, wie das Berufungsgericht meint. Gerade der große Geschäftsumfang und damit gute Geschäftsgang der Beklagten gestattete vielmehr ohne weiteres, bei einem offensichtlichen Zweifelsfalle wie diesem, es auf eine vielleicht zeitraubende Erkundigung ankommen zu lassen, wenn nicht überhaupt auf die Durchführung des Geschäfts von vornherein zu verzichten.“[457]

Der BGH erkannte auch nicht den Umstand als Rechtfertigung guten Glaubens an, daß der Wagen dem Beklagten von einer, diesem als seriös bekannten Firma angeboten wurde. „Denn daß auf unredliche Weise erlangte Gebrauchtfahrzeuge häufig auch über den Gebrauchtwagenhandel wieder abgesetzt wer-

[455] BGH WM 1966, 678.
[456] BGH WM 1966, 678 f.
[457] BGH WM 1966, 678, (679).

den, war zumindest ihm als Fachmann im Kraftfahrzeughandel nicht unbekannt.“[458]

Nicht ins Gewicht fallen konnte zugunsten der Beklagten auch, daß der Kaufpreis entgegen der Behauptung des Klägers der Marktlage angemessen war, denn die Gesamtumstände des Falles ergaben, daß Nachforschungen notwendig waren. Daran konnte, nach Auffassung des Senats, auch die Annahme des Berufungsgerichts nichts mehr ändern, daß der zuständige Bedienstete beim Straßenverkehrsamt in Düsseldorf nicht bemerkt hatte, daß der Brief gefälscht war. Mangelhafte Arbeitsqualität der Kraftfahrzeugzulassungsstelle könne den Beklagten nicht entlasten.[459]

Der Senat verwarf damit das Urteil des Berufungsgerichts. Er hob die Entscheidung auf und verwies sie zurück.

Dieses Urteil läßt deutlich werden, daß nur geeignete Nachforschungen entlastend wirken können. Eine Verteidigung des Erwerbers, daß bestimmte Umstände den Schluß zuließen, der Veräußerer sei Berechtigter, geht dann ins Leere, wenn andere Umstände deutlich gegenteilige Hinweise lieferten.

Die Literatur übte Kritik an diesem Urteil des BGH. Als problematisch wurde die Behauptung des BGH angesehen, daß einem Kfz-Händler die Unregelmäßigkeiten im Gebrauchtwagenhandel geläufig sein müßten, bei deren Vorliegen Zweifel an der Berechtigung des Veräußerers geboten sein sollten.[460] Reinking/Eggert sind der Auffassung, daß es sich hierbei um ein Klischee handele, „das sich allen Veränderungen zum trotz in der Rechtsprechung für immer festgefressen zu haben scheint (...).“[461] Diese Kritik erscheint allerdings wenig aussagefähig. Denn die Durchsicht der Rechtsprechung zu den Gebrauchtwagenfällen zeigt deutlich, daß eine gewisse Regelmäßigkeit unlauterer Machenschaften im Handel mit Gebrauchtfahrzeugen nicht zu übersehen ist.

Aus alledem folgt, daß der Erwerber auch dann Zweifel an den Eigentumsverhältnissen haben muß, wenn der Verdacht besteht, daß der Brief gefälscht ist.

F. *Kfz-Kauf mit Übergabe des Briefs ohne Personenidentität*

In einem weiteren Fall musste der BGH entscheiden, wie es sich auf den gutgläubigen Erwerb auswirkt, wenn sich der Erwerber den Kfz-Brief zwar hatte übergeben lassen, der Veräußerer aber nicht als Halter eingetragen war.

Diese Konstellation ist für sich genommen dann nicht ungewöhnlich, wenn es sich bei dem Veräußerer um einen Händler handelt. In solchen Fällen werden Kraftfahrzeuggeschäfte oftmals als Kommissions- oder Agenturgeschäfte abgewickelt. Daß in dem Kfz-Brief auf einen Händlereintrag oft verzichtet wird, erklärt sich damit, daß sich solche Zwischeneintragungen in der Regel wertmin-

---

[458] BGH WM 1966, 678, (679).
[459] BGH WM 1966, 678, (679).
[460] BGH WM 1966, 678, auch BGH WM 1966, 1325; BGH NJW RR 1987, 1456.
[461] Reinking/Eggert, Rn. 1500.

dernd auswirken.[462] Reinking/Eggert sind der Auffassung, daß der Tatsache, daß ein Kfz-Händler nicht in dem Brief eingetragen ist, auch in Verbindung mit anderen Umständen, keine indizielle Bedeutung zukommen könne.[463] Die Rechtsprechung sah das zunächst nicht so deutlich, was der folgende Fall zeigt.

i) In dem Urteil handelte es sich bei der Erwerberin um eine Bank, die sich ein Kfz zur Sicherheit übereignen ließ. Zu klären war insbesondere, welche Prüfungspflicht hinsichtlich der Eigentumsverhältnisse einer Sicherungsnehmerin oblag. In diesem Urteil des VIII. Zivilsenats. (VIII ZR 210/62)[464] vom 09.10.1963 mußte sich der BGH erstmals mit einer solchen Fallgestaltung befassen. Folgendes hatte sich zugetragen:

Der Kläger hatte aus Anlaß eines Kraftfahrzeug-Neukaufs seinen gebrauchten Pkw nebst Kraftfahrzeugbrief der Firma S. zum Verkauf übergeben. Die Firma S. übereignete ihrerseits das Kfz als Sicherheit eines Darlehens der beklagten Bank. Das Kfz verblieb jedoch im unmittelbaren Besitz der Firma S., wobei der Kfz-Brief der Beklagten übergeben wurde. In dem Brief war der Kläger als Halter des Fahrzeugs eingetragen, so daß die Beklagte die Firma S. veranlaßte, durch die Zulassungsstelle einen Händlervermerk eintragen zu lassen, daß das Kfz zum Zwecke des Wiederverkaufs in das Eigentum der S. übergegangen sei. Ein solcher Händlervermerk hat den Zweck, den Erwerber vor der Verfügung eines Nichtberechtigten zu schützen. In dem Brief wird eingetragen, daß der Kfz-Händler ein Fahrzeug zum Zwecke der Weiterveräußerung erworben hat.[465]

Als S. in Zahlungsschwierigkeiten kam, holte die Beklagte das Auto ab und veräußerte es weiter. Der Kläger verlangte daraufhin von der Beklagten gemäß § 985 BGB Herausgabe. Das Landgericht hat die Klage abgewiesen, weil seiner Auffassung nach die Bösgläubigkeit der Beklagten nicht nachgewiesen war. Das Berufungsgericht entsprach dagegen dem Begehren des Klägers. Die Revision gegen das Berufungsurteil hatte keinen Erfolg.

Ein Unterschied zu den oben behandelten Urteilen läßt sich zunächst darin erblicken, daß der reguläre Kfz-Brief bei der Eigentumsübertragung des Pkw mit übergeben wurde. So mußte beurteilt werden, ob es für den guten Glauben des Erwerbers von Sicherungseigentum bedeutsam ist, daß noch der ursprüngliche Eigentümer – der Kläger – als Halter in dem Brief eingetragen war.

Die Revision hatte die Auffassung vertreten, daß es nicht darauf ankomme, ob die Beklagte im Sinne des § 932 Abs. 2 BGB bösgläubig gewesen sei, denn das Berufungsgericht habe verkannt, daß die Firma S. vom Kläger ermächtigt worden sei, das Fahrzeug zu veräußern. Jedenfalls habe die Beklagte dies annehmen können (§ 366 HGB). Diese Rüge hielt der VIII. Senat für unbegründet.

---

[462] Reinking/Eggert, Rn. 1503.
[463] Reinking/Eggert, Rn. 1504.
[464] BGH WM 1963, 1186 = BB 1963, 1278.
[465] Barheine, S. 33.

Er stellte darauf ab, daß von einer Veräußerungsermächtigung gemäß § 185 BGB eine Sicherungsübereignung nicht erfaßt werde. „Die Revision übersieht, daß nach den Feststellungen des Berufungsgerichts der Kläger das Fahrzeug der Firma S. nur zum Verkauf für seine Rechnung übergeben hatte. Damit willigte der Kläger in eine Übereignung nur dann ein (...), wenn dieser ein Verkauf zugrunde lag.“[466] Die Beklagte konnte nach Auffassung des BGH demnach nicht annehmen, daß die Firma S. berechtigt gewesen sei, das Fahrzeug sicherungshalber zu übereignen. Dementsprechend schied gutgläubiger Erwerb gemäß § 366 HGB aus.

Es kam also darauf an, wie der Senat die Umstände dieses Falles, hinsichtlich des guten Glaubens gemäß § 932 BGB, bewerten würde. In diesem Zusammenhang modifizierte er seine oftmals vertretene These, daß der Erwerber eines gebrauchten Kraftfahrzeugs in der Regel dann grob fahrlässig handele, wenn er sich beim Kauf nicht den Brief übergeben ließ.[467] Der BGH führte aus: „Damit sind aber nur die Mindestanforderungen für den gutgläubigen Erwerb festgesetzt. Es wird damit nicht ausgeschlossen, daß der Erwerber, auch wenn der Veräußerer im Besitz des Fahrzeugs und des Briefs ist, gleichwohl (grob fahrlässig) bösgläubig sein kann, wenn besondere Umstände seinen Verdacht erregen mußten und er diese unbeachtet läßt.“[468] Einen solchen Umstand stellte die Tatsache dar, daß durch Einsicht in den Brief ohne weiteres erkennbar war, daß die Firma S. nicht Eigentümerin des Kraftfahrzeugs gewesen ist. Auch konnte der Händlervermerk nichts anderes bewirken, da dieser bei der ersten Vorlage des Briefs noch nicht eingetragen war. Allerdings ist hinzuzufügen, daß ein fehlender Händlervermerk heute keine Bedeutung mehr hat, da dieser (§ 27 Abs 3. S. 3 StVZO a. F.) mit der ÄndVO vom 14.7.1972 abgeschafft wurde.[469]

Einen Rechtsfehler erkannte der BGH auch nicht in der Auffassung des Berufungsgerichts, es sei auffällig gewesen, daß sich die Firma S. den Händlervermerk nicht umgehend besorgt habe. Das habe Hinweis darauf sein können, daß das Fahrzeug eben nur zum Zwecke des kommissionsweisen Verkaufs übergeben worden war. Auch sei die Ansicht des Berufungsgerichts rechtsfehlerfrei, daß es habe Zweifel erzeugen müssen, daß die Firma S. bei der Beklagten eine größere Anzahl von Fahrzeugen hatte beleihen lassen. Aufgrund dieses Umstands habe auf die angespannte finanzielle Lage geschlossen werden können. Es habe für die Beklagte Anlaß zu erhöhter Sorgfalt sein müssen, als die Beklagte im Hinblick auf den bevorstehenden Zusammenbruch der Firma S. den Wagen dort abgeholt hatte.

---

[466] BGH WM 1963, 1186.
[467] BGH WM 1963, 1186; siehe dazu auch BGH LM BGB § 932 Nr. 17.
[468] BGH WM 1963, 1186.
[469] Jagusch/Hentschel § 27 StVZO Rn. 6.

Auch bestätigte der BGH den vom Berufungsgericht festgestellten Erfahrungssatz, der durch das Revisionsgericht grundsätzlich überprüfbar ist,[470] daß ein Händler gebrauchte Fahrzeuge häufig nicht zu Eigentum erwerbe, sondern nur zum kommissionsweisen Verkauf erhalte. „Da der Händler solche Fahrzeuge nicht beleihen, sondern nur (für Rechnung des Eigentümers) verkaufen darf, ist (...) für ein Kreditinstitut eine gewisse Zurückhaltung am Platz, wenn ein Händler ein gebrauchtes Fahrzeug zur Beleihung anbietet."[471]

Ob jeder einzelne Umstand zu Nachforschungspflichten geführt hätte, war für den Senat nicht entscheidend. Vielmehr kam es darauf an, daß die Beklagte „vor all diesen Verdachtsgründen die Augen verschloß, statt einfache Rückfrage beim Kläger [zu halten], der als früherer Eigentümer aus dem Brief ersichtlich war, [und] die Verfügungsbefugnis der Firma S. zu klären."[472]

Der BGH hielt erneut Erkundigungen dann für erforderlich, wenn die Umstände des Erwerbsgeschäfts Zweifel an der Berechtigung des Veräußerers zulassen. Das gilt auch für den gutgläubigen Erwerb von Sicherungseigentum. Demnach ist die Übergabe des Briefs dann keine Rechtfertigung unterlassener Nachforschungen, wenn der Brief den Veräußerer nicht als Halter ausweist und verdachtserregende Umstände hinzukommen. In dem Falle sind zur Erhaltung des guten Glaubens den Umständen entsprechende weitere Nachforschungen anzustellen, so daß Zweifel an der Berechtigung des Veräußerers entweder ausgeräumt werden, oder eben dazu führen, daß der Erwerber von dem Geschäft Abstand nimmt. Insbesondere ist von einem Kreditinstitut die Kenntnis zu erwarten, daß ein Kfz-Händler in der Regel kein Eigentum an gebrauchten Fahrzeugen erwirbt, und daß bekannt ist, daß Kraftfahrzeuge oftmals nicht vollständig bezahlt sind und dementsprechend noch unter Eigentumsvorbehalt des Veräußerers stehen.[473]

j) Noch ein Fall von fehlender Identität wurde in einem Urteil vom 5.2.1975 (VIII ZR 151/73) behandelt.[474] Erwerber war eine Privatperson, Veräußerer ein Kfz-Händler. In jenem Fall hatte sich folgendes ereignet:

Die Firma H. hatte gebrauchte Fahrzeuge angekauft, die sie mit ungedeckten Schecks und später nicht eingelösten Wechseln bezahlte. Diese Kraftfahrzeuge wurden zu einem erheblich unter dem Zeitwert liegenden Preis sofort an Dritte weiterverkauft. Die dafür verantwortlichen Personen wurden später wegen Betrugs verurteilt. Zu den Kunden dieser Firma gehörte auch der Kläger, der sein Fahrzeug der H. unter Eigentumsvorbehalt bis zur vollständigen Zahlung des

---

470 Siehe dazu S. 9 ff.

471 BGH WM 1963, 1186.

472 BGH WM 1963, 1186.

473 Barheine, S. 26 f.

474 BGH NJW 1975, 735=BGH WM 75, 362= BGH MDR 75, 485=BGH BB 75, 624= BGH LM BGB § 932, Nr. 31=BGH LM HGB § 366, Nr. 13=BGH DB 1975, 635=BGH Warn. 1975, Nr. 24=BGH JR 1975, 413=BGH JuS 1975, 464.

Kaufpreises verkauft hatte. Er übergab mit dem Fahrzeug auch den Brief, weil die Käuferin ihn um kurzfristige Überlassung des Briefs zwecks Umschreibung des Fahrzeugs gebeten hatte.

Noch am selben Tag verkaufte H. das Fahrzeug erheblich unter Wert an X. gegen Barzahlung weiter. X. veräußerte seinerseits kurz darauf den Wagen an den Beklagten zu 2. weiter. Den Wagen stellte X. zusammen mit anderen von ihm angebotenen Fahrzeugen auf der Straße vor seiner Wohnung ab. Im Kfz-Brief war stets der Kläger als Halter eingetragen. Erst später wurde der Brief auf den Beklagten zu 1, den Vater des Beklagten zu 2, umgeschrieben.

Der Kläger verlangte von den Beklagten als Gesamtschuldner Herausgabe des Wagens nebst Kfz-Schein und darüber hinaus von dem Beklagten zu 1. die Herausgabe des Briefs. Beide Vorinstanzen haben der Klage stattgegeben. Die Revision hatte keinen Erfolg.

Die Antwort auf die Frage, ob der Beklagte zu 2. Eigentum an dem Wagen erworben hatte, hing davon ab, ob entweder X., oder der Beklagte zu 2. gutgläubig gewesen waren. So stützte der Senat die Ansicht des Berufungsgerichts, daß zunächst X. „die im Verkehr erforderliche Sorgfalt in besonders gravierender Weise deshalb außer acht gelassen [hatte], weil er die erhebliche Differenz zwischen dem listenmäßigen Zeitwert des Wagens und dem Verkaufspreis nicht zum Anlaß weiterer Aufklärungsversuche genommen habe (...)“.[475] Erheblich war dieser Umstand insbesondere, da keine der Parteien einen Grund vorgetragen hatte, der Anlaß zu einer solchen, erheblich unter dem Zeitwert des Fahrzeugs liegende, Preisgestaltung lieferte.

Darüber hinaus fiel in jenem Fall ins Gewicht, daß sich der Erwerber nicht schlechthin sicher fühlen konnte, da Halter und Veräußerer personenverschieden waren und gleichzeitig Umstände vorgelegen hatten, die Anlaß zu Zweifeln an der Berechtigung des Veräußerers erzeugen mußten. Als solchen Umstand sah das Berufungsgericht die Preisgestaltung an. Das Berufungsgericht habe verlangt, daß sich X. zumindest bei dem Halter über die Eigentumsverhältnisse hätte erkundigen müssen. Diese Ansicht sei nach Auffassung des BGH aus Rechtsgründen nicht zu beanstanden. Ein Unterlassen von erforderlichen Nachforschungen könne nach Ansicht des BGH bekanntlich nur zu dem Vorwurf grob fahrlässigen Verhaltens auf Seiten des Erwerbers führen.[476]

Auch stellte der Senat grundsätzlich klar, daß der durch den Besitz des Kfz-Briefs geschaffene Rechtsschein keinesfalls alleinige Grundlage für einen gutgläubigen Erwerb sein könne.[477] Es sei vielfach notwendig, daß gerade zum Zwecke der Umschreibung eines Fahrzeugs i.S.d. § 27 StVZO der Eigentümer eines unter Eigentumsvorbehalt verkauften Fahrzeugs den in seinem Besitz befindlichen Kfz-Brief aus der Hand gebe. „Es geht nicht an, grundsätzlich den

---

[475] BGH NJW 1975, 735.

[476] Siehe etwa Kapitel 5 IV. A.

[477] Anders OLG Saarbrücken NJW 1968, 1936.

Schluß zu ziehen, der Eigentümer habe damit zum Entstehen einer Sachlage beigetragen, die sein Eigentum nicht mehr ohne weiteres erkennbar werden lasse, und deshalb bei Vorlage des Kfz-Briefs den Eigentumserwerb nach § 932 BGB stets eintreten zu lassen."[478] Im Übrigen wäre es X. als Kfz-Händler zuzumuten gewesen, sich bei dem eingetragenen Halter über die Eigentumsverhältnisse zu erkundigen. Dementsprechend unterstützte der Senat die Feststellung des Berufungsgerichts, daß X. weder nach § 932 BGB noch gemäß § 366 HGB Eigentum erworben hatte.

Zur Prüfung des Erwerbstatbestandes des Beklagten zu 2 stellte der BGH in diesem Urteil grundlegend fest, daß eine allgemeine Nachforschungspflicht bei Dritten als Voraussetzung für einen gutgläubigen Eigentumserwerb nicht bestehe. Aber dazu führte der Senat aus, daß die Übergabe und Prüfung des Kfz-Briefs als Mindestanforderung für einen gutgläubigen Erwerb zu betrachten sei. Er führte weiter aus: „Durch sie wird aber eine einen solchen Erwerb verhindernde grobe Fahrlässigkeit dann nicht ausgeschlossen, wenn besondere Umstände, die einen Verdacht beim Käufer erregen müssen, außer acht gelassen werden. Das Berufungsgericht hat angenommen, es bestehe unter allen Umständen dann eine Erkundigungspflicht für den Käufer eines gebrauchten Kraftfahrzeugs, wenn der Veräußerer nicht mit dem letzten im Kfz-Brief eingetragenen Halter identisch ist. Ob dem stets beizutreten ist, wenn ein gebrauchtes Kfz von einem Händler im Rahmen von dessen Geschäftsbetrieb erworben wird und dabei der Kfz-Brief samt allen sonstigen Unterlagen dem Käufer übergeben werden und sonstige Umstände, die einen Verdacht des Käufers hervorrufen müssen, nicht vorliegen, erscheint angesichts der häufigen kommissionsweisen Einschaltung von Händlern beim Gebrauchtwagenverkauf nicht unzweifelhaft, braucht aber hier nicht abschließend entschieden zu werden; denn bei der Bewertung der Umstände, die für den Käufer eines gebrauchten Kraftwagens eine Nachforschungspflicht begründen, wenn er das Fahrzeug von einem Händler kauft und in dem dabei vorgelegten Kfz-Brief ein anderer als Halter eingetragen ist, ist ein strenger Maßstab anzuwenden."[479]

Betrachtet wurde unter diesen Aspekten ebenso der Umstand, daß der Wagen mit vielen anderen auf der Straße veräußert wurde. Nach Auffassung des Senats hätte es dem Beklagten auffallen müssen, „daß beim Verkauf von Gebrauchtwagen, vor allem wenn er auf der Straße vorgenommen wird, mit unlauteren Machenschaften gerechnet werden muß."[480] Diese Ansicht wurde in einem Urteil des VIII. Zivilsenats vom 9.10.1991 (VIII ZR 19/91) bestätigt.[481]

---

[478] BGH NJW 1975, 735, (736).
[479] BGH NJW 1975, 735, (736).
[480] BGH NJW 1975, 735, (736).
[481] BGH NJW 1992, 310.

Damit handelte der Beklagte zu 2. ebenfalls grob fahrlässig, so daß ein Eigentumserwerb nicht in Frage kam.

Es bestätigt sich, daß für den Erwerber, der vom Nichtberechtigten ein Kraftfahrzeug erwirbt, ohne sich den Brief zeigen oder übergeben zu lassen, sich dann nichts anderes hinsichtlich der Beurteilung seines guten Glaubens ergibt, wenn er die Tatsache ignoriert, daß eingetragener Halter und Veräußerer personenverschieden sind. Grundsätzlich ist ein strenger Maßstab anzulegen, wobei der Senat zuvor andeutete, daß die Annahme der Vorinstanz nicht unzweifelhaft sei, daß auch dann eine Nachforschungspflicht bestehe, wenn es sich bei dem Veräußerer um einen nicht in dem Brief eingetragenen Kfz-Händler handele. Ganz davon abgesehen ergibt sich, daß in der Regel allein die mangelnde Identität von Erwerber und Veräußerer Nachforschungsobliegenheiten auslöst. Jeder Umstand, der erheblich von dem üblichen Ablauf eines Erwerbsgeschäfts abweicht, muß von dem Erwerber näher daraufhin untersucht werden, ob der Veräußerer wirklich berechtigt ist. So besteht der Autokauf hinsichtlich der Erkundigungsobliegenheiten aus zwei Ebenen, zum einen aus der Prüfung des Kfz-Briefs, zum anderen aus der Untersuchung der das Erwerbsgeschäft begleitenden Umstände. Dementsprechend bezeichnete der BGH die Prüfung des Briefs lediglich als Mindestanforderung eines gutgläubigen Erwerbs[482], wenn auch keine allgemeine Nachforschungspflicht bestehe.[483]

G. Nachträglicher Wegfall der Berechtigung durch Anfechtung

k) Zu Fällen gutgläubigen Erwerbs kann es auch kommen, wenn das dingliche Rechtsgeschäft durch Anfechtung rückwirkend vernichtet wurde. Dann entsteht die Situation, daß der Veräußerer durch die „ex tunc"- Wirkung der Anfechtung „nachträglich" zum Nichtberechtigten wird. Dementsprechend muß in diesem Zusammenhang untersucht werden, was Gegenstand des guten Glaubens ist, und ob die Anforderungen an den guten Glauben in einem solchen Fall andere sind als in den Fällen, in denen der Veräußerer schon bei Vornahme des Übereignungsgeschäfts Nichtberechtigter war. Zu beurteilen ist das an dem Verhältnis des § 142 Abs. 2 BGB zu den §§ 932 ff. BGB. Zur Entscheidung lag dem BGH ein solcher Fall am 1.7.1987 (VIII ZR 331/86)[484] vor.

In dem Urteil zugrundeliegenden Fall hatte der Kläger seinen Pkw an die Privatperson S. für 35.200 DM gegen einen Scheck verkauft, der jedoch gestohlen war. Das Fahrzeug wurde S. mit samt Brief übergeben. An demselben, spätestens aber am folgenden Tag, veräußerte S. den Wagen auf einem Automarkt

[482] Siehe S. 108.
[483] BGH NJW 1966, 1959, (1960); BGH NJW 1975, 735, (736).
[484] BGH NJW RR 1987, 1456=WM 1987 1282=MDR 1988, 45=LM BGB § 932, Nr. 37=JuS 1988, 484=NJW 1988, 482=LM BGB § 142, Nr. 8=DB 1987, 2634=JA 1988, 42=Warn. 1987, Nr. 233=DB 1987, 2634=ZIP 1987, 1258.

an den Kfz-Händler T., der ihn seinerseits für 24.500 DM an den Beklagten, ebenfalls ein Kfz-Händler, weiterverkaufte. Dieser veräußerte das Fahrzeug später für 28.000 DM weiter an F.

Weil der Scheck jedoch keine Deckung aufwies, erstattete der Kläger gegen S. Strafanzeige wegen Betrugs. Der Kaufvertrag sowie das Veräußerungsgeschäft wurden wegen arglistiger Täuschung angefochten. Der Kläger verlangte daraufhin vom Beklagten Schadensersatz gemäß den §§ 989,990 BGB in Höhe von 35.200,00 DM wegen Unmöglichkeit der Herausgabe. Der Kläger vertrat die Auffassung, daß weder T. noch der Beklagte gutgläubig gewesen seien. T. und der Beklagte hätten es grob fahrlässig unterlassen, sich bei dem Kläger als dem im Kfz-Brief eingetragenen Halter nach der Verfügungsberechtigung des S. bzw. des T. zu erkundigen. Das Landgericht hat den Beklagten antragsgemäß verurteilt. Das Berufungsgericht hat die erstinstanzliche Entscheidung in Höhe von 31.000 DM aufrechtgehalten und die Klage im übrigen abgewiesen. Die zugelassene Revision des Beklagten hat zur Aufhebung und Zurückverweisung geführt, soweit zu seinem Nachteil erkannt worden war.

Das Gericht hatte zu überprüfen, was in jenem Fall Gegenstand des guten Glaubens war. Das Berufungsgericht hatte mit Blick auf § 932 BGB als Grundlage des guten Glaubens das Eigentum des Veräußerers angenommen. Dies hielt der BGH in jener Konstellation für rechtsirrtümlich. Der BGH führte aus: „Für die Frage, ob der Dritte vor der Anfechtung kraft guten Glaubens Eigentümer der vom Veräußerer anfechtbar erworbenen beweglichen Sache geworden ist, kommt es (...) darauf an, ob er im Zeitpunkt seines Erwerbs die Möglichkeit des rückwirkenden Wegfalls der Berechtigung des Veräußerers, also der Vernichtbarkeit dieser Berechtigung durch Anfechtung kannte oder hätte erkennen müssen (...). Dies folgt aus der Vorschrift des § 142 II BGB."[485] Der Senat machte im weiteren deutlich, daß die Anforderungen an den gutgläubigen Erwerb auch in diesem Fall hoch anzusetzen seien. So sei der Erwerber einer beweglichen Sache schon dann bösgläubig, wenn er beim Erwerb die Umstände gekannt habe oder infolge grober Fahrlässigkeit nicht gekannt habe, aus denen sich die Anfechtbarkeit des Erwerbsvorgangs ergäbe.

Auf Grundlage dieser Überlegungen machte der Senat wegen der im Gebrauchtwagenhandel nicht selten vorkommenden Unregelmäßigkeiten[486] deutlich, daß bei der Bewertung der Umstände, die für den Käufer eines gebrauchten Kraftfahrzeugs Nachforschungspflichten hinsichtlich der Verfügungsberechtigung des Veräußerers begründen würden, ein strenger Maßstab anzulegen sei[487], der auf den Fall des § 142 Abs. 2 BGB übertragen werden müsse.

---

[485] BGH NJW RR 1987 1456, (1457).
[486] Siehe dazu auch BGH WM 1966, 678; BGH WM 1966, 1325; BGH NJW 1992, 310.
[487] BGH NJW RR 1987 1456, (1457).

Daß Berufungsgericht hatte die Auffassung vertreten, daß T. bereits Nachforschungspflichten hatte, weil S. als Privatperson nicht als Halter im Kfz-Brief eingetragen gewesen war. Diese Ansicht beanstandete das Revisionsgericht nicht. In diesem Zusammenhang stellte der Senat klar, daß demjenigen, „der von einer Privatperson einen Gebrauchtwagen erwirbt, die nicht als Halter im Kraftfahrzeugbrief ausgewiesen ist, (...) sich der – eine Nachforschungspflicht auslösende – Verdacht aufdrängen [muß], daß der Veräußerer auf unredliche Weise in den Besitz des Fahrzeugs gelangt sein könnte. Dem Vorwurf der - einen guten Glauben ausschließenden - groben Fahrlässigkeit kann der Erwerber in einem derartigen Falle nur begegnen, wenn er Nachforschungen angestellt hat, die geeignet waren, seinen Verdacht zu beseitigen."[488] In jenem Fall hatte der Beklagte schlüssig behauptet, daß T. durch einen Anruf bei der Familie des Klägers Erkundigungen angestellt hatte, deren Beweis nach Ansicht des Senats jedoch durch das Berufungsgericht noch zu erheben sei.

Eine Erkundigungspflicht des Beklagten konnte nach Ansicht des Senats nicht schon allein aus dem Umstand hergeleitet werden, daß T. als Kfz-Händler nicht in dem Brief eingetragen war. Nach Ansicht des Senats mußte unterschieden werden, ob der Veräußerer Privatperson oder ein Kfz-Händler sei. Denn bei einem Gebrauchtwagenhändler „ist es nicht außergewöhnlich, wenn (...) [er] im Rahmen seines Geschäftsbetriebes ein gebrauchtes Fahrzeug verkauft, ohne daß zuvor der Kraftfahrzeugbrief auf ihn als Halter umgeschrieben worden ist."[489]

Allerdings unterscheiden sich die vom BGH in diesem Urteil an den guten Glauben gestellten Anforderungen von dem vorangehend behandelten Urteil.[490] In diesem Urteil hatte derselbe Senat festgestellt, daß „bei der Bewertung der Umstände, die für den Käufer eines gebrauchten Kraftwagens eine Nachforschungspflicht begründen, wenn er das Fahrzeug von einem Händler kauft und in dem dabei vorgelegten Kfz-Brief ein anderer als Halter eingetragen ist, ein strenger Maßstab anzuwenden [ist]."[491] Diese Auffassung findet sich in diesem Urteil nicht wieder. Denn im Gegensatz zu dem Urteil vom 5.2.1975[492] differenzierte der Senat in dem zweiten Urteil danach, ob der Käufer von einem privaten Veräußerer oder einem Kfz-Händler erworben hatte. Der Senat führte aus, daß es beim Erwerb von einem Kfz-Händler nicht außergewöhnlich sei, wenn dieser im Rahmen seines Geschäftsbetriebes ein gebrauchtes Fahrzeug verkauft, ohne daß zuvor der Kraftfahrzeugbrief auf ihn als Halter umgeschrieben worden ist. Von einem strengen Maßstab ist daher nicht mehr die Rede. Nachforschungspflichten entstehen erst dann, wenn weitere Umstände hinzutreten, die Zweifel an der Berechtigung des Veräußerers zu erzeugen in der Lage sind. Dementspre-

[488] BGH NJW RR 1987 1456, (1457).
[489] BGH NJW RR 1987 1456, (1457).
[490] Siehe S. 111.
[491] BGH NJW 1975, 735, (736).
[492] BGH NJW 1975, 735, (736).

chend hielt der BGH in dem zweiten Fall nur dann Nachforschungen über die Eigentumsverhältnisse für erforderlich, wenn zu der Personenverschiedenheit zwischen Halter und Veräußerer im Kfz-Brief und der Tatsache, daß es sich um ein Sonntagsgeschäft gehandelt hatte, noch eine auffällige Preisgestaltung hinzukam.

Der BGH allerdings sah es angesichts der Beweislage zu jenem Zeitpunkt nicht als erwiesen an, daß die Preisgestaltung Zweifel hätten wecken müssen. Dabei fiel entscheidend ins Gewicht, von welchem Wert des Fahrzeugs auszugehen war, denn nach Behauptung des Klägers hatte der Wagen durch einen Umbau (B-Ausstattung) eine erhebliche Wertsteigerung erhalten. Wäre diese Behauptung zutreffend, so wären Nachforschungen zur Erhaltung des guten Glaubens erforderlich gewesen. Dementsprechend hatte das Berufungsgericht nähere Feststellungen über die konkrete Preisgestaltung zu treffen.

In diesem Zusammenhang hatte das „Berufungsgericht (...) aufgrund der sogenannten Schwacke-Liste als Händlereinkaufspreis ohne Mehrwertsteuer einen Betrag von 20.800 DM angesetzt. Die durch die B-Ausstattung eingetretene Werterhöhung hat es ausgehend von der Behauptung des Klägers, die Umbaukosten hätten sich auf 12.201,96 DM belaufen, auf 4.000 DM geschätzt. Hiernach ergab sich – einschließlich der Mehrwertsteuer – ein Einkaufspreis von insgesamt 28.272 DM. Die Differenz zwischen diesem Preis und dem vom Beklagten gezahlten Kaufpreis betrug demnach 3.772 DM. Der Unterschiedsbetrag zwischen dem vom Berufungsgericht als angemessen angenommenen Einkaufspreis und dem vom T. mit S. vereinbarten Ankaufspreis mußte daher, was sich dem Beklagten aufdrängen mußte, noch höher liegen, weil nach der Lebenserfahrung davon auszugehen ist, daß T. als Kraftfahrzeughändler das Fahrzeug gewinnbringend weiterveräußerte. Eine solche Preisgestaltung hätte in Verbindung mit der Tatsache, daß im Kraftfahrzeugbrief nicht der Verkäufer, sondern ein Dritter als Halter eingetragen war, und dem weiteren Umstand, daß es sich bei dem Kauf um ein aus dem Rahmen des Üblichen fallendes Sonntagsgeschäft handelte, beim Beklagten Zweifel an der Ordnungsmäßigkeit der Vorerwerbsvorgänge wecken und ihn veranlassen müssen, bei dem Kläger als eingetragenem Halter Erkundigungen einzuziehen. Dabei wäre angesichts der gesamten Umstände mit an Sicherheit grenzender Wahrscheinlichkeit zur Sprache gekommen, daß der Kläger das Fahrzeug erst am Vortag gegen einen noch nicht eingelösten Scheck zu einem erheblich höheren Preis an einen ihm bis dahin Unbekannten veräußert hatte. Dann aber durfte der Beklagte erst recht nicht vor einer abschließenden Klärung, die erst bei Vorlage des Schecks möglich war, das Fahrzeug erwerben, wollte er sich nicht dem Vorwurf der groben Fahrlässigkeit aussetzen."[493] Diese Feststellungen wären allerdings nur in dem Fall relevant gewesen, wenn der vom Berufungsgericht zugrunde gelegte Einkaufs-

---

[493] BGH NJW RR 1987 1456, (1457).

preis von 28.272 DM zutreffend festgestellt worden war. Das ist im wesentlichen davon abhängig, ob das Berufungsgericht den vom Beklagten eingebrachten Beweis berücksichtigt hatte, daß der sogenannte B-Umbau gerade etwa 1.400 DM, und nicht 4.000 DM, wie vom Berufungsgericht geschätzt worden war, gekostet hatte. „Träfe dies zu, dann wäre durch die B-Ausstattung erfolgte Werterhöhung nach dem vom Berufungsgericht angelegten Schätzungsmaßstab allenfalls mit etwa 450 DM anzusetzen. Demnach ergäbe sich – einschließlich Mehrwertsteuer – ein Einkaufspreis von 24.225 DM. Da dieser unter dem vom Beklagten gezahlten Kaufpreis läge, hätte die Preisgestaltung dem Beklagten keinen Anlaß zu Nachforschungen geben müssen. Die danach verbleibenden besonderen Umstände, daß T. nicht im Kraftfahrzeugbrief eingetragen war und es sich bei dem Kauf um ein Sonntagsgeschäft handele, würden jedenfalls nicht die Annahme rechtfertigen, der Beklagte habe es grob fahrlässig unterlassen, sich beim Kläger zu erkundigen."[494]

Dementsprechend sah der BGH in jenem Fall in dem Vorgehen des Berufungsgerichts einen Verstoß gegen § 286 ZPO. Der Rechtsstreit wurde zur Feststellung der offenen Fragen an das Oberlandesgericht zurückverwiesen.

In der Literatur ist dieses Urteil kritisiert worden. Wilhelm hält die Argumentation des BGH für fragwürdig. Auffällig sei, daß der BGH einen gutgläubigen Erwerb des T. dann für gegeben halte, wenn sich dieser, wie behauptet, beim Kläger erkundigt und erfahren hätte, daß der Kläger mit dem Wagen aufgrund der Veräußerung nichts mehr zu tun gehabt hätte. Denn eine andere Auskunft hätte auch der Beklagte am Sonntag, an dem selbst der Kläger von dem Schwindel noch keine Kenntnis hatte, nicht erhalten.[495]

Wilhelm verkennt, daß der BGH hinsichtlich einer Nachforschungspflicht des Beklagten von etwas anderem ausgegangen wäre. Der Senat hatte nämlich darauf abgestellt, daß der Beklagte in dem Falle, daß die Preisgestaltung tatsächlich auffällig gewesen war, aufgrund der Nachfrage im Zusammenhang mit den übrigen Umständen mit an Sicherheit grenzender Wahrscheinlichkeit erfahren hätte, daß der Kläger das Fahrzeug erst am Vortag gegen einen noch nicht eingelösten Scheck zu einem erheblich höheren Preis an einen ihm bis dahin Unbekannten veräußert hatte. Dann hätte der Beklagte nicht vor einer abschließenden Klärung, die erst bei Vorlage des Schecks möglich war, das Fahrzeug erwerben können, wollte er sich nicht dem Vorwurf der groben Fahrlässigkeit aussetzen.[496]

Damit ist die Rechtsprechung des BGH hinsichtlich der Anforderungen an den guten Glauben nicht nur dadurch charakterisiert, daß es sich jeweils um Ent-

---

[494] BGH NJW RR 1987, 1456, (1458).
[495] Wilhelm, Sachenrecht, Rn. 430.
[496] BGH NJW RR 1987, 1456, (1457 f.).

scheidungen von Einzelfällen handelt, die individuell zu bewerten sind.[497] Vielmehr haben sich auch konkrete Bewertungsprinzipien entwickelt. Das zeigt auch die gerade dargestellte, neuere Unterscheidung des BGH zwischen einem privaten Veräußerer und einem Kfz-Händler hinsichtlich der Anforderungen an den guten Glauben des Erwerbers.[498]

Im Hinblick auf die Bewertung des § 142 Abs. 2 BGB hat der BGH konsequent dieselben Anforderungen gestellt, wie er es beim Erwerb beweglicher Sachen regelmäßig zu tun pflegt. Daher hat der BGH wegen der im Gebrauchtwagenhandel nicht selten vorkommenden Unregelmäßigkeiten[499] deutlich gemacht, daß bei der Bewertung der Umstände zur Feststellung etwaig bestehender Nachforschungspflichten ein strenger Maßstab anzulegen sei[500], der auf den Fall des § 142 Abs. 2 BGB übertragen werden müsse.

H. Kauf eines im Ausland zugelassenen Pkw im Inland

I) In einem weiteren Fall waren die Anforderungen an einen gutgläubigen Erwerb eines im Ausland, hier in Italien, zugelassenen Pkw zu beurteilen. Besonders lag dieser Fall dadurch, daß es keinen deutschen Kfz-Brief gab. Geklärt werden mußte, welche Rolle den italienischen Papieren beim gutgläubigen Erwerb von Kraftfahrzeugen zukommt, und unter welchen Umständen diese heranzuziehen sind. In dem entsprechendem Fall, entschieden am 11.3.1991 (II ZR 88/90)[501] hatte sich folgendes zugetragen:

Der Italiener S. kaufte von einem Landsmann in Italien einen Ferrari, den er bei der Klägerin finanzieren ließ, zu deren Gunsten er eine Hypothek bestellt hatte. Die Hypothek wurde in dem sogenannten „foglio complementare“ (Ergänzungsblatt) eingetragen. Bei diesem Dokument handelt es sich um ein als „parte integrante“ (wesentlicher Bestandteil) bezeichnetes Zusatzblatt zur „carta di cirolazione“ (Kraftfahrzeugschein). In dem „foglio complementare“ werden bei einem Neufahrzeug der Ersteigentümer, Eigentumsübertragungen und andere Umschreibungen, sowie hypothekarische Belastungen des Fahrzeugs eingetragen.

Jenen Ferrari bot S. vor dem Eingang des Frankfurter Messegeländes zum Kauf an. Dort war die Beklagte, welche die zu dieser Zeit stattfindende internationale Automobilausstellung besuchte, auf das Fahrzeug aufmerksam geworden und kaufte es schließlich. Die Verkaufsverhandlungen wurden nicht mit S., son-

---

[497] BGH BB 1955, 778; BGH WM 1959, 117; BGH LM HGB § 366, Nr. 10; BGH LM BGB § 932, Nr. 17; BGHZ 68, 323; BGH NJW RR 1987, 1456; Musielak, JuS 1992, S. 715, Barheine, S. 2; Wiegand, JuS 1974, 207.

[498] Siehe S. 112.

[499] Siehe dazu auch BGH WM 1966, 678; BGH WM 1966, 1325; BGH NJW 1992, 310.

[500] BGH NJW RR 1987 1456, (1457).

[501] BGH NJW 1991, 1415=NZV 91, 267=MDR 91, 807=BB 91, 1002=LM BGB 932, Nr. 40=WM 1991, 811=LM BGB § 936, Nr. 1=Warn. 1991, Nr. 91.

dern mit dessen Landsmann und angeblichem Verwandten P. geführt. Da die Beklagte keine Erfahrungen in der Abwicklung der Formalitäten eines solchen in Italien zugelassenen Wagens hatte, wurde von ihr die v. X-GmbH mit dem Ankauf des Wagens beauftragt. Diese Firma war entsprechend verfahren und ließ sich von P. auch die italienischen Papiere vorlegen. Sie erledigte alle Formalitäten bei Zoll und Zulassungsstelle und sorgte dafür, daß der Beklagten der Ferrari mit deutscher Zulassung übergeben wurde.

Mit der Klage verfolgte die Klägerin ihr Recht an der Hypothek auf Herausgabe des Wagens mit dem Ziel der Verwertung desselben. Sie erstrebte die Befriedigung ihrer Forderungen aus dem Verkaufserlös. Das Landgericht hatte der Klage im wesentlichen stattgegeben. Die Berufung der Beklagten hatte Erfolg. Die Revision der Klägerin führte zur Aufhebung und Zurückverweisung.

Der II. Senat war der Auffassung, daß das Berufungsgericht zu geringe Anforderungen an den gutgläubigen lastenfreien Erwerb eines ausländischen Fahrzeugs gestellt hatte. So konnte sich die Erwerberin, entgegen der Annahme des Berufungsgerichts, nach Auffassung des II. Senats nicht darauf berufen, daß ihr die italienischen Zulassungsvorschriften unbekannt seien und daß die in italienischer Sprache abgefaßten Dokumente des erworbenen Fahrzeugs mangels entsprechender Sprachkenntnisse unverständlich gewesen seien. „Dies liefe im Ergebnis darauf hinaus, daß der Käufer eines im Ausland angemeldeten Wagens weniger Vorsicht walten lassen müßte, als wenn er ein in Deutschland zugelassenes Fahrzeug erwerben würde.“[502] So hätte der Beklagten auch ohne genaue rechtliche Kenntnisse der Voraussetzungen und Folgen einer Sicherungsübereignung klar sein müssen, daß Kraftfahrzeuge oftmals als Sicherheit für einen Kredit dienen.[503] Diese Erkenntnis übertrug der Senat auf die in Italien bei Kraftfahrzeugen übliche Sicherungshypothek. Dementsprechend verlangte der Senat als Mindestvoraussetzung für einen gutgläubigen Erwerb im Hinblick auf das abstrakte Wissen von etwaigen Sicherungsrechten Dritter, daß sich der Käufer die Papiere des Fahrzeugs hätte zeigen lassen müssen, damit er die Berechtigung seines Veräußerers überprüfen könne. Es ist in diesem Zusammenhang jedoch aufgefallen, daß der BGH an anderer Stelle die Auffassung vertreten hatte, daß eine Erkundigungspflicht danach, ob eine Sache schon zur Sicherheit an einen Dritten übereignet worden ist, nicht bestünde.[504] Das würde - so lautete die Begründung - eine Überspannung der an den Erwerber zu stellenden Anforderungen bedeuten. Deswegen wird man wohl nicht verlangen können, daß sich die Erwerberin um eine etwaig bestehende Sicherungshypothek hätte kümmern müssen. Allerdings ist dem Urteil ansonsten zuzustimmen.

---

502 BGH NJW 1991, 1415, (1416).
503 Siehe auch BGH NJW 1996, 2226, (2227).
504 Siehe BGH NJW 1966, 1959, (1960); BGH JZ 1970, 187.

Speziell zu dem Erwerb eines Fahrzeugs aus dem Ausland äußerte sich der BGH grundlegend. Denn - so führte der BGH aus - „über diese Prüfung hinaus sind beim Kauf eines Auslandfahrzeuges im Inland schon deshalb gesteigerte Anforderungen zu stellen, weil ausländische Kfz-Papiere rechtlich anders ausgestaltet seien und unter Umständen auch über mögliche dingliche Belastungen des Fahrzeugs nach ausländischem Recht Auskunft geben können. Der Käufer hatte sich daher darüber zu vergewissern, daß er nach dem Inhalt der vorgelegten ausländischen Kfz-Papiere - unbelastetes - Eigentum an dem Kraftwagen erwerben kann. Hierzu hätte er notfalls die Hilfe eines sprachkundigen und mit den in Italien geltenden Regeln vertrauten Fachmanns in Anspruch zu nehmen. Erfüllt dieser die Anforderungen der gebotenen Prüfung nicht, dann geht die Nachlässigkeit dieser Hilfsperson nach 166 II BGB zu Lasten des inländischen Käufers."[505] Damit ist die Beklagte, nach Auffassung des Senats, den grundsätzlichen Anforderungen an den gutgläubigen Erwerb von Kraftwagen nicht gerecht geworden.

Der Senat legte demnach für die Beurteilung der groben Fahrlässigkeit das Verhalten der Firma v. X. zugrunde. Der BGH übertrug die von ihm - in ständiger Rechtsprechung[506] entwickelten - Grundsätze im Umgang mit Kfz-Papieren auf jenen Fall. So führte er aus, die Firma v. X. habe sich entweder die italienischen Papiere nur unvollständig vorlegen lassen oder diese nur nachlässig geprüft. Dementsprechend bezog der Senat Stellung zu den italienischen Papieren. „Sollte v.X sich lediglich die „carta di cirolazione" vorlegen lassen, deren Original sich jetzt im Besitz der Beklagten befindet, war dies nicht ausreichend. Diese Bescheinigung ist lediglich ein Zulassungsnachweis entsprechend dem deutschen Kraftfahrzeugschein, gibt jedoch keinerlei Auskunft über die Eigentumsverhältnisse oder die Berechtigung zu lastenfreier Eigentumsübertragung. Selbst wenn Herr v. X – wie er angegeben hat – dieses Dokument für eine Art Kraftfahrzeugbrief gehalten haben sollte, könnte er hierauf seinen guten Glauben nicht stützen. Denn diese carta ist auf den Namen des ersten Eigentümers C ausgestellt und enthält keinen Hinweis auf die Berechtigung des durch P vertretenen, als Verkäufer auftretenden S."[507]

Der Senat stellte hier klar, daß die Anforderungen an den guten Glauben dadurch keinesfalls erleichtert würden, daß kein deutscher Kfz-Brief zur Verfügung stand. Der deutsche Kfz-Brief ist zwar u.a. lediglich ein „Hilfsinstrument" zur Kontrolle eines Kfz-Erwerbsgeschäfts.[508] Sein Fehlen erschwert aber demzufolge den gutgläubigen Erwerb. Das Risiko komplizierter, das Rechtsgeschäft begleitender Umstände, trägt auch in einem solchen Fall der Erwerber. Existie-

---

505 BGH NJW 1991, 1415, (1416).

506 Etwa BGH IV 50/54 (unveröffentlicht); BGH WM 1963, 1186; BGH NJW 1965, 678; BGH WM 1959, 138; BGH NJW 1975, 735; BGH NJW 1994, 2022; BGH NJW 1996, 2226.

507 BGH NJW 1991, 1415, (1416f.).

508 § 25 Abs. 4 Satz 2 StVZO.

ren ausländische Papiere, so hat der Erwerber die gleichen Pflichten im Umgang mit denselben, wie mit einem deutschen Kfz-Brief. Liegen verdächtige Umstände vor und sind eingetragener Halter und Veräußerer personenverschieden, oder besitzt der Erwerber lediglich eine Kopie der Papiere, so bestehen erhöhte Nachforschungspflichten, was freilich auch für ein italienisches „folio complementare" gilt. „Hat sich Herr v. X dagegen außerdem den folio complementare[509] in Photokopie mit den ausschließlich den Voreigentümer C., S. jedoch nicht betreffenden Eintragungen vorlegen lassen – was das Berufungsgericht als unstreitig darstellt – dann hat er ebenfalls infolge grober Fahrlässigkeit die fehlende Berechtigung des S. verkannt. Mit einer Photokopie anstelle der Originale durfte er sich keinesfalls zufriedengeben. Allein aufgrund der Originalpapiere – notfalls nach Übersetzung und Einholung weiterer Auskünfte – konnte er sicher sein, von dem Berechtigten unbelastetes Eigentum für seine Auftraggeberin erwerben zu können. Grob fahrlässig war es ferner, daß Herr v. X diesem Dokument nach seinen Angaben keine Bedeutung beigemessen hat. Schließlich ist der Vorwurf grober Fahrlässigkeit auch deswegen begründet, weil auch in diesem Papier lediglich der Voreigentümer C verzeichnet war."[510]

Als weiteren verdachterregenden Umstand sah der BGH wie schon im Fall des „gestohlenen Schecks" den Verkauf von Fahrzeugen „auf der Straße" von einer Person an, die nicht mit dem in den Papieren eingetragenen Halter übereinstimmt.[511] Das gelte insbesondere dann, wenn es sich wie in dem vorliegenden Fall, um den Verkauf eines äußerst wertvollen Fahrzeugs handele. Zweifel hätte dabei auch der Umstand erzeugen müssen, daß der Verkauf „von einem nicht näher legitimierten Verwandten des angeblich Berechtigten und zu einem offenkundig günstigen Preis (...)[durchgeführt wurde]."[512]

m) Die Einfuhr eines aus Italien stammenden Fahrzeugs war auch Gegenstand eines weiteren, ebenfalls vom II. Zivilsenat etwa drei Jahre später, am 13.4.1994 (II ZR 196/93)[513] zu entscheidenden Falles. In dem zugrundeliegenden Fall hatte der Erwerber im Gegensatz zum vorangehenden Urteil zwar keine italienischen Papiere vorliegen, deren Bedeutung er verkannt hätte. Im Gegenteil: Er hatte deutsche Papiere erhalten und Erkundigungen angestellt. Aber wie in den Fällen, in denen der Erwerber einen Brief erhalten hatte, in dem entweder der eingetragener Halter und Veräußerer personenverschieden waren, oder der Brief gar auffällig gefälscht war, lag in diesem Fall eine ähnliche Konstellation vor. Denn in dem vorliegenden Fall enthielt der Brief auch keine ausreichenden

---

509 Das Zusatzblatt zur Carta di cirolazione, siehe dazu oben S.117.
510 BGH NJW 1991, 1415, (1417).
511 Wie schon in BGH NJW 1975, 735, (VIII ZR 151/73). Dazu oben S. 109 ff.
512 BGH NJW 1991, 1415, (1417).
513 BGH WM 1994, 1296=BGH NJW 1994, 2022=LM BGB § 932, Nr. 43=DB 1994, 1514=Warn 1994, Nr. 106.

Informationen über die Eigentumslage, da es sich um einen Blankobrief handelte. Dabei hatte sich folgendes zugetragen:

Die italienische Firma E. schloß mit der Firma Luigi Co. einen Leasingvertrag über einen Neuwagen (Mercedes 560 SEL). Die Co. unterschlug jedoch den Wagen unter Vortäuschung eines Diebstahls und verkaufte ihn an den deutschen Händler F., dem die Unterschlagung bekannt war. Da es für F. schwierig war, einen Kfz-Brief zu beschaffen, ließ er sich aus einer anderen Stadt von M. einen Blanko-Brief besorgen, in dem der Halter nicht eingetragen war. In dem Brief stand, daß der Wagen aus Italien gebraucht eingeführt worden war. Daraufhin veräußerte F. den Wagen mit Kfz-Brief an den aufgrund Streitverkündung der Beklagten dieser beigetretenen Nebenintervenienten zu 1. - einen Händler - weiter. Dieser zog vorher mit negativem Ergebnis beim Kraftfahrt-Bundesamt, bei der Kriminalpolizei und beim Hersteller Erkundigungen ein, ob der Wagen gestohlen sei. Darauf verkaufte er das Kfz weiter an die Beklagte - eine Handelsgesellschaft -, die ihrerseits das Fahrzeug an eine Leasinggesellschaft, die Nebenintervenientin zu 2. veräußerte. Diese Leasinggesellschaft verleaste ihrerseits das Auto der Beklagten, ohne jedoch jemals in den unmittelbaren Besitz des Wagens gekommen zu sein.

Die Klägerin berief sich auf den nach italienischem Recht auf sie übergegangenen Herausgabeanspruch ihrer Versicherungsnehmerin. Sie hatte als Kaskoversicherer der Firma E. eine Entschädigungsleistung erbracht. Sie war der Auffassung, daß ihr Herausgabeanspruch nicht durch gutgläubigen Erwerb des Eigentums an dem unterschlagenen Pkw untergegangen sei, da sämtliche Käufer die fehlende Berechtigung des jeweiligen Verkäufers infolge grober Fahrlässigkeit nicht gekannt hätten. Das Landgericht hat die Klage abgewiesen, das Oberlandesgericht hat ihr stattgegeben. Die Revision der Beklagten war erfolglos.

Der Senat mußte entscheiden, ob ein neu ausgestellter Kfz-Brief zu einem aus dem Ausland eingeführten Fahrzeug hinreichende Informationen über die Berechtigung des Veräußerers zu geben in der Lage wäre. Dabei war zunächst festzustellen, ob der Nebenintervenient zu 1. bereits gutgläubig Eigentum erworben hatte. Angriffe der Revision gegen die Auffassung des Berufungsgerichts, welches gutgläubigen Erwerb nicht angenommen hatte, hielt der BGH für unbegründet. Nach ständiger Rechtsprechung, so führte der BGH aus, müsse sich der Erwerber eines Kraftfahrzeugs zur Überprüfung der Berechtigung des Veräußerers, wenn er sich auf gutgläubigen Erwerb berufen wollte, zumindest die Fahrzeugpapiere vorlegen lassen.[514] Denn es müsse Argwohn erwecken, wenn die Papiere entweder fehlen, oder der Veräußerer nicht im Brief eingetragen sei. „Wird dem Käufer, wie im vorliegendem Fall, ein Fahrzeugbrief vorgelegt, in dem kein Halter, sondern der Umstand eingetragen ist, daß das Fahrzeug aus dem Ausland eingeführt wurde, so besitzt das Papier für die hier entschei-

[514] Unter Bezug auf BGHZ 68, 323, (325); WM 1991, 811, (813).

dende Frage nach der Berechtigung des Veräußerers keine Aussagekraft."[515] Daher sah es der Senat, wie auch das Berufungsgericht, im Gegensatz zu der Auffassung der Revision, nicht als Überspannung der Nachforschungspflichten an, wenn zunächst vom Nebenintervenienten zu 1. weitere Nachforschungen verlangt würden. „Hierzu kann - jedenfalls unter den hier gegebenen Umständen - auch gehören, daß er sich vom Veräußerer den früheren Halter benennen läßt und bei diesem Nachfrage hält. Dürfte sich der Erwerber damit beruhigen, daß bei Gebrauchtwagen, die aus dem Ausland eingeführt werden, kein Halter im deutschen Fahrzeugbrief eingetragen zu sein braucht, so würde dies darauf hinauslaufen, daß der Käufer eines solchen Wagens weniger Vorsicht walten lassen müßte, als der Erwerber eines in Deutschland zugelassenen Fahrzeugs. Dies kann (...) nicht richtig sein."[516]

Auch in dem vorangegangenen oben besprochenen Urteil[517] war der BGH zu einem ähnlichen Ergebnis gekommen. Dort hatte sich der Erwerber nicht mit Erfolg darauf berufen können, daß er aufgrund mangelnder Sprachkenntnisse, - in jenem Fall die italienischen Papiere -, nicht verstanden hatte. „Angesichts des zunehmend auch ins Bewußtsein dringenden Unwesens der internationalen Kraftfahrzeugverschiebung muß eher erhöhte Wachsamkeit gefordert werden, zumal beim Hinzutreten weiterer Auffälligkeiten, wie sie das Berufungsgericht hier festgestellt hatte (besonders günstiger Preis, Ausstellung des Fahrzeugbriefs durch weit vom Verzollungs- und Verkaufsort entfernte Behörde)."[518]

Dabei machte der Senat deutlich, daß sich der Nebenintervenient zu 1 nicht darauf verlassen durfte, daß die den Fahrzeugbrief ausstellende Behörde die Eigentumsverhältnisse geprüft hatte. Ein Blanko-Fahrzeugbrief biete für die Annahme einer solchen Prüfung im übrigen keine Anhaltspunkte, „schon gar nicht kann ihm entnommen werden, wen die Behörde als Eigentümer festgestellt haben sollte. Es kommt deshalb nicht darauf an, ob bei der Zulassungsstelle in M. schon seit 1988 die Eigentumsverhältnisse unter Vorlage der italienischen Papiere geprüft wurden. Dem diesbezüglichen Beweisantrag des Nebenintervenienten zu 1 brauchte nicht nachgegangen zu werden."[519] Wesentlich war die Feststellung des Senats, daß es gleichgültig sei, was die Nachforschungen ergeben hätten, „weil es auf die Ursächlichkeit der unterlassenen, nach Lage des Falles aber erforderlichen, Anstrengungen bei der Beurteilung der Gutgläubigkeit im Regelfall nicht ankommt, vielmehr allein darauf abzustellen ist, ob überhaupt die gebotenen Nachforschungen angestellt worden sind."[520]

---

515 BGH WM 1994, 1296, (1298).
516 BGH WM 1994, 1296, (1298).
517 Siehe S. 117.
518 BGH WM 1994, 1296, (1298).
519 BGH WM 1994, 1296, (1298).
520 BGH WM 1994, 1296, (1298), unter Bezug auf BGH WM 1991, 811, (813). Siehe dazu oben S. 120 ff.

Auch eine Gutgläubigkeit der Beklagten hatte das Berufungsgericht unter Billigung des BGH abgelehnt. Die vorab dargestellten Anforderungen an den guten Glauben gelten nicht nur für einen Kfz-Händler, sondern allgemein. Fachkundige Hilfe wäre dann einzuholen gewesen, wenn die Beklagte sich mit dem Kauf eines Fahrzeugs aus dem Ausland überfordert gefühlt hätte.[521] Auch könne von einer Handelsgesellschaft eine gewisse Geschäftserfahrenheit erwartet werden. „Jedenfalls konnte sie sich ihrer Nachforschungspflicht nicht dadurch entledigen, daß sie einen Dritten (hier den Verkaufsleiter einer anderen Autofirma) fragte, „ob der Kauf in Ordnung gehe“.“[522]

Der BGH hat damit klargestellt, daß gutgläubiger Erwerb nur dann angenommen werden kann, wenn zum einen die Kfz-Papiere keinen Zweifel an der Berechtigung des Veräußerers zulassen und zum anderen die Umstände des Einzelfalls ebenfalls keinerlei Grund bieten, Nachforschungen über die Eigentumsverhältnisse anzustellen. Ist in dem Brief kein Halter eingetragen, so kann ihm keine, für den guten Glauben des Erwerbers relevante, Information entnommen werden. Läßt das Erwerbsgeschäft zusätzliche Auffälligkeiten erkennen, so bestehen den Umständen angepaßte, erweiterte Nachforschungspflichten.

Allerdings mußte der BGH in diesem Urteil nicht differenzieren, ob das Fahrzeug von einem Kfz-Händler oder einer Privatperson erworben wurde. Eine solche Unterscheidung nahm der BGH in einem Urteil vom 1.7.1987 vor.[523] Danach sei die Tatsache, daß ein Händler nicht im Brief eingetragen ist, für sich nichts Ungewöhnliches. Sie löse für sich keine Nachforschungspflichten aus. Erst bei Hinzutreten weiterer verdächtiger Umstände entstünden Erkundigungspflichten über die Eigentumsverhältnisse. Ob allein der Umstand, daß die Beklagte ein Fahrzeug mit Kfz-Brief ohne Haltereintragung bei einem Händler erwarb ausreicht, um Bösgläubigkeit zu unterstellen, bleibt offen.[524]

l. Kauf eines deutschen Kfz mit ausländischem Kennzeichen

n) Untersucht wurde in einem Urteil des VIII. Senats vom 27.9.1961[525] (VIII ZR 116/60), ob der Erwerber eines Kraftfahrzeugs mit ausländischem Kennzeichen gutgläubig erwerben konnte. Es handelte sich in diesem Fall aber nur aus Sicht des Erwerbers um den Kauf eines aus dem Ausland stammenden Fahrzeugs. Der Eindruck, daß das Fahrzeug tatsächlich aus dem Ausland stammte, entstand hier infolge einer Täuschung des Veräußerers, der dem Erwerber, neben dem Fahrzeug, nicht zu dem Fahrzeug gehörende englische Papiere vorlegte. Es war daher zu beurteilen, welche Rolle einem britischen „registration book“, - dem Pen-

---

[521] Der Senat Bezog sich auf BGH WM 1991, 811, (812). Dazu oben S. 117.
[522] BGH WM 1994, 1296, (1298).
[523] BGH NJW RR 1987, 1456.
[524] Dazu S. 139.
[525] BGH LM BGB § 932, Nr. 17, Bl. 466 = Warn. 1961, Nr. 198 = BB 1961, 1300.

dant zum deutschen Kfz-Brief - in Fällen des gutgläubigen Erwerbs zukommt. Ereignet hatte sich folgendes:

Ein sich S. nennender englischer Staatsbürger mietete sich am 04.09.1958 bei der Klägerin einen Mercedes 220 S. Er brachte an dem Kfz britische Nummernschilder an und veräußerte den Wagen weiter an die Beklagte - eine Kfz-Händlerin -, vertreten durch deren Verkaufsleiter. Dabei legte er einen britischen Personalausweis und ein auf das Kennzeichen des Wagens lautendes britisches „registration book“ vor. Die Beklagte veräußerte ihrerseits das Kfz weiter.

Die Klägerin verlangte unter anderem Herausgabe des Wagens nach § 985 BGB und bei Unvermögen Zahlung des Wertes nach den §§ 989, 990 BGB. Alle Instanzen lehnten das Begehren der Klägerin ab.

Die Revision hat das Berufungsurteil mit dem Argument anzugreifen versucht, das Berufungsgericht habe den Prozeßstoff weder vollständig noch sachgerecht gewürdigt. Insbesondere habe es den Sachvortrag unberücksichtigt gelassen, aus dem sich das grob fahrlässige Verhalten des Einkäufers ergebe. So habe das Berufungsgericht nicht berücksichtigt, daß S. lediglich ein „registration book“, und nicht einen deutschen Kfz-Brief vorgelegt hatte. Die Ansicht der Revision teilte der BGH nicht. Er stellte fest, daß der Revision insbesondere nicht in der Annahme gefolgt werden könne, das registration book entspreche deswegen nicht dem Kfz-Brief, weil diesem eine Schutzfunktion zugunsten des Eigentümers nicht zukomme.[526] Der BGH führte aus: „Richtig ist zwar, daß das registration book keinen Aufschluß über den Fahrzeugeigentümer gibt, aber die Revision übersieht dabei, auch der deutsche Kraftfahrzeugbrief dient nicht dem Schutze des Rechtsverkehrs in dem Sinne, daß aus seinem Besitz auf die Verfügungsberechtigung des Briefinhabers über den Wagen geschlossen werden könnte.(...)“[527] Dabei kam es dem BGH entscheidend darauf an, daß der Verkäufer das seiner Auffassung nach dem Kfz-Brief vergleichbare registration book beim Verkauf des Wagens vorgelegt hatte. In der Beurteilung der Umstände fiel indes nicht ins Gewicht, daß in dem registration book deutlich darauf hingewiesen wurde, daß die in dem Dokument registrierte Person nicht der Eigentümer zu sein braucht. Da die Revision nicht explizit vorgetragen hatte, daß das Berufungsgericht entweder den Klägervortrag übersehen oder dem registration book eine größere Bedeutung beigemessen hatte, als ihm zukommt, erachtete es der Senat nicht für notwendig, daraus weitere Schlüsse zu ziehen, als es das Berufungsgericht getan hatte. Zu der möglicherweise geringeren Beweiskraft des registration book im Verhältnis zum deutschen Kfz-Brief machte der BGH deutlich, daß „das Berufungsgericht aus Rechtsgründen nicht gehindert [war], aus der Tatsache der Vorlegung des registration book mit den auf den S angebotenen Wagen bezüglichen Eintragungen für den Beklagten günstige Schlüsse bei der Beantwortung der Frage zu ziehen, ob seinem Verkaufsleiter L grobe Fahrläs-

[526] BGH LM BGB § 932, Nr. 17.
[527] BGH LM BGB § 932, Nr. 17.

sigkeit zur Last zu legen ist."[528] Dabei zog der Senat aus dem Einwand der Revision, die vorgetragen hatte, daß es sich bei L. um einen erfahrenen Verkäufer gehandelt habe, dem die Unglaubwürdigkeit der Erzählungen des S. habe auffallen müssen, keine weiteren Schlüsse. Der Senat stellte dazu lediglich fest, daß das „Berufungsgericht (...) eine entsprechende Feststellung jedoch nicht getroffen [hat], es geht vielmehr ersichtlich davon aus, daß L. nicht erkannt hat, die Angaben des S. seien falsch gewesen, und das L. nicht der Vorwurf gemacht werden könne, er habe deswegen grob fahrlässig gehandelt."[529] Damit war zwar die Haltung des Senats insofern konsequent, als er nicht schon aus der Unkenntnis des L. unmittelbar den Schluß zog, dessen Verhalten sei grob fahrlässig gewesen. Der Senat zog aber nicht den naheliegenden Schluß, daß dem L. aufgrund seiner Erfahrung als Verkaufsleiter eines Kfz-Händlers[530] und dem Umstand, daß es sich nicht um ein typisches deutsches Kfz-Geschäft gehandelt hatte, Nachforschungspflichten über die Eigentumsverhältnisse oblagen, deren Unterlassen bekanntlich zur Annahme grober Fahrlässigkeit führt.

Stellt man einen Vergleich zwischen diesem Urteil und dem im vorangegangenen Abschnitt untersuchten Urteil des II. Senats[531] aus dem Jahre 1991 an, so fällt auf, daß sich der II. Senat in dem früheren Urteil deutlich geäußert hatte, wie mit ausländischen Papieren im Rahmen des gutgläubigen Erwerbs zu verfahren sei. Dort hatte der II. Senat die Auffassung vertreten, daß es Mindestvoraussetzung für gutgläubigen Erwerb an einem Fahrzeug sei, daß der Erwerber sich die Kfz-Papiere zeigen lasse. Das gelte besonders dann, wenn ein Kfz-Händler von einer Privatperson erworben habe. Weiter hieß es: „Über diese Prüfung hinaus sind beim Kauf eines Auslandsfahrzeuges im Inland schon deshalb gesteigerte Anforderungen zu stellen, weil ausländische Kfz-Papiere rechtlich anders ausgestaltet sind (...)"[532]. In dem neueren Urteil gab sich der VIII. Senat jedoch damit zufrieden, daß der Veräußerer die Papiere vorgelegt hatte. Der Senat kam zu dem Ergebnis, daß das Berufungsgericht aus Rechtsgründen nicht daran gehindert war, keine gesteigerten Anforderungen an den gutgläubigen Erwerb zu stellen, wenn dem Erwerber eines Kfz mit ausländischen Kennzeichen die Papiere vorgelegt wurden. Zu weiteren Fragen, insbesondere zur Frage bestehender Nachforschungspflichten bezog der BGH keine Stellung. Der Senat führte nur noch aus, daß er in den Möglichkeiten der Überprüfung eines Berufungsurteils beschränkt sei, womit er seine Zurückhaltung rechtfertigte. Möglicherweise hängt dieses Ergebnis damit zusammen, daß es sich um ein frühes Urteil aus den sechziger Jahren handelte. Damals konnte der BGH nicht auf die

528 BGH LM BGB § 932, Nr. 17.
529 BGH LM BGB § 932, Nr. 17.
530 BGH WM 1994, 1296, (1298).
531 BGH NJW 1991, 1415, dazu S. 117.
532 BGH NJW 1991, 1415, (1416).

Erfahrungen in der Beurteilung des guten Glaubens zurückgreifen, die ihm heute zur Verfügung stehen.

o) Ein weiterer Fall dieser Art lag dem BGH bereits fünf Jahre später wieder zur Entscheidung vor. Wieder wurden dem Erwerber ausländische Papiere vorgelegt. In dem Urteil vom 23.11.1966 (VIII ZR 151/64)[533] wurde gutgläubiger Erwerb abgelehnt. Folgender Sachverhalt wurde behandelt:

Die in Bern ansässige Klägerin vermietete dem schweizerischen Staatsangehörigen R. einen Mercedes-Benz 220 S. Das Straßenverkehrsamt in Bern stellte dem R. einen auf seinen Namen lautenden Fahrzeugausweis aus und teilte ihm ein Kennzeichen zu. Daraufhin begab sich R. nach Hamburg und bot den Wagen dort dem Beklagten - einem Gebrauchtwagenhändler - zum Kauf an. Er legte dem Händler seinen Reisepaß vor und gab sich als Stiefsohn eines reichen schweizerischen Hoteliers aus. Er behauptete, als Elektromonteur 15.000 DM jährlich zu verdienen; er sei aber auf der Urlaubsreise in Geldschwierigkeiten geraten. Er händigte dem Beklagten den schweizerischen Fahrzeugausweis und die Zollbescheinigung aus. Erkundigungen über die Eigentumsverhältnisse zog der Beklagte im wesentlichen durch seinen Angestellten B. bei der Firma Daimler-Benz, beim Exporteur des Wagens S., beim Amt für Verkehr in Hamburg, beim Kraftfahrt-Bundesamt und beim schweizerischen Generalkonsulat ein. Nachdem R. in dem schriftlichen Kaufvertrag eidesstattlich erklärte, daß das Fahrzeug voll bezahlt und sein unbeschränktes Eigentum sei, übernahm der Beklagte schließlich das Fahrzeug. Dieser veräußerte den Wagen dann weiter an den Kfz-Händler W., von dem die Klägerin später den Mercedes zurückgekauft hat.

Die Klägerin verlangte insgesamt 12.000 DM Schadensersatz. Sie trug vor, daß der Beklagte beim Kauf des Wagens nicht gutgläubig gewesen sei. Durch seine Erkundigungen sei offenkundig gewesen, daß er Verdacht geschöpft hatte. Seine Ermittlungen seien jedoch nicht geeignet gewesen, diesen Verdacht zu entkräften. Das Landgericht hatte der Klage mit einer Einschränkung im Zinsanspruch stattgegeben. Berufung und Revision des Beklagten hatte keinen Erfolg.

Erneut trug das Urteil des BGH dem Umstand Rechnung, daß es im Handel mit gebrauchten Kraftfahrzeugen häufig zu Unregelmäßigkeiten kommt, wodurch als Mindestanforderung für einen gutgläubigen Erwerb regelmäßig zu verlangen ist, daß sich der Erwerber den Kfz-Brief vorlegen läßt, um die Berechtigung des Veräußerers überprüfen zu können.[534] So stellte das Revisionsgericht fest, „daß nach der Verkehrsauffassung nicht der Besitz des Kraftfahrzeugs und des Kraftfahrzeugzulassungsscheins allein, sondern erst zusammen mit dem Kraftfahrzeug-Brief den Besitzer als Eigentümer legitimiert"[535]. Jedoch konnte der Veräußerer in diesem Fall einen Brief deshalb nicht vorlegen, weil der Brief

---

[533] BGH WM, 1966, 1325=BB 1967, 10=LM BGB § 932, Nr. 23.
[534] BGH NJW 1996, 2226, (2227).
[535] BGH WM 1966, 1325, (1326); Mormann, WM 1966, 2, (8).

grundsätzlich bei der Ausfuhr deutscher Fahrzeuge in die Schweiz zurückbehalten und entwertet wird. Damit war für den Beklagten ein entscheidender Anhaltspunkt für das Eigentum des R. entfallen. Festgestellt war, daß R. Kenntnis davon hatte, daß der ihm übergebene, dem deutschen Kraftfahrzeugschein entsprechende schweizerische Fahrzeugausweis kein dem deutschen Kraftfahrzeug-Brief vergleichbares Dokument war. Daher verstand es sich nach Auffassung des VIII. Zivilsenats von selbst, daß der Beklagte entsprechende Nachforschungen über die Eigentumsverhältnisse hätte anstellen müssen. Er habe daher den schweizerischen Fahrzeugausweis daraufhin zu überprüfen gehabt, ob diesem ein Hinweis über die Rechtslage an dem Kraftfahrzeug zu entnehmen war. Es hätte ihm aber auffallen müssen, daß der Ausweis erst wenige Tage ausgestellt war, was zu erheblichen Zweifeln an dem Eigentum des R. hätte führen müssen. Mindestens aber hätten die Erklärungen des R., die den Verkauf des Wagens begründen sollten, stärkste Bedenken erzeugen müssen. „War R. wirklich, wie er vorgab, der Stiefsohn eines reichen Hoteliers und betrug sein jährliches Einkommen 15.000 DM, so war kein vernünftiger Grund ersichtlich, den erst kurz zuvor erworbenen, etwa 20.000 km gelaufenen Wagen zu einem, jedenfalls für ihn, ungünstigen Preis zu veräußern, nur um eine augenblickliche Geldknappheit zu beseitigen, zumal in der Zeit, die er darauf verwandte, den Pkw an den Beklagten zu veräußern, (...) hinreichend Gelegenheit bestand, sich notfalls telegraphisch, aus der Schweiz das benötigte Geld zu verschaffen."[536]

Auch machte der Senat deutlich, daß die anzustellenden Erkundigungen auf die konkreten Umstände des Einzelfalls abzustimmen seien. So hielt der BGH die Erwägung des Berufungsgerichts für rechtlich einwandfrei, daß es das nächstliegende gewesen wäre, eine Urkunde über den Erwerb des Wagens zu verlangen, wie z.B. den Kaufvertrag. Sollte das unmöglich gewesen sein, so wäre eine Nachfrage nach der Person des Veräußerers erforderlich gewesen. Eine entsprechende Auskunft des R. sei jedenfalls in der Schweiz durch telefonische Anfrage überprüfbar gewesen. Auch eine Erkundigung beim Straßenverkehrsamt in Bern wäre geeignet gewesen, dem Beklagten Aufschluß über die Eigentumsverhältnisse zu verschaffen.

Die Auskünfte, die der Beklagte beim Amt für Verkehr und beim Kraftfahrtbundesamt eingeholt hatte, dienten hingegen nur der Klärung der Frage, ob von der zuständigen Behörde ein Kraftfahrzeug-Brief ausgestellt werden würde, was für die Frage nach den Eigentumsverhältnissen unbedeutend war. Unbedeutend war ebenfalls, daß der Sacharbeiter beim Amt für Verkehr keinen Verdacht geschöpft hatte. Auch die nichtssagenden Auskünfte des schweizerischen Generalkonsulats konnten den Beklagten nach Ansicht des BGH keinesfalls entlasten. Aufgrund dieser Feststellungen sah der BGH keinen Grund, die Urteile der Vorinstanzen aufzuheben.

---

[536] BGH WM 1966, 1325, (1326).

Im Gegensatz zu dem vorangegangenen Urteil wußte der Erwerber in diesem Fall, daß die ausländischen Papiere nicht dem deutschen Kfz-Brief entsprachen. Aufgrund dieses Umstandes stellte der Senat strengere Anforderungen an den gutgläubigen Erwerb. Er verlangte von dem Erwerber geeignete Erkundigungen über die Eigentumsverhältnisse. Auch ergaben in diesem Fall die Umstände dieses Falles Verdachtsmomente, so daß gutgläubiger Erwerb mangels geeigneter Nachforschungen ausschied.

Damit lässt sich für die Fälle festhalten, in denen kein Kfz- Brief, sondern ausländische Papiere den Fahrzeugerwerb begleiten, erhöhte Prüfungspflichten hinsichtlich der Eigentumsverhältnisse bestehen. Das ergibt sich allein aus der Tatsache, daß bei vorliegen ungewöhnliche Umstände grundsätzlich Zweifel an der Berechtigung des Veräußerers bestehen müssen. Kann sich der Erwerber nicht auf die Veräußerungsberechtigung seines Veräußerers verlassen, muß er entsprechende Nachforschungen hinsichtlich der Eigentumsverhältnisse anstellen, will er sich nicht dem Vorwurf grober Fahrlässigkeit aussetzen. Der Blick in ausländische Fahrzeugpapiere reicht zur Vermeidung eines solchen Vorwurfs nicht, da diese mit dem deutschen Kfz Brief nicht vergleichbar sind. Die im deutschen Kfz - Handel typische Schlussfolgerung, daß bei Namensidentität zwischen dem im Kfz Brief eingetragenen Halter des Fahrzeugs und dem Veräußerer zur Erhaltung des guten Glaubens i.d.R. keine Nachforschungen erforderlich sind, gibt es im Zusammenhang mit ausländischen Papieren nicht.

J. Erwerb eines aus beendetem Leasingvertrag stammenden Kfz

p) Zunehmend spielte im Handel mit Kraftfahrzeugen der Leasingvertrag eine Rolle. Auf dieser Grundlage wurden oftmals Fahrzeuge erworben. Werden solche Fahrzeuge nach Beendigung der Leasingverträge vom Nichtberechtigten veräußert, so stellt sich die Frage, welche Anforderungen an den guten Glauben des Erwerbers zu stellen sind. In dem Urteil vom 13.5.1996 (II ZR 222/95)[537] wurde diese Frage geklärt. Ereignet hatte sich folgendes:

Die klagende Sparkasse ließ sich wegen Hingabe eines Darlehens an die inzwischen in Konkurs gefallene S-GmbH - eine Kfz-Händlerin - diverse Kfz zur Sicherheit übereignen. In dem Sicherungsvertrag wurde vereinbart, daß die Firma S. die Fahrzeuge in unmittelbarem Besitz behalte, damit diese ihren Geschäftsbetrieb aufrechterhalten könne. Ein Verkauf der Fahrzeuge dürfe nur im Interesse der Bank stattfinden. Bezüglich des Besitzrechts behielt sich die Bank ein Widerrufsrecht vor. Daraufhin veräußerte die S. neun gebrauchte Kraftfahrzeuge an die Beklagte, ebenfalls eine Kfz-Händlerin, mit der die Firma S. in ständiger Geschäftsbeziehung stand. Bei zwei der übergebenen Wagen konnte S. die Briefe nicht mit übergeben, da sich diese noch bei der Klägerin befanden. Die beiden Fahrzeuge wurden dann zwischenzeitlich von der Beklagten weiter-

[537] BGH NJW 1996, 2226=WM 1996, 1318=MDR 1996, 906.

veräußert. Nachdem S. in Konkurs gefallen war, verlangte die Klägerin Herausgabe des Verkaufserlöses. Das Landgericht entsprach dem Begehren der Klägerin. Das Oberlandesgericht wies die Klage ab. Die Revision der Klägerin führte zur Aufhebung und Zurückverweisung der Klage an das Berufungsgericht.

Grundlegend stellte der II. Senat klar, daß die Anforderungen an die Sorgfaltspflichten des Erwerbers von aus beendeten Leasingverträgen stammenden Fahrzeugen nicht geringer sein können als bei allen sonstigen gutgläubigen Erwerbsgeschäften. Der BGH führte aus: „Entgegen der Meinung des Berufungsgerichts rechtfertigt der Umstand, daß die von der Beklagten bei der S-GmbH gekauften Gebrauchtfahrzeuge zum Teil oder überwiegend aus, nach Ablauf der Überlassungszeit beendeten, Leasinggeschäften stammten, keine abweichende Beurteilung. Denn auch hinsichtlich derartiger Fahrzeuge besteht die naheliegende - die Pflicht, Einsicht in die Kraftfahrzeugpapiere zu nehmen, auslösende Gefahr -, daß der Veräußerer weder Eigentümer der Pkw noch zum Verkauf der Fahrzeuge ermächtigt ist. Das in Deutschland in den letzten Jahren in erheblichem Umfang zugenommene Privat-Autoleasinggeschäft (...) ist, worauf die Revision mit Recht hinweist, seiner Funktion nach nur eine andere Form der Finanzierung der Anschaffungskosten eines Pkw. Auch bei ihr hat derjenige, der den Kaufpreis vorfinanziert hat, nicht anders als jeder andere Kreditgeber, - mag es sich um den Händler, die Bank des Autoherstellers oder ein sonstiges Kreditinstitut handeln -, ein berechtigtes Interesse daran, sich davor zu schützen, daß der Kraftfahrzeugbesitzer über den Wagen verfügt, bevor alle Forderungen aus dem Leasinggeschäft getilgt sind. Eben deswegen lassen sich die Leasinggeber, – wie auch im vorliegenden Fall geschehen, – die Kraftfahrzeugpapiere aushändigen und geben sie erst dann frei, wenn sie wegen aller Ansprüche aus dem Leasinggeschäft befriedigt sind oder jedenfalls sicher sein können, daß die Erfüllung ihrer Forderungen nicht gefährdet ist. (...)“[538] Dementsprechend war der Senat der Auffassung, daß das Fehlen der Briefe Argwohn hätte erwecken müssen, ob die S.-GmbH verfügungsbefugt gewesen ist. Er führte weiter aus: „Im übrigen beachtet das Berufungsgericht bei seiner gegenteiligen Sicht nicht, daß nach Beendigung der Leasingzeit Kraftfahrzeughändler die zurückgegebenen Fahrzeuge regelmäßig wieder in ihren Bestand nehmen und deren Zeitwert vergüten müssen, was angesichts der gerichtsbekannten Verhältnisse auf dem Gebrauchtwagenmarkt in den meisten Fällen - so auch hier - dazu führen wird, daß der dafür zu zahlende Preis finanziert werden muß und der Kreditgeber auf der Einräumung von Sicherheiten besteht.“[539]

Damit ergaben sich aus dem Fehlen des Kfz-Briefs, zur Zeit der Eigentumsübertragung, Nachforschungspflichten über die Eigentumslage. Etwas anderes kann sich nur dann ergeben, wenn trotz des Fehlens eines Briefs keinerlei Zweifel an der Berechtigung des Veräußerers bestehen. Freilich ist ein beendetes

[538] BGH NJW 1996, 2226, (2227).
[539] BGH NJW 1996, 2226, (2227).

Leasinggeschäft kein Umstand, der bei Fehlen eines Kfz Briefes gebotene Nachforschungen entbehrlich macht. Zur Erhaltung des guten Glaubens sind dann Nachforschungen des Erwerbers zu verlangen. Handelt es sich bei dem Erwerber um einen Kfz-Händler, so ist im übrigen zu erwarten, daß dieser Kenntnis von dem Ablauf eines Leasinggeschäftes hat und erst recht die erforderliche Vorsicht walten lässt, will er sich nicht dem Vorwurf grober Fahrlässigkeit aussetzen.

K. Bewertung der Gebrauchtwagenfälle

In der Regel[540] hat sich der Erwerber eines gebrauchten Kraftfahrzeugs, zur Vermeidung des Vorwurfs grober Fahrlässigkeit, den Kfz-Brief vorlegen zu lassen und in diesen Einsicht zu nehmen.[541] Der BGH nahm allerdings in zwei Fällen, unter besonderen Umständen, gutgläubigen Erwerb auch ohne Vorlage eines Kfz-Briefs an.[542] In zwei weiteren Urteilen blieb die Entscheidung offen, der Rechtsstreit wurde zurückverwiesen.[543] In den übrigen zwölf Entscheidungen verneinte der BGH gutgläubigen Erwerb. Entscheidendes Beurteilungskriterium für den guten Glauben waren stets die besonderen Umstände des jeweiligen Falles.[544] Die Beurteilung dieser Umstände fand unter Berücksichtigung der Personengruppe, der Erwerber und Veräußerer angehörten, statt, wie auch Barheine und Wiegand festgestellt haben.[545] Um deutlich werden zu lassen, wie der BGH die verschiedenen Erwerbskonstellationen im Ergebnis bewertet hat, sind in der folgenden Tabelle Erwerbsgeschäfte verschiedener Personengruppen dargestellt. Damit soll gezeigt werden, wie streng der BGH die Anforderungen an den guten Glauben des Erwerbers beurteilt. In dieser Übersicht sind sämtliche Kombinationen verschiedener Personengruppen dargestellt. In dieser Übersicht sind auch die Mehrfachveräußerungen innerhalb eines Falles berücksichtigt. Daher ist die Anzahl der Fälle in der Tabelle größer als die Anzahl der Urteile.

Erwerb	Anzahl	GE -	GE +	Offen
Privat von Privat	1	1		
Privat von Händler	1	1		

[540] Diese wesentliche Einschränkung fehlt bei Staudinger/Wiegand, § 932, Rn. 63.

[541] Etwa BGH IV 50/54 (unveröffentlicht); BGH WM 1963, 1186; BGH NJW 1965, 678; BGH WM 1959, 138; BGH NJW 1975, 735; BGH NJW 1994, 2022; BGH NJW 1996, 2226.

[542] BGH IV ZR 50/54; BGH WM 1956, 158; BGH LM BGB § 932, Nr. 17.

[543] BGH WM 1956, 158, BGH NJW RR 1987, 1456.

[544] BGH BB 1955, 778; BGH WM 1959, 117; BGH LM HGB § 366, Nr. 10; BGH LM BGB § 932, Nr. 17; BGHZ 68, 323; BGH NJW RR 1987, 1456.

[545] Barheine, S. 2; Wiegand, JuS 1974, 207.

Privat von Kaufmann	2		1	1
Privat von unbekannt	1	1		
Händler von Händler	7	6		1
Händler von Vermietung	1	1		
Händler von Privat	4	2	1	1
Exporthelfer	1	1		
Bank von Händler	1	1		
Kaufmann von Händler	1	1		
Gesamt:	20	15	2	3

Zu erkennen ist, daß die Annahme gutgläubigen Erwerbes die Ausnahme ist, denn in ¾ der insgesamt beurteilten Fälle verneinte der BGH einen gutgläubigen Erwerb. Wie sich diese Entscheidungen auf die einzelnen Zivilsenate aufteilen, zeigt die folgende Übersicht:

Senate Bundesgerichtshof	Anzahl	GE -	GE +	Offen
2. Senat	3	3	0	0
3. Senat	1	1	0	0
4. Senat	2	0	1	1
6. Senat	2	2	0	0
8. Senat	8	6	1	1

Lediglich zwei Erwerber (10 %) konnten gutgläubig erwerben, wobei der letzte Fall bereits am 27.9.1961[546] entschieden wurde. In drei weiteren Fällen blieb die Entscheidung offen.[547] Das bedeutet, daß seit Beginn der sechziger Jahre bis heute vom BGH kein Fall mehr zugunsten des Erwerbers entschieden wurde, gleichgültig welcher Personengruppe Erwerber und Veräußerer angehörten.

[546] BGH LM § 932, Nr. 17.
[547] BGH WM 1956, 158; BGH NJW RR 1987, 1456.

Damit bevorzugt die jüngere Generation der Richter am BGH, freilich - wie Duden bereits festgestellt hat[548] - im Gegensatz zur Konzeption des Gesetzes, die Interessen des Eigentümers zum Nachteil der teilweise einfach fahrlässig handelnden Erwerber, gleichgültig ob es sich um den guten Glauben hinsichtlich des Eigentums des Veräußerers im Sinne des § 932 BGB, oder der Verfügungsbefugnis im Sinne des § 366 HGB handelt.

Es bleibt die Frage zu klären, ob der in Literatur[549] und Rechtsprechung[550] vertretene Grundsatz aufrecht zu erhalten ist, daß es sich bei der Bestimmung des gutgläubigen Erwerbs jeweils um Einzelfallentscheidungen handelt, denen allgemeine Regeln nicht zu entnehmen sind.[551] Wenn der BGH nach dem Beginn der sechziger Jahre keine Entscheidung mehr zugunsten des Erwerbers traf, so liegt der Grund dafür sicherlich zum einen darin, daß es keinen privaten Erwerber mehr gegeben hatte. Aber zum anderen scheint der BGH prinzipiell die geringste Abweichung eines Geschäfts vom üblichen Rahmen als verdachtserregend zu bewerten. Das bedeutet, er unterstellte einem Teilnehmer am Geschäftsleben Kenntnisse über allgemeine Geschäftspraktiken, und damit nicht nur die speziellen des einzelnen Erwerbers, so daß in dem Falle, daß von den gewöhnlichen Geschäftsgepflogenheiten, gleichwie geartet, abweichende Umstände vorlagen, Nachforschungsobliegenheiten entstanden. Ging der Erwerber diesen nicht nach, so handelte er nach Ansicht des BGH grundsätzlich grob fahrlässig.

Daraus läßt sich allgemein ableiten, daß der BGH seine Entscheidungen im wesentlichen durch eine strenge Bewertung der Umstände des Einzelfalls getroffen hat. Er hat nahezu in jeder Abweichung des Soll-Ablaufes eines Erwerbsgeschäfts einen verdachterregenden Umstand gesehen.

Zu fragen bleibt allerdings, warum in dem Unterlassen von Nachforschungen regelmäßig eine grobe und nicht lediglich einfache Fahrlässigkeit erblickt wurde. Denn die konkrete Abgrenzung in den Einzelfällen blieb meist offen. Das läßt sich dadurch erklären, daß der BGH in den meisten Entscheidungen zum gutgläubigen Erwerb gebrauchter Fahrzeuge lediglich dem Urteil der Vorinstanz folgen musste. Dadurch war er nicht zu einer konkreten Stellungnahme gezwungen, er konnte sich auf das Argument zurückziehen, daß in der Entscheidung der Vorinstanz Rechtsfehler nicht zu erkennen seien.

In den übrigen Fällen bestand jedoch Klärungsbedarf. Der BGH nahm im Gegensatz zu der Vorinstanz keinen gutgläubigen Erwerb an. Er ging wie üblich nicht darauf ein, warum das fahrlässige Verhalten der Erwerber im Einzelnen als grob zu bezeichnen war. In einem der drei Urteile stellte er fest, daß diese Abgrenzung zwar grundsätzlich tatrichterlicher Natur sei, er aber aufgrund der ab-

---

548 Duden, Anmerkung zu BGH JZ 1954, 40, (41).

549 Musielak, JuS 1992, S. 715, Barheine, S. 2; Wiegand, JuS 1974, 207.

550 BGH BB 1955, 778; BGH WM 1959, 117; BGH LM HGB § 366, Nr. 10; BGH LM BGB § 932, Nr. 17; BGHZ 68, 323; BGH NJW RR 1987, 1456.

551 Etwa Musielak, Eigentumserwerb an beweglichen Sachen nach §§ 932 ff. BGB, S. 715.

schließenden Feststellungen des Berufungsgerichts, diese „gebotene rechtliche Würdigung“ selbst vornehmen könne.[552] Freilich wurde auch in jenem Urteil nicht deutlich, warum denn im Einzelnen die festgestellte Fahrlässigkeit als „grob“ zu bezeichnen war. Einfache Fahrlässigkeit schien es für den BGH in diesen Fällen nicht zu geben. Verständlich wird dieses Vorgehen nur dann, wenn man davon ausgeht, daß der BGH seine Entscheidungen stets in dem Bewußtsein traf, prinzipiell den regelmäßig pflichtgemäß handelnden Eigentümer schützen zu wollen. Vor diesem Hintergrund und angesichts der Tatsache, daß der Tatbestand der Bösgläubigkeit nur dann vorliegt, wenn dem Erwerber i.S.d. § 932 Abs. 2 BGB grob fahrlässiges Verhalten vorgeworfen werden kann, erscheint diese Vorgehensweise einleuchtend. Denn der BGH ist geneigt stets von einer groben Fahrlässigkeit auszugehen, weil er einen gutgläubigen Erwerb prinzipiell als eine absolute Ausnahme behandelt.

Damit ist festzuhalten, daß es sich zwar im Sinne der Auffassung von Rechtsprechung und Literatur um Einzelfallentscheidungen handelte.[553] Denn es mußten in jedem Fall erneut die Voraussetzungen des gutgläubigen Erwerbs geprüft werden. Aber zweifelsohne wurde die Bestimmung des gutgläubigen Erwerbs nach der allgemeinen Regel getroffen, regelmäßig jeden von der Norm abweichenden Umstand innerhalb eines Erwerbsgeschäfts als verdachtserregend zu qualifizieren. Geht der Erwerber dem nicht nach, so ist dieses Unterlassen als grob fahrlässig einzustufen.

Die Beurteilung der „besonderen Umstände“ der Einzelfälle durch den BGH ist in der Literatur allerdings auf Kritik gestoßen. Reinking/Eggert[554] sind der Auffassung, daß dem BGH nicht in der Annahme gefolgt werden könne, in dem Falle, daß im Kfz-Brief ein Dritter eingetragen ist, sei bei der Bewertung derjenigen Umstände, die eine Nachforschungspflicht begründen, ein strenger Maßstab anzulegen.[555] Daß ein Kfz-Händler nicht in den Kfz-Brief eingetragen werde, sei sowohl alleine, als auch in Verbindung mit anderen Umständen, etwa der Preisgestaltung[556], eine neutrale Tatsache.[557] Die gegenteilige Auffassung[558] des BGH soll auf der falschen Vorstellung beruhen, daß das Fehlen der Händlereintragung im Brief doch irgendwie verdächtig sei.[559] Eine schärfere Bewertung der

---

[552] BGH NJW 1991, 1415, (1416); S. 117 ff.

[553] BGH BB 1955, 778; BGH WM 1959, 117; BGH LM HGB § 366, Nr. 10; BGH LM BGB § 932, Nr. 17; BGHZ 68, 323; BGH NJW RR 1987, 1456; Musielak, JuS 1992, S. 715, Barheine, S. 2; Wiegand, JuS 1974, 207.

[554] Reinking/Eggert, Rn. 1504.

[555] BGH NJW 1975, 735 (736); BGH NJW RR 1987 1456, (1457).

[556] BGH WM 1966, 678; BGH NJW 1975, 735; BGH NJW RR 1987, 1456; BGH NJW 1991, 1415; BGH NJW 1994, 2022.

[557] Reinking/Eggert, Rn. 1503, anders wohl Musielak, JuS 1992, 715.

[558] Unter Bezug auf BGH NJW 1975, 735; BGH NJW RR 1987, 1456.

[559] Reinking/Eggert, Rn. 1504, unter Bezug auf BGH WM 1991, 811.

Umstände sei auch nicht mit den häufigen Unregelmäßigkeiten im Gebrauchtwagenhandel[560] zu rechtfertigen. Hierbei handele es sich um ein Klischee.[561] Dieser Kritik kann insoweit nicht gefolgt werden, als dem BGH allgemein unterstellt wird, daß er bei der Bewertung der Umstände, die eine Nachforschungspflicht begründen, generell einen strengen Maßstab anlegt. In der von Reinking/Eggert angegriffenen Entscheidung[562] ist zwar geäußert worden, daß bei der Bewertung Nachforschungspflichten auslösender Umstände pauschal ein strenger Maßstab anzuwenden sei. Der BGH äußerte aber schon in dieser Entscheidung unter Bezug auf die Entscheidung der Vorinstanz, in dem Falle, daß es sich bei dem Veräußerer um einen nicht in dem Brief eingetragenen Kfz-Händler handelt, sei eine solche Behandlung nicht unzweifelhaft sei. Eine abschließende Klärung ließ er in jener Entscheidung allerdings offen.

In seinem Urteil vom 1.7.1987[563] ging der BGH allerdings auf diese Frage näher ein. Er hielt es nicht für „außergewöhnlich, wenn ein Kfz-Händler im Rahmen seines Geschäftsbetriebes ein gebrauchtes Fahrzeug verkauft, ohne daß zuvor der Kraftfahrzeugbrief auf ihn als Halter umgeschrieben worden ist.“[564] Somit kann dem BGH nicht pauschal unterstellt werden, er sei gegenteiliger Auffassung. Das zeigt auch die nähere Analyse der vom BGH entschiedenen Fälle. Denn einen „strengen Maßstab“[565] legte der BGH, wie oben festgestellt, in nahezu jedem Fall an, gleichgültig welcher Personengruppe Erwerber und Veräußerer angehörten.

Auch kann Reinking/Eggerts Annahme nicht gefolgt werden, daß sich der BGH unzutreffend, zur Begründung strenger Beurteilung der Umstände, auf die „zahlreichen Unregelmäßigkeiten im Gebrauchtwagenhandel“ bezog. Dabei kann offenbleiben, ob es sich bei dieser Aussage um ein Klischee handelt[566], wenn zumindest die umfangreiche Rechtsprechung zum Gebrauchtwagenhandel deutlich ergibt, daß mit Unregelmäßigkeiten gerechnet werden muß. Der BGH stellte damit zu Recht darauf ab, daß derjenige, der sich auf seinen guten Glauben beruft, dem Erwerbsgeschäft besondere Aufmerksamkeit geschenkt haben muß.

IV. Neuwagenfälle

A. Einführung

Im Vergleich zu den Gebrauchtwagenfällen wurden deutlich weniger Fälle vom BGH entschieden, in denen Neuwagen Gegenstand gutgläubigen Erwerbs wa-

---

[560] BGH WM 1966, 678; BGH NJW RR 1987 1456; BGH NJW 1992, 310.
[561] Reinking/Eggert, Rn. 1500.
[562] BGH NJW 1975, 735, (736).
[563] BGH NJW RR 1987, 1456.
[564] BGH NJW RR 1987, 1456, (1457).
[565] BGH NJW 1975, 735, (736); BGH NJW RR 1987 1456, (1457).
[566] Reinking/Eggert, Rn. 1500.

ren. Bei der Untersuchung dieser Fälle ließen sich auch nur zwei Fallgruppen herausbilden. Zwar unterscheiden sich Neuwagen- insoweit von den Gebrauchtwagenfällen, als bei Neuwagen oftmals in dem Brief naturgemäß noch kein Halter eingetragen ist. Erwirbt daher der Käufer einen Neuwagen von einem autorisierten Kfz-Händler, der dem Fahrzeug einen Brief ohne Haltereintragung beigibt, so ist auch bei fehlender Berechtigung des Veräußerers dann gutgläubiger Erwerb anzunehmen, wenn keine weiteren verdachtserregenden Umstände vorliegen, die dem Käufer Anlaß zu weiteren Nachforschungen hätte geben können.[567] Aber dennoch gelten, wie im Handel mit Gebrauchtfahrzeugen, insoweit die gleichen Anforderungen an den guten Glauben des Erwerbers, als er bei Zweifeln Nachforschungen über die Eigentumsverhältnisse anzustellen hat.[568]

Davon zu unterscheiden sind die Fälle, in denen dem Erwerber bei der Veräußerung kein Brief vorgelegt wurde.[569] Dieser Umstand ist noch nicht an sich ungewöhnlich. Regelmäßig wird der Blanko-Brief in dem häufigen Falle der Finanzierung eines Fahrzeugkaufs vom Hersteller zum Zwecke der Zulassung herausgegeben, ist dann anschließend an den Händler zurückzugeben.[570] Einen Einblick in den Brief kann dann freilich nichts ergeben, denn der Erwerber selbst ist darin eingetragen. Liegen keine weiteren Umstände vor, die die Berechtigung des Veräußerers in Frage stellen, dann findet gutgläubiger Erwerb statt.

B. Veräußerung eines Neuwagens ohne Übergabe des Kfz-Briefs

a) Bereits am 21.05.1953[571] (IV ZR 192/52) hatte dem IV. Zivilsenat ein Fall vorgelegen, in dem der gutgläubige Erwerb eines neuen Kraftfahrzeugs behandelt worden war. Folgendes hatte sich zugetragen:

Die Klägerin hatte der Firma H. - einer autorisierten Vertragshändlerin - ein Darlehen von 4.600 DM zum Ankauf eines jetzt[572] im Besitz des Beklagten befindlichen neuen Personenkraftwagens gewährt. Daraufhin übereignete die Firma H. der Klägerin das Kfz zur Sicherheit. Es wurde ein unentgeltlicher Verwahrungsvertrag vereinbart, der durch die Klägerin jederzeit kündbar war. Über das Kfz durfte die H. erst dann verfügen, wenn ihr sowohl der Kfz-Brief, als auch eine ausdrückliche Verfügungsermächtigung der Klägerin zugegangen war.

Entgegen diesen Verpflichtungen veräußerte die Firma H. das Kraftfahrzeug an den Beklagten, - Inhaber einer Großhandlung für Kfz-Zubehörteile -. Bis zur Tilgung des gesamten Kaufpreises sollte das Fahrzeug Eigentum der Verkäufe-

567 Siehe dazu Kapitel 5 V. C 1.
568 Siehe dazu Kapitel 5 V. C 1.
569 Siehe dazu Kapitel 5 V. C. 3.
570 BGH DB 1959, 1228f.
571 BGHZ 10, 69 = LM BGB § 932 Nr. 4=JZ 1954, 40.
572 Genaue Daten finden sich im Urteil nicht.

rin bleiben. Der Beklagte hatte sich verpflichtet, bei der Zulassungsstelle schriftlich zu beantragen, daß der Kfz-Brief der Verkäuferin ausgehändigt werde. Der Beklagte leistete die im Kaufvertrag vorgesehene Zahlung an die Firma H. Nach Bezahlung des Kaufpreises holte der Beklagte, zusammen mit einem Angestellten der H., das Fahrzeug bei dem Hersteller ab, wo es dem Beklagten dann übergeben wurde. Eine Zulassung auf den Beklagten erfolgte nicht. Der Brief befand sich noch im Besitz der Klägerin.

Nachdem die H. die Zahlungen eingestellte und in Konkurs geraten war, verlangte die Klägerin Herausgabe des Kfz. Alle Instanzen hatten die Klage abgewiesen.

Das Berufungsgericht war zu dem Ergebnis gelangt, daß die Voraussetzungen für einen gutgläubigen Erwerb an dem Neuwagen vorgelegen hatten. Der BGH sah in diesem Fall keinen Grund, die Auffassung des Berufungsgerichts in Zweifel zu ziehen. Nach Auffassung des BGH verwendete das Berufungsgericht den Begriff der groben Fahrlässigkeit im Einklang mit der ständigen Rechtsprechung. Inwieweit der Erwerber zu weiteren Nachforschungen verpflichtet gewesen wäre, stellte der BGH allerdings nicht fest. „(...) Insbesondere die Tatsache, daß der Beklagte sich den Kfz-Brief nicht hat vorlegen lassen, ist grundsätzlich eine Frage tatsächlicher Art. Diese Frage unterliegt daher nur insoweit einer Nachprüfung (...), als gegen Verfahrensvorschriften, Denkgesetze oder Erfahrungssätze verstoßen ist. Was die Revision in dieser Hinsicht vorträgt, rechtfertige aber nicht die Bejahung eines derartigen Verstoßes."[573] Daß das Berufungsgericht gutgläubigen Erwerb angenommen hatte, obwohl es sich bei dem Beklagten um einen geschäftserfahrenen Kaufmann gehandelt hatte, änderte nichts an der Auffassung des BGH, der meinte, das sei eine mögliche Würdigung, die einer Revision nicht zugänglich sei. Denn die Beurteilung des Merkmales „grob" durch das Berufungsgericht sei nicht revisibel.[574]

b) In einem späteren Urteil vom 21.09.1959 (III ZR 103/58)[575] stellte der BGH die unterschiedliche Rolle des Kfz Briefs beim Erwerb neuer und gebrauchter Fahrzeuge dar. Er führte aus, wie sich die Nichtvorlage des Kfz-Briefs beim Kauf neuer, im Verhältnis zu gebrauchten Fahrzeugen, auswirkt. Der dritte Zivilsenat vertrat in diesem Urteil die Auffassung, daß der Erwerber eines gebrauchten Kraftfahrzeugs regelmäßig grob fahrlässig handele, wenn er sich beim Erwerb nicht den Kfz-Brief vorlegen lasse: Weiter hieß es jedoch: „Beim Erwerb fabrikneuer Kraftfahrzeuge von einem autorisierten und nicht als unzuverlässig erkannten Kraftfahrzeughändler [der jedoch zur Übertragung des Eigentums an dem betreffenden Fahrzeug noch nicht befugt war] ist aber das Fehlen des Briefs nicht ungewöhnlich, weil der Brief zunächst ausgefertigt und bei Ra-

[573] BGHZ 10 69, (74).
[574] Dazu ausführlich S. 9 ff.
[575] BGH BB 1959, 1228.

tenkäufen nach Vorlage zur Zulassung wieder dem Händler zurückgegeben werden muß (vgl. § 23 StVZO)“ [576].

c) Dasselbe vertrat der VIII. Senat in einem Urteil vom 03.03.1960 (VIII ZR 40/59),[577] in dem gutgläubiger Erwerb angenommen wurde. Hier hatte der Käufer von einem Vertragshändler des Herstellers erworben, der zur Veräußerung des Fahrzeugs nicht befugt war. In seiner Begründung unterschied der BGH zunächst, ob es sich um den Erwerb eines fabrikneuen oder eines gebrauchten Fahrzeugs handelte. Er führte dazu aus, daß beim Erwerb eines gebrauchten Kraftfahrzeugs derjenige grob fahrlässig handele, der sich den Kfz-Brief nicht vorlegen lasse.[578] In seiner weiteren Begründung zur Rechtfertigung des gutgläubigen Erwerbs bezog sich der BGH jedoch zu Unrecht auf BGHZ 10, 69[579]. Er meinte, dort habe der BGH die Auffassung des Berufungsgerichts gebilligt, „das es nicht als grob fahrlässig angesehen hat, wenn sich der Erwerber beim Kauf eines fabrikneuen Wagens von einer autorisierten Verkaufsstelle den Kraftfahrzeugbrief nicht hat vorlegen lassen.“[580] Der BGH aber hatte in Wirklichkeit in jenem Urteil die Auffassung des Berufungsgerichts gerade nicht gebilligt. Er hatte vielmehr angeführt, daß „insbesondere die Tatsache, daß der Beklagte sich den Kraftfahrzeugbrief nicht hat vorlegen lassen, (...) grundsätzlich eine Frage tatsächlicher Art [ist].“[581] Damit hatte er lediglich seine Zuständigkeit zur Klärung dieser Frage verneint und in Konsequenz dessen die Frage, ob dem Beklagten in jenem Fall grobe Fahrlässigkeit vorzuwerfen war, offen gelassen.

Im Weiteren stellte der VIII. Senat klar, daß es auch in Fällen des Handels mit Neuwagen stets auf die jeweils gegebenen besonderen Umstände ankomme.[582]

d) In solchen Umständen lagen auch in dem folgendem Urteil des VIII. Zivilsenats vom 14. Juli 1965 (VIII ZR 216/63)[583] die tragenden Gründe dafür, den guten Glauben des Erwerbers nicht anzunehmen. Zugetragen hatte sich in jenem Fall folgendes:

Die Klägerin, ein Direkthändler der O. - AG, wollte dem Beklagten einen Lkw (Pritschenwagen) verkauft haben und forderte in erster Linie den restlichen Kaufpreis. Der Beklagte behauptete hingegen, mit H. einen Kaufvertrag über den Kauf des Pritschenwagens geschlossen zu haben, mit dem auch die Klägerin in geschäftlichen Beziehungen stand. H. hatte dem Beklagten einen Pkw gemäß

---

576 BGHZ 30, 374=BGH BB 1959, 1228.

577 BGH LM HGB § 366, Nr. 10, Bl. 1230, (1231)=WM 1960, 397=Warn. 1960, Nr. 343=BB 1960, 383=MDR; 1960, 494=NJW1960, 1006=VRS 18, 331.

578 Unter Bezug auf BGH LM BGB § 932, Nr. 12=MDR 1959, 207.

579 Siehe dazu S. 12 ff.

580 BGH LM HGB § 366, Nr. 10, Bl. 1231.

581 BGHZ 10 , 69, (74).

582 BGH LM HGB § 366, Nr. 10.

583 BGH WM 1965, 1136.

Kaufvertrag vom 25.02.1961 verkauft. Dieser wurde von der Klägerin am 16.03.1961 über H. geliefert. Am 01.03.1961 bestellte H. bei der Klägerin unter Ausfüllung eines Formblattes für Kaufverträge auf den Namen des Beklagten einen neuen Lastkraftwagen. Mit Schreiben an den Beklagten vom 10.03.1961 bestätigte die Klägerin den ihr (angeblich) durch ihren Angestellten B. erteilten Auftrag über Lieferung eines Pritschenwagens. Der Beklagte will diesem Schreiben sofort durch fernmündlichen Anruf seines Sohnes im Geschäft der Klägerin in einer Rücksprache mit deren Angestellten D. widersprochen haben, und zwar durch die Erklärung, der Beklagte habe keinen Lkw bei der Klägerin bestellt; es könne auch von keiner Barzahlung die Rede sein, weil H. versprochen habe, bei dem bisher mit ihm in Aussicht genommenen Geschäft einen gebrauchten Caravan und den alten LKW zu guten Preisen in Zahlung zu nehmen.

Am 16.03.1961 schloß der Beklagte mit H. einen Kaufvertrag über einen neuen Lkw. Auf den Kaufpreis sollten der Caravan und der gebrauchte Lkw in Zahlung genommen werden. Der Restkaufpreis sollte nach Vereinbarung gezahlt werden. Eines der in Zahlung genommenen Fahrzeuge veräußerte H. an die Klägerin, die darauf den neuen Pritschenwagen samt dem Kfz-Brief an H. übergab, damit dieser den Wagen im Namen des Beklagten zulassen und an diesen ausliefern konnte. Das wurde von H. auch durchgeführt. Den dazugehörigen Kfz-Brief gab H. an die Klägerin zurück. Dem Beklagten gab H. an, daß er den Brief in zwei Tagen nachreichen würde, da er noch mit der Klägerin abrechnen müsse. Dann händigte der Beklagte das andere in Zahlung genommene Kraftfahrzeug dem H. aus, der ihm darauf schriftlich bestätigte, daß dieses Fahrzeug auf den Kaufpreis des neuen Pritschenwagens angerechnet würde. H. veräußerte den gebrauchten Lkw weiter und behielt den Erlös für sich. Die Klägerin verlangte zunächst Zahlung des Restkaufpreises i.H.v. 8.298,00 DM, hilfsweise aber Herausgabe des Kraftfahrzeugs und Ersatz des Minderwertes.

Das Landgericht gab der Zahlungsklage statt. Darauf legte die Beklagte Berufung mit dem Antrag der Abweisung der Klage ein, soweit der Beklagte zur Zahlung von mehr als 1.898,00 DM verurteilt worden sei. Diesem Antrag entsprach das Oberlandesgericht. Die Revision der Klägerin führte zur Aufhebung und Zurückverweisung.

Der VIII. Senat stellte zunächst fest, daß „Bei dem Erwerb eines neuen Kraftwagens (...) zwar das Fehlen eines Kraftfahrzeugbriefes bei der Übergabe des Wagens an den Käufer nicht schon grundsätzlich gegen das Eigentum des Veräußerers oder die Berechtigung des Verfügenden zur vorbehaltslosen Übereignung des Kraftwagens zu sprechen [braucht].“[584] Aber in jenem Fall lagen nach Auffassung des BGH besondere Umstände vor, die einen gutgläubigen Erwerb ohne entsprechende Nachforschungen über die Eigentumsverhältnisse nicht ohne weiteres begründen konnten.

[584] BGH WM 1965, 1136, (1138).

Als solchen Umstand bezeichnete der BGH die Tatsache, daß sich der Beklagte hinsichtlich des Fehlens des Briefs mit dem Hinweis vertrösten ließ, daß H. nur noch mit der Klägerin abrechnen müsse, worauf der Brief nachgereicht werden würde. Eine solche „büromäßig" bedingte Verzögerung der Briefübergabe war dem Berufungsgericht indes nicht verdächtig erschienen. Dem BGH reichte jedoch diese Erklärung als Rechtfertigung für unterlassene Nachforschungen nicht aus. Der Senat war der Auffassung, daß der Umstand, daß H. den Brief erst später übergeben hatte, möglicherweise zu Zweifeln an der Berechtigung hätte Anlaß geben müssen. Denn deswegen wäre in Betracht zu ziehen gewesen, daß „die Klägerin den Kraftfahrzeugbrief deshalb zurückgehalten hat, weil sie von H. noch nicht den vollen Gegenwert für den Wagen erhalten hatte. Es mußte hiernach für den Beklagten zweifelhaft sein, ob die Klägerin trotzdem schon damit einverstanden war, daß H. den Wagen dem Beklagten ohne Vorbehalt übereignete."[585] Die Annahme des Berufungsgerichts, der Beklagte habe annehmen können, daß sich die Klägerin durch Vorausabtretung der Kaufpreisforderung bereits abgesichert habe, sah der Senat allein als nicht ausreichend an, potentielle Zweifel an der Berechtigung des H. zu entkräften. Insbesondere ergebe es keinen Sinn, daß die Klägerin den Brief zurückgehalten hatte, zumal sie damit einverstanden war und Kenntnis davon hatte, daß der Pritschenwagen bereits auf den Namen des Beklagten zugelassen worden war. Im übrigen habe das Berufungsgericht jedenfalls keine entsprechenden tatsächlichen Feststellungen diesbezüglich getroffen. Jedenfalls hätten die Umstände des Falles den Beklagten zur Vorsicht mahnen müssen. „Er hätte eine Klarstellung über die Befugnis des H., sofort vorbehaltlos Eigentum zu übertragen, ohne Schwierigkeit durch eine fernmündliche Rückfrage bei der Klägerin herbeiführen können."[586]

Daraus folgt, daß in dem Falle, daß ein Neuwagen nicht direkt bei einem Vertragshändler des Herstellers erworben wurde, nicht ohne weiteres auf die Briefübergabe verzichtet werden kann. Liegen Umstände vor, die Zweifel an der Berechtigung des Veräußerers belassen, dann sind, wie auch in den Gebrauchtwagenfällen, Erkundigungen über die Eigentumsverhältnisse zur Erhaltung des guten Glaubens erforderlich.

C. Veräußerung mit Übergabe eines Briefs ohne Haltereintragung

e) Im Gegensatz zu den vorstehenden Fällen war auch Gegenstand der Betrachtung des BGH, wie es sich auswirkt, wenn bei der Veräußerung eines Neuwagens zwar ein Kfz-Brief mit übergeben wurde, in dem jedoch kein Halter eingetragen war. Entschieden wurde ein solcher Fall vom II. Senat am 30.10.1995 (II ZR 254/94)[587]:

---

[585] BGH WM 1965, 1136, (1137).
[586] BGH WM 1965, 1136, (1138).
[587] BGH NJW 1996, 314.

In diesem Rechtsstreit war Klägerin ein Kfz-Handel, der Gebraucht- und Neuwagen verkaufte. In diesem Rahmen veräußerte sie dem A. einen gebrauchten und zwei Neuwagen, vermutlich unter Eigentumsvorbehalt. Zu dem gebrauchten Wagen wurde der entsprechende Kfz-Brief mit übergeben. In dem Brief wurde A. auch als Halter eingetragen. Auch zu den Neufahrzeugen wurden dem A. die jeweiligen Briefe übergeben, in denen er jedoch nicht als Halter eingetragen wurde. Eine Bezahlung der Wagen unterblieb. Vielmehr veräußerte A. die Wagen weiter an die Beklagte, der er die Fahrzeuge mit samt den entsprechenden Kfz-Briefen übergab.

Der Gebrauchtwagen wurde von der Beklagten bar bezahlt. Hinsichtlich der Neuwagen bekam die Beklagte von der F. + A. GbR eine Rechnung. Dabei ließ sich die Beklagte schriftlich bestätigen, daß an den Neuwagen keinerlei Rechte Dritter bestünden. Einer der Neuwagen und das Gebrauchtfahrzeug wurde erheblich unter Wert verkauft.

Die Klägerin verlangte Schadensersatz, nachdem die Beklagte die Fahrzeuge während des Rechtsstreits weiterveräußert hatte. Land- und Oberlandesgericht wiesen die Klage zurück. Die Revision der Klägerin hatte Erfolg und führte zur Aufhebung und Zurückverweisung.

Es ist zunächst aufgefallen, daß sich die Untergerichte lediglich schematisch die Prinzipien vergangener höchstrichterlicher Rechtsprechung zu eigen gemacht hatten. So war das Berufungsgericht der Auffassung gewesen, daß die Beklagte keinen Anlaß zu Nachforschungen bezüglich der Eigentumsverhältnisse hatte. Bei Neufahrzeugen wäre es üblich, daß deren Kfz-Briefe keine Haltereintragungen enthalten hatten. Nachforschungspflichten hätten nur dann bestanden, wenn ein Gebrauchtfahrzeug von einer Privatperson, zwar mit Übergabe des Briefs veräußert worden wäre, aber Halter und Veräußerer personenverschieden gewesen wären.

Strengere Anforderungen an das vorliegende Erwerbsgeschäft stellte der BGH. Denn aus den Annahmen des Berufungsgerichts ließe sich der Schluß ziehen, „daß beim Kauf von Neuwagen der Eintragung des Halters im Fahrzeugbrief nur untergeordnete Bedeutung zukomme. Im Streitfall ginge es darum, daß beim Kauf von zwei Neuwagen Fahrzeugbriefe ohne Haltereintragungen vorgelegt wurden. Das mag beim Neuwagenkauf von einem autorisierten und zuverlässigen Vertragshändler mangels sonstiger Auffälligkeiten nicht zu beanstanden sein. Das kann aber auf einen Autokauf aus Privathand nicht ohne weiteres übertragen werden. Weder A. noch die F.+A. GbR waren Vertragshändler, so daß unter den gegebenen Umständen die fehlende Eintragung des Halters im Fahrzeugbrief entgegen der Ansicht des Berufungsgerichts nicht als üblich bezeichnet werden kann."[588]

[588] BGH NJW 1996, 314.

Zudem lagen in jenem Fall weitere Umstände vor, die auf Seiten des Erwerbers keinen eindeutigen Schluß auf die Befugnis des Veräußerers möglich machten. Einen solchen Umstand sah der Senat darin, „daß eine Privatperson, die offenbar mit der Beklagten nicht in ständiger Geschäftsbeziehung stand, innerhalb kurzer Zeit insgesamt drei Kraftwagen veräußerte, ohne ihrerseits – jedenfalls ist das nicht festgestellt – ein Fahrzeug zu erwerben. Zudem handelt es sich bei zwei Fahrzeugen für die Beklagte um Fabrikate anderer Autohersteller."[589]

In der Beurteilung der ein Erwerbsgeschäft begleitenden Umstände ist allerdings stets auf das Gesamtbild der in zeitlichem Zusammenhang erfolgten Veräußerungen abzustellen. Dadurch kann regelmäßig offenbleiben, ob bereits ein Umstand ausreicht, ein Verhalten als grob fahrlässig zu beurteilen. So beeinflußte die Preisgestaltung auch in diesem Fall das Gesamtbild der Umstände, die geeignet waren, Zweifel an dem Eigentum des A. an den Neuwagen zu erwecken. Diese konnte auch nicht dadurch entkräftet werden, daß sich die Beklagte eine Erklärung hatte geben lassen, in der bestätigt worden war, daß an den Neuwagen keinerlei Rechte Dritter bestanden hatten.[590]

D. Bewertung der Neuwagenfälle

Betrachtet man die fünf Fälle, die im Handel mit Neuwagen zu höchstrichterlichen Entscheidungen führten, so ist das Verhältnis der Entscheidungen, die zugunsten des Erwerbers entschieden wurden, zu denen mit gegenteiligem Ergebnis, ausgeglichen. So hatten die privaten Erwerber in den zu ihren Gunsten entschiedenen Fällen von einem autorisierten Vertragshändler erworben. In den Urteilen[591] differenzierte der BGH zwischen Neu- und Gebrauchtwagenfällen. Zwar handele derjenige grob fahrlässig, der sich beim Erwerb eines gebrauchten Kfz den Brief nicht vorlegen lasse.[592] Aber beim Erwerb fabrikneuer Fahrzeuge von einem autorisierten und als zuverlässig bekannten Händler sei das Fehlen des Kfz-Briefs[593] oder die mangelnde Haltereintragung[594] indes nicht ungewöhnlich. Die Annahme gutgläubigen Erwerbs in diesen Fällen hatte ihren Grund darin, daß nach den Erfahrungen des täglichen Lebens an Neufahrzeugen im Verhältnis zu Gebrauchtwagen die Gefahr einer bestehenden Sicherungsübereignungen oder eines Eigentumsvorbehalts wesentlich geringer ist. In der Regel geht das Interesse eines Herstellers nicht über einen verlängerten Eigentumsvorbehalt hinaus.[595] Auch erklärt sich das Fehlen eines Briefs dadurch, daß das

---

[589] BGH NJW 1996, 314.
[590] BGH NJW 1996, 314, (315).
[591] BGHZ 10, 69; BGH LM HGB § 366, Nr. 10.
[592] BGH LM HGB § 366, Nr. 10.
[593] BGH BB 1959, 1228; NJW 1996, 314; BGHZ 10, 69.
[594] BGH NJW 1996, 314.
[595] Barheine, S. 36; Mittenzwei, NJW 1986, 2472.

Fahrzeug zunächst zugelassen werden muß[596] und der veräußernde Hersteller den Brief selbst ausstellt. In diesem Fall muß nicht damit gerechnet werden, daß sich der Brief in der Hand eines Dritten befindet.[597] Das gilt besonders deswegen, weil der Brief noch keine amtlichen Eintragungen enthält und deshalb noch keine volle Wirksamkeit bezüglich seiner eigentumssichernden Funktion entfalten kann.[598]

Liegen jedoch besondere Umstände vor, die bei dem Erwerber Zweifel an der Berechtigung des Veräußerers hätten erzeugen müssen, so wird auch in den Neuwagen- nicht anders als in den Gebrauchtwagenfällen entschieden. Es sind Nachforschungen nötig, deren Unterlassen zur Annahme der Bösgläubigkeit führt. Damit unterscheiden sich Neu- und Gebrauchtwagenfälle nur dann, wenn der Käufer eines Neuwagens von einem als zuverlässig bekannten autorisierten Vertragshändler erworben hat. Dann bestehen auch ohne Briefvorlage i.d.R. keine Nachforschungspflichten. In den sonstigen Fallkonstellationen beurteilte der BGH die Anforderungen an den guten Glauben nicht weniger streng als in den Gebrauchtwagenfällen üblich.[599]

Zur Übersicht sind, wie schon oben bei den Fällen zum Gebrauchtwagenhandel, die einzelnen Erwerbsvorgänge dargestellt:

Erwerb Neuwagen	GE -	GE +
Privat von Händler		1
Bank von Händler		1
Kaufmann von Händler	1	1
Händler von Privat	1	

Eine Bank, ein Kaufmann und eine Privatperson konnten gutgläubig erwerben. Einem Kaufmann und einem Kfz-Händler blieb gutgläubiger Erwerb versagt. Allerdings lässt sich die These, daß die Anforderungen an den guten Glauben im Gebrauchtwagengeschäft höher angesetzt sind als im Neuwagenhandel[600], nicht halten. Denn der Vergleich mit den Gebrauchtwagenfällen zeigte in erster Linie, daß die Anforderungen an den guten Glauben hinsichtlich der Erwerber, die regelmäßig am Geschäftsleben teilnehmen, höher angesetzt sind, als die an private Kfz-Käufer.

596 § 25 Abs. 1, S. 1 StVZO; Serick, Bd. I, S. 103; Barheine, S. 36.
597 Bormann, DAR 1960, 1, (3); Barheine, S. 36.
598 Bormann, DAR 1960, 1, (3).
599 Für allgemein weniger strenge Beurteilung des Neuwagengeschäfts: Mittenzwei, NJW 1986, 2472.
600 Mittenzwei, NJW 1986, 2472.

Es gab zwar bei den Neuwagenfällen im Verhältnis zu den Gebrauchtwagenfällen eine größere Anzahl von Erwerbern, denen der BGH guten Glauben bescheinigte. Dabei ist aber festzustellen, daß die Erwerber in den Neuwagenfällen, in denen der BGH gutgläubigen Erwerb annahm, jeweils vom autorisierten Vertragshändler erworben hatten. Daher ergibt sich, daß in diesen Fällen die These zutrifft, daß die Gebrauchtwagen- strenger als die Neuwagenfälle behandelt wurden.[601] Erwirbt der Neuwagenkäufer hingegen von einer Privatperson, oder von einem nicht autorisierten Kfz-Händler, der sowohl Neu-, als auch Gebrauchtwagen veräußert, so ist die bei den Gebrauchtwagenfällen übliche Vorsicht walten zu lassen.

Damit läßt sich der Neuwagenhandel insofern von dem Gebrauchtwagengeschäft abgrenzen, als das Fehlen des Briefs oder die fehlende Haltereintragung an sich nicht ungewöhnlich ist.[602] Aber auch im Handel mit Gebrauchtwagen ist zumindest die Tatsache, daß der veräußernde Händler nicht im Brief eingetragen ist, nicht zwingend verdächtig.[603] Ansonsten bewertete der BGH die Umstände des jeweiligen Einzelfalls allgemein streng, wodurch ein Erwerb geschäftserfahrener Käufer meist nicht in Betracht kam. Wie sich das Erwerbsverhältnis in seiner Gesamtheit darstellt, zeigt die folgende Übersicht:

Erwerb gesamt	Anzahl	GE -	GE +	Offen
Durch Private	6	3	2	1
		50%	33,3%	16,7%
Durch Kaufleute	19	14	3	2
		73,7%	15,8%	10,5%
Gesamt	25	17	5	3
		68%	20%	12%

Von den 25 betrachteten Fällen konnten 2 von 6 (33,3%) der privaten Erwerber und lediglich 3 von 19 (15,8%) der professionellen Erwerber gutgläubig erwerben. Der Rest blieb offen bzw. führte nicht zum gutgläubigen Erwerb. Dieses Ergebnis zeigt noch einmal, daß der BGH an Kaufleute strengere Anforderungen an den guten Glauben stellt, als an private Käufer. Der Gesamtüberblick läßt allerdings auch darauf schließen, daß ein Kraftfahrzeug nur in Ausnahmefällen, nämlich in 8 von insgesamt 25 Fällen gutgläubig erworben werden kann.

601 So auch Barheine, S. 36 f.
602 Siehe Kapital 5 V. D. 2.
603 Siehe Kapital 5 V. C. 2.

V. Schlußfolgerungen

Bei der Frage, ob ein gutgläubiger Erwerb stattfinden kann, spielten auch beim Erwerb von Kraftfahrzeugen Nachforschungspflichten eine wesentliche Rolle. Wann Erkundigungspflichten bestehen, ist nach Auffassung des BGH eine Frage des einzelnen Falles.[604] Darüber, inwieweit sich im Einzelfall Erkundigungspflichten erstrecken, können allgemeine Grundsätze nicht aufgestellt werden.[605] Insbesondere kommt es nicht auf den Erfolg derselben an.[606] Sie sind allerdings geboten, wenn der Erwerber aufgrund der Umstände des Falles Zweifel an der Berechtigung des Veräußerers haben mußte.[607] Daher kommen den Nachforschungspflichten in der Beurteilung, ob gutgläubiger Erwerb stattgefunden hatte, erhebliche Bedeutung zu. Denn in den meisten Fällen, in denen der BGH den guten Glauben abgelehnt hatte, fehlte es seitens des Erwerbers entweder ganz oder teilweise an ausreichenden Erkundigungen über die Eigentumsverhältnisse. Das führte dazu, daß in nur sehr wenigen Entscheidungen, nämlich in 8 von insgesamt 25 Fällen zugunsten der Erwerber erkannt wurde. In den folgenden Fällen hatte der BGH geklärt, inwieweit Zweifel an den Eigentumsverhältnissen angebracht waren, die Nachforschungspflichten zur Folge hatten.

Zweifel erzeugt in der Regel etwa, wenn ein besonders wertvoller Gegenstand weit unter Wert veräußert wird[608] und dem Erwerber zudem bekannt ist, daß der Veräußerer in einer schwierigen wirtschaftlichen Lage ist.[609] Ebensowenig vertrauenswürdig erscheint die Lage, wenn sich der Veräußere in einer wirtschaftlich bedrängten Lage befindet und über verhältnismäßig wertvolle Ware frei verfügen können will.[610] Wenn Vertragsverhandlungen mit dem Vertreter eines Unternehmens an einem neutralen Ort stattfinden und der Veräußerer nur die Adresse seines Anwalts angibt, sind ebenfalls Zweifel angebracht.[611] Ebenso dann, wenn ein Unternehmen eine Sache von ungewöhnlich hohem Wert verkauft und es sich zudem um ein Geschäft handelt, das nicht zu dem gewöhnlichen Geschäftsgang der Firma gehört.[612] Wenn es sich um ein Erwerbsgeschäft handelt, das mit dem Inhaber eines Gewerbebetriebs abgeschlossen wurde, was aber aus dem Rahmen der von dem Veräußerer in seinem Unternehmen üblicherweise abgeschlossenen Geschäfte herausfällt, z.B. eine Sicherungsübereignung durch einen Kaufmann, die eine üblicherweise unter Eigentumsvorbehalt verkaufte Sache betrifft[613]. Nicht üblich sei auch die Vereinbarung eines erwei-

---

[604] Siehe S. 57, 70, 77, 82, 87, 89, 133.
[605] Siehe S.56.
[606] Siehe S. 52 ff.
[607] Siehe S. 54, 56, 57, 60, 61 f., 64, 70, 75, 80, 102, 106, 109, 114 f., 120, 128, 139, 142.
[608] Siehe S. 74 ff.
[609] Siehe S. 56.
[610] BGH WM 1964, 1193, (1195). S. 65.
[611] Siehe S.69.
[612] Siehe S. 65, 71, 80, 96.
[613] BGH NJW 1999, 425.

terten Eigentumsvorbehalts bei Geschäften mit dem letzten Verbraucher.[614] Auch soll beim Erwerb einer Sache von einem Zwischenhändler grundsätzlich mit einem Eigentumsvorbehalt gerechnet werden.[615] Nicht aber mit einer Sicherungsübereignung. Das stelle eine Überspannung der an den Erwerber zu stellenden Anforderungen dar.[616]

Der BGH würdigte auch ein etwaiges Vorbringen des Erwerbers zur Rechtfertigung seines guten Glaubens: Beispielsweise konnte sich der Erwerber nicht damit rechtfertigen, der Veräußerer habe seinen Geschäftsbetrieb bereits mehrere Jahre unterhalten. Denn daraus ließe sich nicht zwangsläufig schließen, daß der Veräußerer die zu veräußernde Sache seinerseits schon bezahlt hatte.[617] Insbesondere können gute persönliche Beziehungen zwischen Veräußerer und Erwerber einen gutgläubigen Erwerb erschweren.[618] Auch könne sich der Erwerber bei Zweifeln an den Eigentumsverhältnissen zur Rechtfertigung seines guten Glaubens nicht mit einer eidesstattlichen Versicherung des Veräußerers begnügen, die Sache sei bezahlt und sein uneingeschränktes Eigentum.[619]

Auch wurden durch den BGH neben der Frage, wann Zweifel an den Eigentumsverhältnissen angebracht sind, grundsätzliche Fragen zum gutgläubigen Erwerb geklärt. Da ist etwa zu nennen, daß grundsätzlich die Vorschriften der §§ 932 ff BGB, 366 HGB dann nebeneinander anwendbar sind, wenn sich der Erwerber schlechthin auf seinen guten Glauben beruft.[620] Beruft sich der Erwerber jedoch auf den guten Glauben an die Verfügungsbefugnis des Veräußerers, so ist eine unmittelbare Anwendung der §§ 932 ff. BGB ausgeschlossen. Es kommt dann nur die Anwendung des § 366 HGB in Betracht[621], an dessen Prüfung die gleichen Anforderungen zu stellen sind, wie an die §§ 932 ff. BGB.[622] Im Rahmen des § 366 HGB könne guter Glaube an die Verfügungsbefugnis des Veräußerers entweder darauf beruhen, daß der Erwerber an einen Tatbestand glaube, bei dessen Vorliegen die Verfügungsbefugnis bestünde, oder darauf, daß er trotz Kenntnis des ein Verfügungsrecht nicht begründenden Tatbestands infolge Rechtsirrtums die Verfügungsbefugnis annehme.[623] Das gleiche gelte, wenn der Erwerber - trotz Kenntnis der gegen das Eigentum des Veräußerers sprechenden Tatsachen - ohne grobe Fahrlässigkeit infolge rechtsirriger Beurtei-

---

614 BGH LM HGB § 366, Nr. 4, Bl. 3.
615 Siehe S. 65 ff.
616 BGH NJW 1966, 1959, (1960); BGH JZ 1970, 187. Siehe S. 65 ff.
617 BGH WM 1968, 540, (541).
618 BGH WM 1964, 1193, (1195).
619 BGH MDR, 1973, 44, (45); auch BGH WM 1968, 540; BGH JZ 1970, 187; BGH Warn. 1973, Nr. 3; BGH WM 1978, 1209.
620 BGH LM HGB § 366, Nr. 4, Bl. 3; BGH WM 1959, 533, (534); BGHZ 77 274, (276); Maier, JuS 1982, 487, (489).
621 BGHZ 2, 38, (49).
622 BGH WM 1964, 1193.
623 BGH Akz.: IV 48/52; BGHZ 2, 38, (53).

lung an die Berechtigung seines Veräußerers geglaubt habe.[624] Im Zusammenhang mit Sicherungsrechten gelte für den gutgläubigen Erwerb: Glaube der Erwerber einer Sache, daß eine vom Veräußerer selbst unter EV gekaufte Sache bereits bezahlt sei, so beriefe sich der Erwerber auf seinen guten Glauben an das Eigentum des Veräußerers, nicht aber an eine Verfügungsbefugnis. In einem solchen Fall sei kein Platz für die Anwendung des § 366 HGB.[625]

Für den gutgläubigen Erwerb von Kraftfahrzeugen spielt der Kfz-Brief eine überragende Rolle. Er dient neben der Erschwernis des Absatzes gestohlener Fahrzeuge maßgeblich der Eigentumssicherung.[626] Dementsprechend kann seine Existenz für einen potentiellen Fahrzeugerwerb kraft guten Glaubens nicht ignoriert werden. Durch seinen Einfluß auf den vom Kfz-Besitz ausgehenden Rechtsschein bestand die Notwendigkeit, den Kfz-Brief, im System des Kraftfahrzeugerwerbs, dogmatisch einzuordnen. Die Frage war zu klären, ob der Brief zum Erwerb eines Fahrzeugs grundsätzlich mitübergeben werden muß um von einem vollständigen Erwerb des Fahrzeuges ausgehen zu können, wodurch die Briefvorlage dann dem objektiven Erwerbstatbestand zuzuordnen wäre. Unzweifelhaft könnte die Notwendigkeit der Briefvorlage dann dem objektiven Rechtsscheintatbestand zugeordnet werden, wenn der Brief als eigenständiger Rechtsscheinträger angesehen würde[627], der den Eigentümer legitimiert.[628] Jedoch handelt es sich bei dem Kfz-Brief nicht um einen eigenständigen Rechtsscheinträger.[629] Vielmehr teilt der Brief lediglich, in entsprechender Anwendung des § 952 BGB, hinsichtlich der Eigentumsverhältnisse das rechtliche Schicksal des Fahrzeugs[630], wobei angenommen wird, daß das Eigentum an dem Kfz-Brief dem Eigentümer des Kraftfahrzeugs zusteht.[631] Daraus folgt, daß der Kfz-Brief dem subjektiven und nicht dem objektiven Rechtsscheintatbestand zuzuordnen ist.[632] Bei ihm handelt es sich auch nicht um ein Traditionspapier, wodurch er die Übergabe des Kfz nicht zu ersetzen imstande ist.[633]

Hinsichtlich der Behandlung des Kfz-Briefs beim Erwerb eines gebrauchten Kraftfahrzeugs hat der BGH eine differenzierte Rechtsprechung entwickelt. Ob einem Erwerber guter Glaube bescheinigt wurde, hing zum einen davon ab, welcher Personengruppe Erwerber und Veräußerer angehörten. Zum anderen, wie der BGH die Umstände des jeweiligen Falles hinsichtlich des guten Glaubens bewertete. Dabei vertrat der BGH in ständiger Rechtsprechung die Auffassung,

---

[624] BGH NJW 1961, 777, unter Bezug auf RGZ 74, 354, (356 f.).
[625] BGH LM HGB § 366, Nr. 4, Bl. 3.
[626] Siehe S. 90 ff.
[627] Fischer JR 1975, 416.
[628] Barheine, S. 14.
[629] Barheine, S. 14; Giegerich, NJW 1986, 1976. A.a. Fischer JR 1975, 416.
[630] BGH WM 1959, 138, (140).
[631] Endress DAR 1959, 116; Schmidt, DAR 1963, 321, (322).
[632] Siehe S. 85 ff.
[633] Siehe S. 84 ff.

daß in der Regel derjenige grob fahrlässig handelt, der sich beim Kraftfahrzeugerwerb den Kfz-Brief nicht vorlegen ließ. Das trifft jedoch nicht in jedem Fall zu.[634]

Wurde beim Erwerb eines Gebrauchtfahrzeugs kein Kfz-Brief vorgelegt, so konnte gutgläubiger Erwerb nur stattfinden, wenn besondere Umstände vorlagen, die eine Vorlage des Briefs entbehrlich machten. Denn das Fehlen eines Kfz-Briefs spricht grundsätzlich dafür, daß der Veräußerer nicht verfügungsbefugt ist.[635] Solche Umstände nahm der BGH in zwei Fällen an. Wurde dem Erwerber in glaubwürdiger Weise erklärt, der Brief befinde sich „noch im Büro"[636], so können unterlassene Nachforschungen über die Eigentumsverhältnisse mit der Sorgfaltspflicht des Erwerbers vereinbar sein, wenn nach den gesamten Umständen kein begründeter Anlaß bestand, an der Berechtigung des Veräußerers zu zweifeln. Einen solchen, den guten Glauben begründenden Umstand, kann auch darstellen, wenn dem Erwerber anstatt eines Kfz-Briefs, ein gleichwertiges Dokument, etwa ein englisches registration book, vorgelegt wurde.[637]

Ist der Brief abhanden gekommen, so kann die Vorlage einer Bescheinigung der Zulassungsstelle die Vorlage des Briefs nicht ersetzen. In diesem Falle hat der Erwerber abzuwarten, bis der Ersatzkraftfahrzeugbrief ausgestellt wird. Daran ändert sich auch nichts, wenn das Amt für Verkehr die Bescheinigung akzeptiert hat.[638] Anders ist die Lage dann, wenn die Zulassungsstelle das Fahrzeug zugelassen hatte, ohne daß ihr der Kfz-Brief vorgelegt wurde, da bestimmungsgemäß eine Zulassung ohne Brief nicht erfolgen darf.[639] Bestehen in solch einem Fall keine weiteren Verdachtsmomente, dann kann guter Glaube angenommen werden.

Wird dem Erwerber ein Kfz-Brief vorgelegt, so kann aus dieser Tatsache allein gutgläubiger Erwerb nicht gerechtfertigt werden. Denn es kann nicht der Schluß gezogen werden, der Eigentümer habe mit der Weggabe des Briefs eine Sachlage geschaffen, die sein Eigentum nicht mehr ohne weiteres erkennbar werden lasse. Es könne daher nicht selbstverständlich davon ausgegangen werden, bei Vorlage des Briefs finde stets ein Eigentumserwerb nach § 932 BGB statt.[640] Dementsprechend ist nach Auffassung des BGH die Übergabe allein nicht ausreichend. Vielmehr verlangt er auch Einsicht in den Briefs als Mindestanforderungen für den gutgläubigen Erwerb.[641]

---

634 Siehe S. 90 ff.
635 Siehe S. 97, 108.
636 Siehe S. 90.
637 Siehe S. 131 ff.
638 Siehe S. 100 ff.
639 Siehe S. 103.
640 Siehe S. 110 f.
641 Siehe S. 110 f.

Sind eingetragener Halter und Veräußerer nicht identisch, so entstehen in der Regel Nachforschungspflichten,[642] wobei der BGH klarstellte, daß eine allgemeine Prüfungspflicht bei Dritten hinsichtlich der Eigentumsverhältnisse nicht bestehe.[643] Jedoch sei zu differenzieren, ob der Erwerber von einem Kfz-Händler oder einem „fachfremden" Veräußerer erworben habe. Zunächst stellte der BGH zwar pauschal fest, daß beim Erwerb von einem Kfz-Händler hinsichtlich der Beurteilung der Umstände ein strenger Maßstab anzulegen sei.[644] Reinking/Eggert sehen darin eine neutrale Tatsache, die eine strengere Bewertung der Umstände eines Falles nicht rechtfertige.[645] Allerdings differenzierte der BGH diese Auffassung. Er stellte fest, daß es bei einem Gebrauchtwagenhändler nicht ungewöhnlich sei, wenn dieser im Rahmen seines Geschäftsbetriebs ein gebrauchtes Fahrzeug verkaufe, ohne als Halter in dem Kfz-Brief eingetragen zu sein.[646] Darauf gehen Reinking/Eggert allerdings nicht ein.

Anders liegt der Fall, wenn von einem „fachfremden" Veräußerer erworben wurde. Ist dieser nicht als Halter in dem Brief eingetragen, so ist dieser Umstand an sich ungewöhnlich. Dementsprechend sind dann in der Regel Nachforschungspflichten gegeben.[647]

Neben der Beurteilung, wie mit dem Kfz-Brief zu verfahren ist, bewertete der BGH, hinsichtlich der Ermittlung guten Glaubens, die Umstände des Einzelfalls. Dementsprechend kann ein Erwerber, aufgrund besonderer Umstände, trotz Erhalt und Prüfung des Briefs, bösgläubig sein.[648]

In der Kasuistik des BGH finden sich zahlreiche Beurteilungen der „besonderen Umstände". Dabei hatte sich gezeigt, daß in einigen Fällen ähnliche Umständen vorlagen, aufgrund derer dem jeweilig betroffenen Erwerber gutgläubiger Erwerb versagt blieb. Wesentlich ist allerdings, daß es dem BGH zur Beurteilung des guten Glaubens nicht darauf ankam, daß schon einer der Umstände des Falles bei dem Erwerber hätte Zweifel an der Berechtigung des Veräußerers hätte auslösen müssen. Vielmehr waren die Umstände in ihrer Gesamtheit hinsichtlich der Beurteilung des guten Glaubens ausschlaggebend. Es kam ausschließlich darauf an, ob die Umstände des Einzelfalls objektiv Zweifel an den Eigentumsverhältnissen hätten auslösen müssen.

Zweifelhaft erschien dem BGH der Verkauf von Kraftfahrzeugen durch einen Kfz-Händler auf der Straße[649], insbesondere wenn es sich um wertvolle

[642] Siehe S. 110 f.
[643] Siehe S. 110 f.
[644] Siehe S. 111.
[645] Siehe S. 133 f.
[646] Siehe S. 114.
[647] Siehe S. 114.
[648] Siehe S. 108.
[649] Siehe S. 111.

Fahrzeuge handelte[650] und ein Dritter im Brief eingetragen war. Auch sollte es Zweifel verursachen, wenn ein Fahrzeug innerhalb kurzer Zeit mehrfach weiterverkauft wurde.[651] Erhebliches Mißtrauen mußte auch erwecken, wenn das Fahrzeug erheblich unter Wert verkauft wurde.[652] Die Veräußerung von Fahrzeugen durch eine Autovermietung gab Anlaß zur erhöhten Vorsicht, besonders wenn es sich um eine kurze Geschäftsbeziehung handelte.[653]

Der Umstand, daß bei einem Kfz-Händler im Rahmen eines Sonntagsgeschäfts gekauft wurde, ohne daß ein Brief übergeben wurde, der den Veräußerer als Halter auswies, wurde vom BGH nicht als zweifelhaft eingestuft. Anders stellte sich die Sachlage jedoch dar, wenn dieser Umstand mit einer auffälligen Preisgestaltung zusammentraf.[654]

Zu den Zweifel erzeugenden Umständen gehört auch, daß dem Erwerber ein offensichtlich gefälschter Brief vorgelegt wurde. In solchen Fällen kann sich der Erwerber nicht mit dem Argument rechtfertigen, die im Brief angegebene Fahrgestellnummer stimme mit der des veräußerten Fahrzeug überein.[655] Auch kann zweifelhaft sein, wenn dem Erwerber lediglich eine Kopie eines Briefs überreicht wurde.[656] Weiß der Erwerber, daß sich der Brief bei einer Bank befindet, so muß er mit Sicherungsrechten Dritter rechnen,[657] auch ohne genauere Kenntnisse von deren rechtlichen Voraussetzungen.[658] Nichts anderes gilt, wenn sich der Brief noch im Besitz einer Leasinggesellschaft befindet.[659] Ein branchenkundiger Käufer, der die Gepflogenheiten des Kraftfahrzeughandels kennt, muß in der Regel damit rechnen, daß Kraftfahrzeuge oftmals unter Eigentumsvorbehalt veräußert werden.[660]

Einer Bank muß im Rahmen des Erwerbs von Sicherungseigentum der Umstand zweifelhaft sein, daß ein Kfz-Händler eine größere Anzahl von Gebrauchtfahrzeugen beleihen läßt, wodurch die angespannte finanzielle Lage erkennbar wird, zumal bekannt ist, daß Kfz-Händler in der Regel nicht Eigentümer der von ihnen verkauften Fahrzeuge werden.[661]

Ist in dem Brief kein Halter eingetragen, sondern gibt er lediglich Aufschluß darüber, daß das Fahrzeug aus dem Ausland eingeführt wurde, so gibt das hinsichtlich des zunehmend ins Bewußtsein dringenden Unwesens der internationa-

---

650 Siehe S. 120.
651 Siehe S. 141.
652 Siehe S. 110.
653 Siehe S. 94.
654 Siehe S. 110.
655 Siehe S. 110.
656 Siehe S. 120.
657 Siehe S. 96.
658 Siehe S. 118.
659 Siehe S. 120 ff.
660 Siehe S. 94.
661 Siehe S. 109.

len Kraftfahrzeugverschiebungen Anlaß zur Vorsicht. Dies trifft insbesondere bei Hinzutreten weiterer Auffälligkeiten zu, wie etwa bei besonders günstigem Preis oder Ausstellung des Fahrzeugbriefs durch eine weit vom Verzollungs- und Verkaufsort entfernte Behörde.[662] Ferner sind wegen der rechtlich anders ausgestalteten Fahrzeugpapiere bei Importfahrzeugen erhöhte Prüfungspflichten zu verlangen.[663] Auch erzeugt es die Pflicht zur erhöhter Aufmerksamkeit, wenn einem importierten Gebrauchtfahrzeug neu ausgestellte Papiere beigefügt wurden.[664] Der Erwerber hat insbesondere dann, wenn er zum einen seinen Veräußerer nicht näher kennt und zum anderen weiß, daß das Fahrzeug ins Ausland verbracht werden soll, erhöhte Prüfungspflichten.[665]

Lagen Umstände vor, die Zweifel an der Berechtigung des Veräußerers hätten erzeugen müssen, so war es für den Erwerber in der Regel schwierig, sich zu verteidigen. In einer Vielzahl von Fällen ist der BGH Argumenten entgegengetreten, mit denen der Erwerber seinen guten Glauben unter Beweis stellen wollte. Nur selten gelang dies Erwerbern, die nicht im Kfz-Gewerbe tätig, also branchenfremd waren. Nicht verteidigen konnte sich der Erwerber mit dem Argument, sein Abkäufer werde die Eigentumsverhältnisse schon prüfen,[666] oder ihm sei vom Veräußerer versichert worden, daß das Fahrzeug sein unbestrittenes Eigentum und bezahlt sei, es sei denn, es bestünden keine Bedenken an der Richtigkeit dieser Aussagen.[667] Auch kann er sich nicht darauf berufen, daß eine Behörde etwaige Auffälligkeiten nicht bemerkt hatte,[668] oder darauf, daß er rechtlich unerfahren sei. Unkenntnis dessen, was der Verkehr erfordert, entschuldigt das Zivilrecht nicht.[669] Insbesondere hilft es nicht, wenn der Erwerber ausländische Papiere nicht lesen kann. Er hat sich in diesem Fall sachkundiger Helfer zu bedienen.[670] Auch darauf, daß die Zulassungsstelle bei einem Importfahrzeug, dem lediglich ein Blanko-Kfz-Brief beigefügt war, die Eigentumsverhältnisse prüfen werde, kann sich der Erwerber nicht verlassen.[671] Insbesondere kann sich ein erwerbender Kfz-Händler nicht mit dem Argument rechtfertigen, eine bestimmte „nachlässige" Handlungsweise sei unter Kaufleuten üblich. Derartige Praxis erkennt der BGH nicht als einen den guten Glauben rechtfertigenden Umstand an. Die Begründung dafür lautet, daß ansonsten die Schutzfunktion des Briefs gefährdet wäre,[672] zumal Kfz-Händlern die zahlreichen Unregelmäßigkei-

[662] Siehe S. 122.
[663] Siehe S. 120 ff.
[664] Siehe S. 120 ff.
[665] Siehe S. 98 ff.
[666] Siehe S. 100.
[667] Siehe S. 93.
[668] Siehe S. 112.
[669] Siehe S. 132.
[670] Siehe S. 126.
[671] Siehe S. 130.
[672] Siehe S. 100.

ten im Gebrauchtwagenhandel bekannt seien.[673] Auch wird von einer Handelsgesellschaft eine gewisse Geschäftserfahrung erwartet, so daß sie unterlassene Nachforschungen nicht damit rechtfertigen kann, sie habe den Verkaufsleiter einer anderen Autofirma gefragt, ob der Verkauf „in Ordnung gehe".[674] Nicht berufen kann sich der Erwerber ferner darauf, daß der Veräußerer das Fahrzeug für eigene Zwecke genutzt hatte. Auch dann nicht, wenn die Besitzerlangung im Kfz-Schein eingetragen ist. Dieser Eintrag gibt keine relevante Information über eine etwaige Verfügungsbefugnis im Rahmen des § 366 HGB.[675]

In den Neuwagenfällen gelten in der Regel die gleichen Anforderungen an den guten Glauben des Erwerbers, es sei denn, bei dem Veräußerer handelte es sich um einen dem Erwerber als zuverlässig bekannten autorisierten Vertragshändler. Denn bei diesem ist das Fehlen des Briefs oder die mangelnde Haltereintragung, in der Regel nichts ungewöhnliches.[676] In den übrigen Fällen kann das Fehlen des Briefs, als auch die mangelnde Haltereintragung ebenso verdächtig sein, wie bei den Gebrauchtwagenfällen. So können die Umstände dafür sprechen, daß der Kfz-Brief vom Eigentümer deshalb zurückgehalten wurde, weil dieser noch nicht den vollen Gegenwert für das Fahrzeug erhalten hatte. Dagegen kann nicht angeführt werden, daß sich der Eigentümer bereits durch Vorausabtretung abgesichert habe.[677] Auch hielt der BGH den Umstand für verdächtig, daß durch eine Privatperson, die offenbar mit dem Erwerber nicht in ständiger Geschäftsbeziehung stand, innerhalb kurzer Zeit mehrere Kraftwagen veräußert wurden, ohne ihrerseits ein Fahrzeug zu erwerben.[678]

Die Durchsicht der Fälle ergab, daß der BGH in der Regel gutgläubigen Erwerb nicht annahm. Damit schützte der BGH, - freilich im Gegensatz zur Konzeption der §§ 932 ff. BGB - regelmäßig den Eigentümer zum Nachteil des Erwerbers.[679]

---

[673] Siehe S. 112.
[674] Siehe S. 131.
[675] Siehe S. 102.
[676] Siehe S. 117.
[677] Siehe S. 147 f.
[678] BGH NJW 1996, 314. Siehe S. 148.
[679] Dazu oben S. 89.

Siebtes Kapitel: Gesamtbetrachtung

I. Die Revisibilität des Begriffs der groben Fahrlässigkeit

Gegenstand dieser Untersuchung ist die Interpretation des unbestimmten Rechtsbegriffs der groben Fahrlässigkeit durch den BGH im Rahmen des gutgläubigen Erwerbs. Bevor sich aber die Frage stellt, wie der BGH den guten Glauben im Hinblick auf den Erwerb beweglicher Sachen bewertet, muß die Frage beantwortet werden, inwieweit der Rechtsbegriff der groben Fahrlässigkeit überhaupt durch das Revisionsgericht überprüfbar ist. Aus diesem Grund ist zu untersuchen, wie der BGH das Spannungsfeld zwischen seiner sich aus den §§ 549, 550 ZPO a.F. bzw. den §§ 545, 546 ZPO n.F. ergebende Kompetenzbeschränkung und seiner Praxis, steuernd in wirtschaftliche Zusammenhänge eingreifen zu wollen, überwindet. In diesem Zusammenhang hat sich der BGH in den frühen Jahren seiner Rechtsprechung zum gutgläubigen Erwerb bereits festlegen wollen. Der BGH lehnte in einer Entscheidung aus dem Jahre 1953 eine Überprüfung des Begriffs der groben Fahrlässigkeit grundsätzlich ab.[680] Die Beurteilung der groben Fahrlässigkeit sei im wesentlichen Tatfrage.[681] Diese Untersuchung hat allerdings ergeben, daß die Feststellungen in diesem Urteil des IV. Senats nicht zu halten sind. Der BGH hat den Rechtsbegriff der groben Fahrlässigkeit in den meisten Fällen entgegen seiner Entscheidung aus dem Jahre 1953 überprüft, aber in keinem Urteil zur im Raum stehenden Frage Stellung bezogen, wie seine Vorgehensweise mit jener Entscheidung zu vereinbaren ist. Der Stellenwert einer – wie Röhl meint[682] - maßgeblichen Leitentscheidung kann dem Urteil damit eigentlich nicht zuerkannt werden.[683] Die weitere Auseinandersetzung mit der Revisibilität der groben Fahrlässigkeit hat auch gezeigt, daß der Rechtsbegriff der groben Fahrlässigkeit sehr wohl vom Revisionsgericht überprüft werden kann. Die Subsumtion des einmal durch den Berufungsrichter festgestellten Sachverhalts kann vom BGH durchaus daraufhin untersucht werden, ob dieser eine tragfähige Grundlage für die Beurteilung des Begriffs der groben Fahrlässigkeit bietet.[684] Damit kann eher der Entscheidung des I. Senats aus dem Jahre 1951 als maßgebende Leitsatzentscheidung bezeichnet werden.[685] Dort stellte der BGH fest, daß der Rechtsbegriff der groben Fahrlässigkeit revisibel ist.

Die Rechtsprechung zum gutgläubigen Erwerb ist jedenfalls insoweit nahezu einheitlich, als der BGH die grobe Fahrlässigkeit meistens beurteilt hat, aber in keinem Urteil dazu Stellung genommen hat, wie seine Vorgehensweise mit der

---

680 BGHZ 10, 14, (16 f).
681 Siehe dazu S. 10 ff.
682 Röhl, JZ 1974, 521. Dazu oben S. 7.
683 Siehe S. 10 ff.
684 Siehe dazu S. 10 ff.
685 BGH VersR 1952, 117.

Grundsatzentscheidung des IV. Senats aus dem Jahre 1953 in Einklang zu bringen ist. In einigen Urteilen haben die Richter die wesentlichen Feststellungen der Entscheidung aus dem Jahre 1953 lediglich stereotyp wiedergegeben, ohne jedoch die Konsequenzen daraus zu ziehen und die Beurteilung der groben Fahrlässigkeit tatsächlich dem Tatrichter zu überlassen. In anderen Urteilen blieben die Feststellungen jener Leitsatzentscheidung sogar völlig unerwähnt. Es hat sich auch gezeigt, daß der BGH die Entscheidung zur Revisibilität in vielen Fällen sogar unrichtig, ja geradezu entgegengesetzt wiedergegeben hat.[686] Einigen Entscheidungen ließ sich beispielsweise entnehmen, daß im Sinne der Grundsatzentscheidung überprüfbar sein soll, ob der Berufungsrichter den Rechtsbegriff der groben Fahrlässigkeit verkannt hat. Das gerade soll allerdings Tatfrage und damit nicht revisibel sein. Vielmehr soll vom Revisionsgericht nur überprüft werden können, „ob das Berufungsgericht den Begriff der gewöhnlichen Fahrlässigkeit richtig beurteilt hat, ob es sich ferner des Unterschieds der Begriffe der gewöhnlichen Fahrlässigkeit und der groben Fahrlässigkeit bewußt und ob es sich schließlich darüber klar ist, daß im gegebenen Falle gewöhnliche Fahrlässigkeit nicht ausreicht, sondern grobe Fahrlässigkeit in dem oben gekennzeichneten Sinne vorliegen muß."[687] Soweit ersichtlich hat der BGH in keinem der insgesamt hier untersuchten 45 Entscheidungen, abgesehen von der Grundsatzentscheidung selbst, einfache Fahrlässigkeit positiv festgestellt und die Beurteilung des „Maßes" konkret dem Tatrichter überlassen. Er hat entweder das Berufungsurteil daraufhin untersucht, ob der Sachverhalt richtig unter den Tatbestand der groben Fahrlässigkeit subsumiert wurde, oder er hat die Überprüfung gänzlich abgelehnt. Das zeigt deutlich, daß der BGH die Feststellung der Grundsatzentscheidung in der Regel nicht zur Grundlage seiner Entscheidung gemacht, er sich demnach nicht an die Vorgaben der Leitentscheidung gehalten hat.

Aufgefallen ist in diesem Zusammenhang, daß keiner der Senate die Entscheidung aus dem Jahre 1953 bislang in Frage gestellt hat, was eigentlich naheliegend gewesen wäre. Will man demnach dem Urteil aus dem Jahre 1953 weiterhin den Status einer Leitentscheidung zuerkennen, ist nach einer Begründung zu suchen, um die Praxis des BGH im Umgang mit der Beurteilung der groben Fahrlässigkeit rechtfertigen zu können. Diesbezügliche Argumente finden sich in einigen Entscheidungen. Obwohl nach der Grundsatzentscheidung die Beurteilung der groben Fahrlässigkeit im wesentlichen Tatfrage ist, so soll eine Beurteilung durch das Revisionsgericht doch möglich sein, wenn die Feststellungen des Berufungsgerichts „handgreiflich falsch" gewesen sind.[688] Der Leitsatz der zugrundeliegenden Entscheidung des IV. Senats (ZR 34/56) lautete dazu bezeichnenderweise, allerdings ohne eine weitere Erklärung in den Entschei-

---

[686] Beispiele etwa auf S. 26, 28 f.

[687] BGHZ 10, 14, (16 f.).

[688] BGH WM 1956, 884, (885). Übernommen in BGH WM 1978, 1208, (1209). Dazu S. 19 f.

dungsgründen: „Ergänzendes zum Rechtsbegriff der groben Fahrlässigkeit im Sinne der §§ 932 BGB, 366 HGB (im Anschluß an BGHZ 10, 14 (16))".[689] In einer anderen Entscheidung soll der Begriff der groben Fahrlässigkeit auch daraufhin überprüfbar sein, ob der vom Berufungsgericht festgestellte Sachverhalt eine für die Beurteilung tragfähige Unterlage bietet und der Sachverhalt ausreichend aufgeklärt sowie rechtlich einwandfrei gewürdigt worden ist.[690] Eine Begründung für diese Ergänzungen der Prinzipien der Grundsatzentscheidung lieferte der BGH aber nicht.

Die Bewertung dieser Argumente kann nur so verstanden werden, daß der BGH tatsächlich eine Ergänzung seiner Grundsatzentscheidung vornehmen wollte, um die grobe Fahrlässigkeit überprüfen zu können ohne die Grundsatzentscheidung konkret verwerfen zu müssen. Denn die Argumente des BGH bieten in erheblicher Weise Wertungs- bzw. Ermessensspielraum, um etwas, das gemäß der Grundsatzentscheidung Tatfrage ist, doch noch zu einer überprüfbaren Rechtsfrage zu machen. Die Beantwortung der Frage, ob der Rechtsbegriff der groben Fahrlässigkeit vom BGH überprüfbar ist oder nicht, ist aber nicht in solchen „Hilfsargumenten" zu suchen. Vielmehr ist die Lösung dieser Frage an der Stelle zu ermitteln, aus der sich das Überprüfungshindernis ergeben soll. Zu beantworten war in der vorliegenden Untersuchung demnach die Frage, warum es sich bei der Beurteilung des Tatbestandsmerkmals „grob" um eine Tatfrage handeln soll. Die Antwort soll sich aus dem vom BGH zugrunde gelegten Beurteilungsmaßstab ergeben. Der IV. Senat hat in seiner Grundsatzentscheidung zur Revisibilität die Auffassung vertreten, daß in der Beurteilung des Begriffs der groben Fahrlässigkeit auch subjektiv-individuelle[691], den Erwerber damit entlastende, Momente zu berücksichtigen seien.[692] Dadurch soll der Beurteilung des Grades der Fahrlässigkeit lediglich Einzelfallcharakter zukommen. Eine solche Beurteilung könne vom BGH nicht vorgenommen werden, weil das nicht der Rechtseinheit diene. Dagegen spricht einerseits aber schon - ganz abgesehen davon, daß der BGH in seiner Praxis subjektiv-individuelle Momente ohnehin nicht berücksichtigt -, daß aus dem Vergleich von Einzelfällen herausgearbeitet werden kann, inwieweit sich in dem Erwerberverhalten bestimmte, wiederkehrende Verhaltensmuster erkennen lassen. Diese Erkenntnisse können zur Entscheidungsfindung anderer, ähnlich gelagerter Fälle, verwendet werden.[693] Andererseits hat der Tatrichter im Rahmen seiner Beurteilung, wenn man die Auffassung des IV. Senats zugrundelegt, auch einen etwaigen Vortrag zu subjektiv-individuellen Momenten zu berücksichtigen. Sind diese Tatumstände allerdings einmal festgestellt, so ist die rechtliche Würdigung derselben, bzw. die folgende

---

689 BGH WM 1956, 884.

690 BGH NJW 1991, 1415, (1417). Siehe auch S. 28.

691 BGHZ 10, 14, (17); siehe dazu S. 9 ff..

692 Siehe dazu S. 38 ff.

693 Henke, S. 14.

Subsumtion unter den Tatbestand der groben Fahrlässigkeit, reine Rechtsfrage.[694] Die Einbeziehung subjektiv-individueller Momente verursacht durch ihre Feststellung demnach nur ein ,mehr' auf der Tatsachenebene, aber kein ,weniger' auf der Ebene der rechtlichen Würdigung. Also kommt dem Einzelfall auch hinsichtlich der Revisibilität der groben Fahrlässigkeit insofern eine große Bedeutung zu, als ein solcher Vergleich der Einzelfälle gerade der Rechtseinheit dient.[695] Daraus folgt, daß es sich bei der Beurteilung des Rechtsbegriffs der groben Fahrlässigkeit um eine revisible Rechtsfrage handelt. Dies bestätigt auch die Untersuchung der Rechtsprechung des BGH. Ihr ist im Ergebnis zu entnehmen, daß der Rechtsbegriff der groben Fahrlässigkeit durch das Revisionsgericht überprüfbar ist.

II. Interessenabwägung im Rahmen des gutgläubigen Erwerbs

Die Untersuchung des Umgangs des BGH mit der inhaltlichen Bestimmung des Begriffs der groben Fahrlässigkeit im Rahmen des gutgläubigen Erwerbs hat deutlich gemacht, daß das Interesse des Erwerbers nicht um jeden Preis zu bevorzugen ist, so wie es die Konzeption des Gesetzes grundsätzlich vorsieht. Denn in den wenigsten Fällen entschied der BGH zugunsten des Erwerbers. Der BGH verfolgt damit den Schutz des Erwerbers in wesentlich geringerem Umfang, als es die besagten Vorschriften zum gutgläubigen Erwerb grundsätzlich vorsehen. Der BGH bevorzugt also das Eigentum gegenüber dem reibungslosen Ablauf des Güterverkehrs, indem er an die Beurteilung des guten Glaubens sehr hohe Anforderungen stellt. Das ist auch gerechtfertigt, da die Vorschrift des § 932 BGB durch ihre Enteignungswirkung ohnehin in einem Spannungsverhältnis zur verfassungsmäßigen Eigentumsgarantie gemäß Art. 14 GG steht.[696] Dem schuldlosen Eigentümer ist höchstens vorzuwerfen, daß er sich auf die Redlichkeit desjenigen verlassen hatte, dem er seine Sache gegeben hat. Der Eigentümer kann sein Eigentum nur dann verlieren, wenn der Erwerber im besonderen Maße schutzwürdig ist, dieser also ein „mehr" an Schutz verdient, als der ursprüngliche Eigentümer. Dagegen wäre nur anzuführen, daß der Gesetzgeber, der sogar den einfach fahrlässigen Erwerber vor dem schuldlosen Eigentümer privilegieren wollte, dieses „mehr" an Schutzwürdigkeit wegen des primären Schutzes des Rechtsverkehrs gerade nicht wollte. Diesem Prinzip scheint der BGH allerdings korrigierend, durch eine weite Auslegung des Merkmals „grob", entgegentreten zu wollen. Soweit ersichtlich hat der BGH in keinem der Urteile, in denen er die grobe Fahrlässigkeit überprüft hat, unter konkreter Ablehnung des Merkmales "grob" einfache Fahrlässigkeit festgestellt. Entweder hielt er das Verhalten des Erwerbers für rechtlich einwandfrei, oder er bewertete dessen Verhalten direkt als grob fahrlässig. Daß der BGH nahezu jede Abweichung des von einem Er-

[694] BGH VersR 1952, 117.
[695] Siehe dazu S. 32 f.
[696] Peters S. 1.

werber geforderten Verhaltens bereits als grob fahrlässig bewertet macht deutlich, daß er dem Erwerber die einfache Fahrlässigkeit nicht zugute kommen lassen will. Einfache Fahrlässigkeit scheint es für den BGH also nicht zu geben. Dieses Vorgehen läuft im Ergebnis darauf hinaus, daß innerhalb des § 932 Abs. 2 BGB das Tatbestandsmerkmal „grob fahrlässig“ hinwegzudenken und durch den Begriff „Pflichtverletzung“ zu ersetzen ist. Die Vorschrift des § 932 Abs. 2 BGB müsste also lauten: „Der Erwerber ist nicht in gutem Glauben, wenn ihm bekannt oder infolge einer Pflichtverletzung unbekannt ist, daß die Sache nicht dem Veräußerer gehört.“

Die strenge Beurteilung des BGH erscheint zwar vor dem Hintergrund gerechtfertigt wenn man bedenkt, daß der Rechtsverkehr in dem Falle, daß sich weder Eigentümer noch Erwerber jeweils etwas zuschulden haben kommen lassen, immer noch bevorzugt wird. Mehr Schutz verdient der Erwerber bzw. der Rechtsverkehr nicht. Zweifelhaft erscheint aber, ob die Lösung der systematischen Probleme im System des gutgläubigen Erwerbs, durch eine Rechtsprechung de lege ferenda überhaupt gelöst werden können und dürfen. Dies vor dem Hintergrund, daß die Rechtsprechung und damit der BGH nicht nur an Recht, sondern gerade an das Gesetz gebunden sind. Anzumerken ist in diesem Zusammenhang daher, daß die Vorgehensweise des BGH vor dem Hintergrund problematisch ist, als der BGH einerseits nicht offen legt, warum dem Erwerber im Einzelfall grobe und nicht einfache Fahrlässigkeit vorzuwerfen ist. Von einem Revisionsgericht kann als diejenige Instanz, die Rechtsfragen gerade klarzustellen hat erwartet werden, daß aus den Entscheidungsgründen erkennbar wird, auf welcher konkreten Grundlage der Tenor beruht, hier die Ablehnung gutgläubigen Erwerbes. Andererseits wäre der BGH im Hinblick auf § 132 GVG längst gehalten gewesen, die Abweichung von der Entscheidung BGHZ 10, 14 durch eine Vorlage beim großen Senat zu rechtfertigen. Dies ist bislang unterblieben.

III. Die Beurteilung eines Sachverhalts durch den BGH

Um den „Glauben“ des Erwerbers zu bestimmen, hat der BGH in seiner Rechtsprechungspraxis zum gutgläubigen Erwerb beweglicher Sachen ein differenziertes Beurteilungssystem entwickelt. Insofern differenziert, als er die Beurteilung des guten Glaubens in mehreren Schritten vollzieht. Der Sachverhalt wird in der Regel zunächst daraufhin untersucht, ob der Ablauf des Rechtsgeschäfts positiv von dem normal üblichen Rahmen abweicht, die Umstände mithin Zweifel an den Eigentumsverhältnissen zu erzeugen in der Lage sind. Zwar erfolgt auf diese Feststellungen für den BGH nicht unmittelbar die Bestimmung der Anforderungen an das Verhalten des Erwerbers. Denn die Bewertung des Glaubens des Erwerbers hängt, wie oben schon ausgeführt, auch davon ab, welcher Personengruppe er angehört, welche Kenntnisse, welche Gepflogenheiten ihm mithin zuzurechnen sind. Ist aber festgestellt, inwieweit der Erwerber aufgrund der

Umstände des Einzelfalls Zweifel an den Eigentumsverhältnissen hätte haben müssen, dann stellt sich erst die Frage, inwieweit der Erwerber zur Erhaltung seines guten Glaubens angehalten ist, Erkundigungen über die Berechtigung des Veräußerers einzuholen. Das Ergebnis dieser Prüfung wird sodann mit den konkret von dem Erwerber durchgeführten Erkundigungen verglichen. Dieses Ergebnis erst führt zur Feststellung des guten Glaubens. Denn jede negative Abweichung geforderter Nachforschungen sieht der BGH als grob fahrlässig an.

IV. Guter Glaube und Nachforschungspflichten

Der konkreten Feststellung, inwieweit Nachforschungsobliegenheiten im Einzelfall notwendig sind, kommt im Prozeß der Bestimmung des guten Glaubens insofern eine äußerst wichtige Rolle zu, als der BGH durch die in seinem Ermessen liegende Anforderungsintensität an Nachforschungspflichten im Einzelfall den Schutz des Alteigentümers realisieren kann und auch realisiert hat. Der BGH hat durch dieses Ermessen eine erhebliche Möglichkeit der scharfen Grenzziehung zwischen Gut- und Bösgläubigkeit. Da die Bestimmung der Anforderungen an die Erkundigungsobliegenheiten dem BGH einen hohen Wertungs- bzw. Ermessensspielraum beläßt, liegt genau hier die Möglichkeit, die besagte Grenzziehung zu gestalten. Mit dieser Steuerungsmöglichkeit hinsichtlich des guten Glaubens ist es dem BGH möglich, nur denjenigen als gutgläubig ansehen zu müssen, dem in keiner Weise Fahrlässigkeit vorzuwerfen ist, obwohl nach dem Wortlaut des Gesetzes einfach fahrlässiges Verhalten einem gutgläubigen Erwerb nicht entgegensteht. Bösgläubig war hingegen jeder, der dem geforderten Verhalten nicht gerecht geworden ist, der Erwerber mithin keine, oder zumindest keine ausreichenden Nachforschungen angestellt hat, was der BGH stets als grob fahrlässig ansieht.

V. Nachforschungspflichten im Einzelfall

A. Nachforschungspflichten und Zweifel

Der BGH äußerte sich wiederholt grundsätzlich darüber, wann Nachforschungen über die Eigentumsverhältnisse angebracht sind. Dabei übernahm er die Auffassung des Reichsgerichts, daß es nicht darauf ankomme, ob unterlassene Nachforschungen konkret zur Kenntnis der mangelnden Berechtigung des Veräußerers geführt hätten.[697] Für die Frage, wann Nachforschungen zur Erhaltung des guten Glaubens erforderlich sind, sollen allgemeine, für alle Veräußerungsgeschäfte geltende, Grundsätze nicht aufgestellt werden können.[698] Zumindest sind dann keine Nachforschungen notwendig, wenn der Veräußerer dem Erwerber als zuverlässig bekannt ist und er auch sonst keine Zweifel an der Berechtigung des Veräußerers haben muß.[699] Bei Zweifeln an der Berechtigung des Veräußerers

---

[697] Siehe S. 52 ff.
[698] Siehe S. 57, 132.
[699] Siehe S. 56.

war nicht entscheidend, daß überhaupt Erkundigungen stattgefunden haben. Vielmehr verlangte der BGH eine, den Umständen angepaßte Intensität solcher Nachforschungen, die vom Grad der Zweifel, die der Erwerber aufgrund der Umstände des Falles haben mußte, abhing. Unternahm der Erwerber weniger, wich das Verhalten des Erwerbers also von dem geforderten Verhalten ab, so bewertete der BGH dieses Verhalten regelmäßig als grob fahrlässig. Damit kam ein gutgläubiger Erwerb nicht in Frage.[700]

Die Intensität der Erkundigungsobliegenheiten hängt von den Umständen des Einzelfalles ab. Der BGH stellte dabei auch entscheidend auf die Person des Erwerbers, des Veräußerers und auf den Veräußerungsgegenstand selbst ab. Die grobe Fahrlässigkeit wurde zwar in der Regel nach dem objektiv-typisierten Maßstab beurteilt. Insofern kam es auch auf die Personengruppe an, der der Erwerber angehörte. Aber für die Beurteilung des Erwerbstatbestandes war insbesondere die Person des Veräußerers wesentlich. Einem Kfz-Händler mußte nach Ansicht des BGH nahezu grundsätzlich ein gewisses Mißtrauen entgegengebracht werden, wohingegen einer Bank in der Regel vertraut werden konnte. Auch der Veräußerungsgegenstand selbst konnte - für sich genommen - Mißtrauen erzeugen. Wurde beispielsweise ein seltener Kunstgegenstand, den nur ein Kunsthändler zu veräußern pflegt, von einer Privatperson angeboten, dann waren Nachforschungen notwendig. Das gilt unabhängig davon, welcher Personengruppe der Erwerber angehörte.[701] In den meisten Fällen kam der BGH zu dem Ergebnis, daß die Schwelle für die Annahme von Nachforschungsobliegenheiten auslösender Zweifel an den Eigentumsverhältnissen überschritten wurde.

B. Zweifelauslösende Umstände im Einzelfall

1. Allgemeine Fälle

Zweifel erzeugte i.d.R. etwa, wenn ein besonders wertvoller Gegenstand weit unter Wert veräußert wird[702] und dem Erwerber zudem bekannt ist, daß der Veräußerer in einer schwierigen wirtschaftlichen Lage ist.[703] Ebensowenig vertrauenswürdig erscheint die Lage, wenn sich der Veräußerer in einer wirtschaftlich bedrängten Lage befindet und über verhältnismäßig wertvolle Ware frei verfügen können will.[704] Wenn Vertragsverhandlungen mit dem Vertreter eines Unternehmens an einem neutralen Ort stattfinden und der Veräußerer nur die Adresse seines Anwalts angibt, sind ebenfalls Zweifel angebracht.[705] Ebenso dann, wenn ein Unternehmen eine Sache von ungewöhnlich hohem Wert verkauft und es sich zudem um ein Geschäft handelt, was nicht zu dem gewöhnlichen Ge-

[700] BGH WM 1956, 884, (885), siehe auch S. 59 ff.

[701] Siehe S. 74 ff.

[702] Siehe S. 74 ff.

[703] Siehe S. 56.

[704] BGH WM 1964, 1193, (1195). S. 65.

[705] Siehe S.69.

chen Geschäftsgang der Firma gehört.[706] Wenn es sich um ein Erwerbsgeschäft handelt, das mit dem Inhaber eines Gewerbebetriebs abgeschlossen wurde, was aber aus dem Rahmen der von dem Veräußerer in seinem Unternehmen üblicherweise abgeschlossenen Geschäfte herausfällt, z.B. eine Sicherungsübereignung durch einen Kaufmann, die eine üblicherweise unter Eigentumsvorbehalt verkaufte Sache betrifft[707]. Nicht üblich ist auch ein erweiterter Eigentumsvorbehalt bei Geschäften mit dem letzten Verbraucher.[708] Auch soll beim Erwerb einer Sache von einem Zwischenhändler grundsätzlich mit einem Eigentumsvorbehalt gerechnet werden,[709] nicht aber mit einer Sicherungsübereignung. Das stelle eine Überspannung der an den Erwerber zu stellenden Anforderungen dar.[710]

Der BGH geht äußerst streng mit den Erwerber möglicherweise rechtfertigenden Umständen um. Beispielsweise sollte die Tatsache, daß der Veräußerer seinen Geschäftsbetrieb bereits mehrere Jahre unterhielt, keinen Anlaß zu der Annahme geben, daß dieser die zu veräußernde Sache seinerseits schon bezahlt hätte.[711] Insbesondere können gute persönliche Beziehungen zwischen Veräußerer und Erwerber einen gutgläubigen Erwerb erschweren.[712] Bei Zweifeln an den Eigentumsverhältnissen könne sich der Erwerber nicht mit einer eidesstattliche Versicherung des Veräußerers, die Sache sei bezahlt und sein uneingeschränktes Eigentum, begnügen.[713]

2. Kraftfahrzeuge

Einen besonderen Stellenwert im Rahmen des gutgläubigen Erwerbs nimmt der Handel mit Kraftfahrzeugen ein. Einmal dadurch, daß es sich um einen großen Markt handelt, und zum anderen durch den Kfz-Brief. Es hat einen besonderen Einfluß auf den Glauben des Erwerbers, wenn zu dem veräußerten Fahrzeug entweder kein Brief, oder ein Brief übergeben wird, in dem Halter und Veräußerer nicht identisch sind. Dann muß sich nach Auffassung des BGH dem Erwerber die Frage aufdrängen, ob der Veräußerer berechtigt ist. Werde ein Kfz bei einem Händler erworben, wäre es zwar nicht unüblich, wenn der veräußernde Händler nicht im Brief eingetragen sei, so daß ohne weitere verdachterregende Umstände keine weiteren Nachforschungen zur Erhaltung des guten Glaubens erforderlich seien. Bedeutsam sei dieser Umstand aber dann, wenn es sich bei

[706] Siehe S. 65, 71, 80, 96.
[707] BGH NJW 1999, 425.
[708] BGH LM HGB § 366, Nr. 4, Bl. 3.
[709] Siehe S.65 ff.
[710] Siehe S. 65 ff.
[711] BGH WM 1968, 540, (541).
[712] BGH WM 1964, 1193, (1195).
[713] BGH MDR, 1973, 44, (45); auch BGH WM 1968, 540; BGH JZ 1970, 187; BGH Warn. 1973, Nr. 3; BGH WM 1978, 1209.

dem Veräußerer um eine Privatperson handele. Die Intensität der notwendigen Erkundigungen hänge ansonsten auch in diesen Fällen von dem Grad der Abweichung des konkreten Geschäfts von dem Normalablauf ab. Den Zweifeln an der Berechtigung des Veräußerers muß also mit ausreichenden Erkundigungen begegnet werden.

Im Handel mit Kraftfahrzeugen ist es zu zahlreichen Fällen gekommen, in denen die Frage des gutgläubigen Erwerbs geklärt werden mußte. Hier stand ebenfalls regelmäßig zur Erörterung, wann Zweifel an den Eigentumsverhältnissen angebracht waren.

Zweifelerzeugend ist der Verkauf von Kraftfahrzeugen durch einen Kfz-Händler auf der Straße[714], insbesondere wenn es sich um wertvolle Fahrzeuge handelt[715] und ein Dritter im Brief eingetragen ist. Auch soll es Zweifel verursachen, wenn ein Fahrzeug innerhalb kurzer Zeit mehrfach weiter-,[716] oder erheblich unter Wert verkauft wurde.[717] Die Veräußerung von Fahrzeugen durch eine Autovermietung gibt Anlaß zur erhöhter Vorsicht, besonders wenn es sich um eine kurze Geschäftsbeziehung handelt.[718]

Zu den Zweifel erzeugenden Umständen gehört auch, daß dem Erwerber ein offensichtlich gefälschter Brief vorgelegt wird. In solchen Fällen kann sich der Erwerber nicht mit dem Argument rechtfertigen, die Fahrgestellnummer stimme mit dem veräußerten Fahrzeug überein.[719] Auch kann die Berechtigung zweifelhaft sein, wenn dem Erwerber lediglich eine Kopie eines Briefs überreicht wird.[720] Weiß der Erwerber, daß sich der Brief bei einer Bank befindet, so muß er mit Sicherungsrechten Dritter rechnen,[721] auch ohne genauere Kenntnisse von deren rechtlichen Voraussetzungen.[722] Nichts anderes gilt, wenn sich der Brief noch im Besitz einer Leasinggesellschaft befindet.[723] Ein branchenkundiger Käufer, der die Gepflogenheiten des Kraftfahrzeughandels kennt, muß in der Regel damit rechnen, daß Kraftfahrzeuge oftmals unter Eigentumsvorbehalt veräußert werden.[724]

Einer Bank muß im Rahmen des Erwerbs von Sicherungseigentum der Umstand zweifelhaft sein, daß ein Kfz-Händler eine größere Anzahl von Gebrauchtfahrzeugen beleiht. Dadurch ist die angespannte finanzielle Lage erkennbar,

---

714 Siehe S. 111.
715 Siehe S. 120.
716 Siehe S. 141.
717 Siehe S. 110.
718 Siehe S. 94.
719 Siehe S. 110.
720 Siehe S. 120.
721 Siehe S. 96.
722 Siehe S. 118.
723 Siehe S. 120 ff.
724 Siehe S. 94.

zumal bekannt ist, daß Kfz-Händler in der Regel nicht Eigentümer der von ihnen verkauften Fahrzeuge werden.[725]

Ist in dem Brief kein Halter eingetragen, sondern gibt er lediglich Aufschluß darüber, daß das Fahrzeug aus dem Ausland eingeführt wurde, so gibt das angesichts des zunehmend ins Bewußtsein dringenden Unwesens der internationalen Kraftfahrzeugverschiebungen Anlaß zur Vorsicht. Treten weitere Auffälligkeiten hinzu, wie etwa eine besonders günstiger Preis oder Ausstellung des Fahrzeugbriefs durch eine weit vom Verzollungs- und Verkaufsort entfernte Behörde, so sind dementsprechend intensivere Nachforschungen anzustellen.[726] Ferner sind wegen der rechtlich anders ausgestalteten Fahrzeugpapiere bei Importfahrzeugen erhöhte Prüfungspflichten zu verlangen.[727] Auch erzeugt es die Pflicht zur erhöhter Aufmerksamkeit, wenn einem importierten Gebrauchtfahrzeug neu ausgestellte Papiere beigefügt werden.[728] Der Erwerber hat insbesondere dann, wenn er zum einen seinen Veräußerer nicht näher kennt und zum anderen weiß, daß das Fahrzeug ins Ausland verbracht werden soll, erhöhte Prüfungspflichten.[729]

C. Verteidigungsargumentation des Erwerbers

In einer Vielzahl von Fällen ist der BGH Argumenten entgegengetreten, mit denen der Erwerber seinen guten Glauben verteidigen wollte. Auf seinen guten Glauben kann sich der Erwerber nicht mit dem Argument berufen, sein Abkäufer werde die Eigentumsverhältnisse schon prüfen,[730] oder ihm sei vom Veräußerer versichert worden, daß das Fahrzeug sein unbestrittenes Eigentum und bezahlt sei, es sei denn, aus den Umständen ergebe sich unzweifelhaft die Richtigkeit dieser Aussagen.[731] Auch kann er sich nicht darauf berufen, daß eine Behörde etwaige Auffälligkeiten nicht bemerkt hatte,[732] oder darauf, daß er rechtlich unerfahren sei. Unkenntnis dessen, was der Verkehr erfordert, entschuldigt das Zivilrecht nicht.[733] Insbesondere hilft es nicht, wenn der Erwerber ausländische Papiere nicht lesen kann. Er hat sich in diesem Fall sachkundiger Helfer zu bedienen.[734] Auch darauf, daß die Zulassungsstelle bei einem Importfahrzeug, dem lediglich ein Blanko-Kfz-Brief beigefügt wird, die Eigentumsverhältnisse prüfen werde, kann sich der Erwerber nicht verlassen.[735] Insbesondere kann sich

[725] Siehe S. 109.
[726] Siehe S. 122.
[727] Siehe S. 120 ff.
[728] Siehe S. 120 ff.
[729] Siehe S. 98 ff.
[730] Siehe S. 100.
[731] Siehe S. 93.
[732] Siehe S. 106.
[733] Siehe S. 97.
[734] Siehe S. 118 f.
[735] Siehe S. 122.

ein erwerbender Kfz-Händler nicht mit dem Argument rechtfertigen, eine bestimmte „nachlässige" Handlungsweise sei unter Kaufleuten üblich. Derartige Praxis erkennt der BGH nicht als einen den guten Glauben rechtfertigenden Umstand an, da ansonsten die Schutzfunktion des Briefs gefährdet wäre,[736] zumal Kfz-Händlern die zahlreichen Unregelmäßigkeiten im Gebrauchtwagenhandel bekannt ist.[737] Auch wird von einer Handelsgesellschaft eine gewisse Geschäftserfahrung erwartet, so daß sie unterlassene Nachforschungen nicht damit rechtfertigen kann, sie habe den Verkaufsleiter einer anderen Autofirma gefragt, ob der Verkauf „in Ordnung gehe".[738] Nicht berufen kann sich der Erwerber ferner darauf, daß der Veräußerer das Fahrzeug für eigene Zwecke genutzt hatte. Auch dann nicht, wenn die Besitzerlangung im Kfz-Schein eingetragen wurde. Dieser Eintrag gibt keine relevante Information über eine etwaige Verfügungsbefugnis im Rahmen des § 366 HGB.[739]

Auch in den Neuwagenfällen stellt der BGH strenge Anforderungen an die Annahme eines gutgläubigen Erwerbs. Liegen zweifelhafte Umstände vor, so ist diesen mit entsprechenden Nachforschungen zu begegnen. Ob Nachforschungen erforderlich sind, richtet sich auch bei den Neuwagenfällen nach den Umständen des Einzelfalles. Keine Zweifel an den Eigentumsverhältnissen sind angebracht, wenn es sich bei dem Veräußerer um einen dem Erwerber als zuverlässig bekannten autorisierten Vertragshändler handelt. Denn bei diesem ist das Fehlen des Briefs oder die mangelnde Haltereintragung, in der Regel nichts Ungewöhnliches.[740] Kommen jedoch Umstände hinzu, die den Verdacht der mangelnden Berechtigung des Veräußerers zu erzeugen in der Lage sind, dann kann das Fehlen des Briefs, als auch die mangelnde Haltereintragung ebenso verdächtig sein, wie bei den Gebrauchtwagenfällen. So können die Umstände dafür sprechen, daß der Kfz-Brief vom Eigentümer deshalb zurückgehalten wird, weil dieser noch nicht den vollen Gegenwert für das Fahrzeug erhalten hat. Dagegen kann nicht angeführt werden, daß sich der Eigentümer bereits durch Vorausabtretung abgesichert habe.[741] Auch ist der Umstand verdächtig, wenn eine Privatperson, die offenbar mit dem Veräußerer nicht in ständiger Geschäftsbeziehung steht, innerhalb kurzer Zeit mehrere Kraftwagen veräußert, ohne ihrerseits ein Fahrzeug zu erwerben.[742]

Diese große Zahl von Umständen, die der BGH als Indizien dafür ansah, daß der Erwerber für bösgläubig gehalten werden mußte, zeigt deutlich, daß ein Rechtsgeschäft nur dann zum gutgläubigen Erwerb führt, wenn nahezu sämtli-

[736] Siehe S. 94.
[737] Siehe S. 105.
[738] Siehe S. 123.
[739] Siehe S. 96.
[740] Siehe S. 136 f.
[741] Siehe S. 139.
[742] BGH NJW 1996, 314. Siehe S. 139 ff.

che das Rechtsgeschäft begleitende Umstände frei von Unregelmäßigkeiten bleiben.

Gezeigt hat sich bei der Durchsicht der vom BGH entschiedenen Fällen, daß private und gewerbliche Erwerber unterschiedlich behandelt werden. Dazu folgende Tabelle, in der die untersuchte Rechtsprechung zusammengefaßt ist:

Erwerb	Anzahl	GE -	GE +	Offen
Privat von Privat	2	2	0	0
Privat von Gewerblich	4	1	2	1
Privat von Sonstigen	1	1	0	0
Gewerblich von Gewerblich	24	19	4	1
Gewerblich von Privat	6	4	1	1
Bank von Gewerblich	6	4	2	0
Sonstige von Sonstigen	2	2	0	0
Gesamt:	45	33	9	3
Statistik	100%	73,33%	20,00%	6.66%

Bezeichnenderweise überstieg die Anzahl gutgläubiger Erwerbsfälle die Erwerbsgeschäfte mit gegenteiligem Ergebnis in nur einer Gruppe. Dabei handelte es sich um private Erwerber, die von einem gewerblichen Veräußerer das Eigentum kraft guten Glaubens erwerben konnten. Die übrigen Gruppen offenbaren die strenge Beurteilung des guten Glaubens durch den BGH. Die gewerblichen Erwerber konnten dabei nur selten das Eigentum gutgläubig erwerben. Auch den Banken erging es beim Erwerb von Sicherungseigentum nicht anders. Sie konnten ebenfalls überwiegend nicht gutgläubig erwerben. Die Gesamtbilanz der Erwerbsgeschäfte zeigt, daß der BGH gutgläubigen Erwerb im Handelsverkehr besonders streng beurteilte. Das verdeutlicht auch die folgende Tabelle:

Erwerb Gesamt	Anzahl	GE -	GE +	Offen
Private	7	4	2	1
	100%	57,1%	28,6%	14,3%
Gewerbliche	36	27	7	2
	100%	75%	19,4%	5,6%

Gesamt	43	31	9	3
	100%	72,1%	20,9%	7%

Nur 21 % aller Erwerbsgeschäfte gingen zugunsten des Erwerbers aus. Der BGH konnte dieses Ergebnis durch einen konsequent strengen Umgang mit den an den Erwerber zu stellenden Anforderungen erreichen. Der BGH „steuert" seine erkennbar grundsätzliche Intention, gutgläubigen Erwerb zur Ausnahme zu machen durch Auferlegung von Nachforschungsobliegenheiten. Da durch die Beurteilung der groben Fahrlässigkeit nach dem objektiv-typisierten Maßstab das Augenmerk des BGH auf der Personengruppe lag, der der Erwerber angehörte, war es ihm möglich, innerhalb einer solchen Personengruppe gleichmäßig strenge Anforderungen an das Verhalten der Erwerber zu stellen. Nur an den privaten Erwerber wurden in der Regel nicht dieselben Anforderungen gestellt. Aber ganz gleich, um welche Art von Erwerbsgeschäft es sich handelte, kam der BGH in der Regel schnell zu dem Ergebnis, daß der Erwerber aufgrund der Umstände des Falles Zweifel an den Eigentumsverhältnissen hätte haben müssen, die er nicht versucht hat zu beseitigen. Dementsprechend beurteilte der BGH das Verhalten des Erwerbers nur in sehr wenigen Fällen als einwandfrei, was zur Folge hatte, daß diesem grob fahrlässiges Verhalten vorgeworfen werden mußte. Damit ist grundsätzlich festzustellen, daß der BGH entgegen dem Wortlaut des Gesetzes und den Intentionen des Gesetzgebers den Schutz des Eigentümers als Regel, den gutgläubigen Erwerb als Ausnahme auffaßt.

Literaturverzeichnis

Barheine, Andrea — Kraftfahrzeugerwerb im guten Glauben, Paderborn, München, Wien, Zürich 1991.

Baumbach, Adolf; **Hopt**, Klaus — Handelsgesetzbuch mit GmbH & Co. Bearbeitet von Klaus Hopt, 30., neubearbeitete u. erweiterte Auflage München 2000.

Baumbach, Adolf — Zivilprozeßordnung mit Gerichtsverfassungsgesetz, 60., neubearbeitete Auflage München 2000.

Baur, Fritz; **Stürner**, Rolf — Lehrbuch des Sachenrechts, 17., neubearbeitete Auflage München 1998.

Blohmeyer, Arwed — Allgemeines Schuldrecht, 4. Auflage Berlin, Frankfurt/M. 1969.

Bokelmann, Erika — Grobe Fahrlässigkeit. Ein Beitrag insbesondere zu Individualisierungstendenzen im Haftungs- und Regreßrecht, Karlsruhe 1973.

Bormann, A. — Die Eigentumssicherung durch den Kraftfahrzeugbrief. In: DAR 1960, 1 ff.

Brütt, Lorenz — Die Kunst der Rechtsanwendung. Zugleich ein Beitrag zur Methodenlehre der Geisteswissenschaft, Berlin 1907.

Capellle, Karl Hermann [Begr.] — Handelsrecht, ein Studienbuch, fortgeführt von Claus-Wilhelm Canaris; 23., neubearbeitete Auflage München 2000.

Dernburg, Heinrich — Das bürgerliche Recht des Deutschen Reiches und Preußens.

Band 1, Die allgemeinen Lehren des bürgerlichen Rechts des Deutschen Reiches und Preußens, 3. Auflage Halle a.S. 1906.

Deutsch, Erwin — Fahrlässigkeit und erforderliche Sorgfalt, Köln, Berlin, Bonn, München 1963.

Ders. — Abschied von der culpa in concreto? – BGH, VersR 1960, 802 und BGHZ 43, 313. In: JuS 1967, 496-499.

Drobing, — In: 51. DJT Bd. I, 1976.

Duden, Konrad — Anmerkung zu BGH JZ 1954, 40-43.

Eckert, Jörn — Der „objektive Beobachter“ in der Rechtsprechung des Bundesgerichtshofes in Zivilsachen. Diss. Kiel 1982.

Eggert, Christoph — siehe Reinking, Kurt.

Endmann, F. — Lehrbuch des Bürgerlichen Rechts, Bd. I., 9. Auflage 1903.

Endress, Jutta — Die eigentumssichernde Bedeutung des Kraftfahrzeugbriefes in rechtsvergleichender Sicht. In: DAR 1959, 116-118.

Engisch, Karl — Die Idee der Konkretisierung in Recht und Rechtswissenschaft unserer Zeit, 2. Auflage Heidelberg 1968.

Enneccerus-Nipperdey — Allgemeiner Teil des Bürgerlichen Rechts, 2. Halbband, 15. Auflage Tübingen 1960.

Esser, Josef; **Schmidt**, Eike — Schuldrecht. Ein Lehrbuch. Bd. 1, Teilb. 2 7., völlig neubearbeitete Auflage Heidelberg 1993.

Fikentscher, Wolfgang — Schuldrecht, 9. durchgesehene und ergänzte Auflage, Berlin, New-York 1997.

Fischer, G. — Anmerkung zu BGH JR 75, 413-416 In: JR 1975, 413 ff.

Giel, Friedrich — Der gutgläubige Mobiliarerwerb – Dogmatik und Rechtswirklichkeit.
In: AcP 161, 357-379.

Gottwald, Peter — Die Revisionsinstanz als Tatsacheninstanz,
Berlin 1975.

Hager, Johannes — Verkehrsschutz durch redlichen Erwerb,
München 1990.

Heck, Philipp — Grundriß des Sachenrechts,
Tübingen 1930.

Henke, Horst-Eberhard — Die Tatfrage, der unbestimmte Begriff im Zivilrecht und seine Revisibilität,
Berlin 1966.

Hentschel, Peter — siehe Jagusch, Heinrich.

Ders. — Rechtsfrage oder Tatfrage – eine Frage ohne Antwort?
In: ZZP 81, 196-250.

Huber, Ulrich — Gefahren des vertraglichen Abtretungsverbots für den Schuldner der abgetretenen Forderung.
In: NJW 1968, 1905-1912.

Hübner, Heinz — Der Rechtsverlust im Mobiliarsachenrecht
Erlanger Forschungen,
Erlangen 1955.

Hopt, Klaus, siehe Baumbach, Adolf.

Jagusch, Heinrich; **Hentschel**, Peter Straßenverkehrsrecht, 35., neubearbeitete Auflage München 1999.

König, Volker Die grobe Fahrlässigkeit, Diss. Berlin 1998.

Kötz, Hein Haftungsausschlußklauseln – Eine juristisch-ökonomische Analyse, VersR 25 Jahre Karlsruher Forum, Jubiläumsausgabe 1983, 145 ff.

Ders. Zur Wirksamkeit von Freizeichnungsklauseln. In: NJW 1984, 2447-2448.

Ders. Anmerkung zu BGH NJW 1984, 1350.

Krämer, Steffen Die grobe Fahrlässigkeit im Sachenrecht und beim sonstigen Recht des gutgläubigen Erwerbs, Diss. Göttingen 1994.

Kuchinke, Kurt Grenzen der Nachprüfbarkeit tatrichterlicher Würdigung und Feststellung in der Revisionsinstanz, Bielefeld 1964.

Lambsdorff, Hans Georg Graf — Handbuch des Eigentumsvorbehalts im deutschen und ausländischen Recht, Frankfurt a.M. 1974.

Larenz, Karl; **Canaris**, Claus Wilhelm — Methodenlehre der Rechtswissenschaft, 3., neubearbeitete Auflage Berlin/Heidelberg/NewYork/Barcelona/Budapest/ Hong Kong/London/Mailand/Paris/Tokyo 1995.

Larenz, Karl — Lehrbuch des Schuldrechts, 1. Band: Allgemeiner Teil, 14. Auflage München 1987.

Ders. — Methodenlehre der Rechtswissenschaft, 6. Auflage, Berlin/Heidelberg/ New-York/Tokyo 1991.

Lauterbach, Wolfgang — siehe Baumbach, Adolf.

Leonhard, Franz — Fahrlässigkeit und Unfähigkeit, Festgabe für Enneccerus, Marburg 1913.

Linckelmann — Schadensersatzpflicht aus unerlaubter Handlung, Berlin 1898.

Liszt, Franz von — Die Deliktsobligationen im System des Bürgerlichen Gesetzbuches, Berlin 1898.

Litten, Fritz — Die Ersatzpflicht des Tierhalters im Rechte des Bürgerlichen Gesetzbuches,
Berlin 1903.

Lohe, H. W. — Der Rechtsbegriff der groben Fahrlässigkeit.
In: VersR 1968, 323-328.

Maier, Bernhard — Erkundigungspflicht über verlängerten Eigentumsvorbehalt – BGHZ 77, 274
In: JuS 1982, 487-491.

Martin, Anton — siehe Prölss, Jürgen.

Mitsopoulos, Georg — Die Unterscheidung zwischen Tatfrage und Rechtsfrage im Kassationsverfahren.
In: ZZP 81, 251-270.

Mittenzwei, Ingo — Gutgläubiger Erwerb gebrauchter Kraftfahrzeuge bei Handeln unter fremdem Namen.
In: NJW 1986, 2472-2475.

Mormann — Der Erwerb beweglicher Sachen auf Grund guten Glaubens in der Rechtsprechung des Bundesgerichtshofs.
In: WM 1966, 2-10.

Motive — zu dem Entwurf eines Bürgerlichen Gesetzbuches für das Deutsche Reich,
Band III, Sachenrecht,
2. Auflage Berlin 1898.

Münchener Kommentar — Münchener Kommentar zum Bürgerlichen Gesetzbuch; Herausgegeben von Kurt Rebmann und Franz Jürgen Säcker, Band 6 §§ 854 – 1296
3. Auflage München 1994.

Müller, Klaus — Sachenrecht,
4. neu bearbeitete Auflage
Köln, Berlin, Bonn, München 1993.

Ders. — Die grob fahrlässige Herbeiführung des Versicherungsfalles nach § 61 VVG.
In: VersR 1985, 1101-1109.

Müller, Fritz; **Rüth**, Karl — Straßenverkehrsrecht,
22., völlig neubearbeitete Auflage
Berlin 1973.

Musielak, Hans-Joachim — Eigentumserwerb an beweglichen Sachen nach §§ 932 ff. BGB
In: JuS 1992, 713-723.

Oertmann, Paul — Bürgerliches Gesetzbuch, Recht der Schuldverhältnisse,
5. Auflage Berlin 1928.

Palandt, Otto — Bürgerliches Gesetzbuch,
60. Auflage München 2001.

Peters, Frank — Der Entzug des Eigentums an beweglichen Sachen durch gutgläubigen Erwerb, Köln 1991.

Pickernelle, Ascan

Die Herbeiführung des Versicherungsfalles
Karlsruhe 1960.

Pikart, Heinz

Die neuere Rechtsprechung des Bundesgerichtshofs zum Erwerb und Verlust des Eigentums an beweglichen Sachen.
In: WM 1971, 1526-1537.

Planck, Gottlieb

Bürgerliches Gesetzbuch nebst Einführungsgesetzte. Erläutert von Gottfried Planck in Verbindung mit Alexander Achilles, F. André

Band 1, Einleitung und Allgemeiner Teil,
Berlin 1903,

Band 2, Recht der Schuldverhältnisse,
Berlin 1907.

Prölss, Jürgen; **Martin**, Anton

Versicherungsvertragsgesetz,
26., völlig neubearbeitete Auflage
München 1998.

Prölss, Jürgen

Anmerkung zu BGH VersR 1952, 117 ff.

Protokolle

der Kommission für die zweite Lesung des Entwurfs des Bürgerlichen Gesetzbuchs, bearbeitet von: Achilles/Gebhard/Spahn
Sachenrecht, Band III,
Berlin 1899.

Prütting, Hanns — Sachenrecht,
27. Auflage München 1997.

Ders. — Die Zulassung der Revision
Diss. Köln, Berlin, Bonn, München 1977.

Rebe, Bernd — Zur Ausgleichsfunktion von § 935 BGB zwischen Vertrauensschutz und Eigentümerinteressen beim gutgläubigen Mobiliarerwerb.
In: AcP 173, 186-202.

Reinking, Kurt; **Eggert**, Christoph — Der Autokauf. Rechtsfragen beim Kauf neuer und gebrauchter Kraftfahrzeuge sowie beim Leasing,
7., neubearbeitete und erweiterte Auflage
Düsseldorf 2000.

Reuter, Eberhard von — Grobe Fahrlässigkeit im Privatversicherungsrecht,
Diss. Karsruhe 1977.

RGRK — Das Bürgerliches Gesetzbuch,
herausgegeben von den Mitgliedern des Bundesgerichtshofs, 12., neubearbeitete Auflage
Band III, 1. Teil §§ 854 - 1011
Berlin, New-York 1979.

Riedmaier, Karl — Zur groben Fahrlässigkeit im Staßenverkehr.
In: VersR 1981, 10-17.

Ders. — Grobe Fahrlässigkeit im Straßenverkehr.
In: DAR 1978, 263.

Röhl, Klaus F. — Zur Abgrenzung von der einfachen Fahrlässigkeit.
In: JZ 1974, 521-528.

Rosenberg, Leo; **Schwab**, Karl Heinz, — Zivilprozessrecht.
Nunmehr fortgeführt von Peter Gottwald,
15.,neubearbeitete Auflage
München 1993.

Rümelin, Max — Das Verschulden im Straf- und Zivilrecht.
Rede gehalten bei der akademischen Preisverteilung
am 6. November 1909,
Tübingen 1909.

Sanden, Georg — Zum Rechtsbegriff der groben Fahrlässigkeit.
In: VersR 1967, 1013-1018.

Schlechtriem, Peter — Zivilrechtliche Problem des Kraftfahrzeugbriefs.
In: NJW 1970, 2088-2092

Schlegelberger, Franz — Handelsgesetzbuch,
5., neubearbeitete Auflage München 1976.

Schmidt, H. W. — Bedeutung der Überlassung des Kraftfahrzeugbriefes
vor voller Bezahlung an den Käufer.
In: DAR 1963, 321.

Schmidt, Eicke; **Esser**, Josef [Begr.] — Schuldrecht. Ein Lehrbuch,
Band 1, allgemeiner Teil, Teilband 2.
7., völlig neubearbeitete Auflage.
Heidelberg 1993.

Schmidt, Karsten

Handelsrecht,
5., völlig neu bearbeitete Auflage
Köln 1999.

Schmidt, Reimer

Die Obliegenheiten,
Karlsruhe 1953.

Schütz, Eckhard

Der Begriff der groben Fahrlässigkeit und seine Anwendung auf §§ 61 VVG, 640 RVO.
In: VersR 1967, 733-739.

Serick, Rolf

Eigentumsvorbehalt und Sicherungsübertragung

Band I: Der einfache Eigentumsvorbehalt
Heidelberg 1963.

Band II: Die einfache Sicherungsübertragung – Erster Teil
Heidelberg 1965,

Band IV: Verlängerungs- und Erweiterungsformen des Eigentumsvorbehaltes und der Sicherungsübertragung – Erster Teil: Verlängerungsformen und Kollisionen
Heidelberg 1976.

Soergel, Hs. Th.

Bürgerliches Gesetzbuch,
Band 2, Schuldrecht I, (§§ 241 – 432),
12., neubearbeitete Auflage
Stuttgart, Berlin, Köln 1990.

Staudinger, Julius von [Begr.] — Kommentar zum Bürgerlichen Gesetzbuch.
Zweites Buch,
Recht der Schuldverhältnisse, §§ 255-314
Neubearbeitung Berlin 2001.

Drittes Buch Sachenrecht §§ 925-984
13. Bearbeitung, Berlin 1995.

Stein, Friedrich; **Jonas**, Martin — Kommentar zur Zivilprozeßordnung,
Band 5, Teilband 1 (§§ 511 – 594),
21. Auflage Tübingen 1994.

Thur, Andreas von — Der Allgemeine Teil des Deutschen Bürgerlichen Rechts,
Band II 2 München, Leipzig 1918.

Venzmer, Kurt, J. — Mitverursachung und Mitverschulden im Schadensersatzrecht,
München, Berlin 1960.

Weingart, Olaf — Grobe Fahrlässigkeit.
In: VersR 1968, 427 ff.

Wendt, (keine Vornahmensangabe) — Die im Verkehr erforderliche Sorgfalt. Bürgerliches Gesetzbuch § 276.
In: AcP 87, 422-452.

Westermann, Harm Peter [Begr.] Sachenrecht: ein Lehrbuch, Band I, Grundlagen und Recht der beweglichen Sachen; fortgeführt von Karl-Heinz Gursky und Winfried Pinger, 6. Auflage Heidelberg, Karlsruhe 1989.

Weyl, Richard System der Verschuldensbegriffe im Bürgerlichen Gesetzbuche für das Deutsche Reich, München 1905.

Wieacker, Franz Rechtswidrigkeit und Fahrlässigkeit im Bürgerlichen Recht. In: JZ 1957, 535-537.

Wiegand, Wolfgang Der gutgläubige Erwerb beweglicher Sachen nach §§ 932 ff. BGB. In: JuS 1974, 201-212.

Wiethölter, Rudolf Der Rechtsfertigungsgrund des verkehrsrichtigen Verhaltens. Eine Studie zum zivilrechtlichen Unrecht, Karlsruhe 1960.

Wilhelm, Jan Sachenrecht, Berlin 1993.

Wolff, Martin Handbuch des gesamten Handelsrechts, Vierter Band, I. Abteilung, Leipzig 1917.

Wolff, Martin; **Raiser**, Ludwig | Sachenrecht. Ein Lehrbuch, 10. Bearbeitung Tübingen 1957.

Zöller, Richard | Zivilprozessordnung Kommentar, 23., neubearbeitete Auflage Köln 2002

Zweigert, Konrad | „Rechtsvergleichend-Kritisches zum gutgläubigen Mobiliarerwerb". In: RabelsZ 23, 1.

Peter Lang · Internationaler Verlag der Wissenschaften

Mark-Oliver Otto

Die Bestimmung des § 199 Abs. 1 Nr. 2 BGB

Verjährungsbeginn wegen Kenntnis und grobfahrlässiger Unkenntnis der anspruchsbegründenden Tatsachen

Frankfurt am Main, Berlin, Bern, Bruxelles, New York, Oxford, Wien, 2006.
331 S., 1 Tab.
Europäische Hochschulschriften: Reihe 2, Rechtswissenschaft. Bd. 4356
ISBN 978-3-631-55154-7 · br. € 56.50*

Zu den zentralen Punkten der Schuldrechtsmodernisierung gehörte die Neugestaltung des Verjährungsrechts. Das bisherige System hatte sich aufgrund einer unübersehbaren Zahl von Verjährungsfristen als zu komplex erwiesen. Die Reform führte zu einer erheblichen Reduzierung der Zahl der Fristen und zu einem deutlich größeren Anwendungsbereich der Regelverjährungsfrist. Der notwendige Preis für die Vereinfachung ist die Einführung des subjektiven Verjährungsbeginns. Der Verjährungsbeginn hängt nun davon ab, ob der Gläubiger von den anspruchsbegründenden Tatsachen Kenntnis hat oder ohne grobe Fahrlässigkeit hätte haben müssen. Die Arbeit untersucht die praktisch bedeutsame Frage, unter welchen Voraussetzungen Kenntnis oder grobfahrlässige Unkenntnis bejaht werden können.

Aus dem Inhalt: Praktische Bedeutung der Verjährung · Sinn- und Zweck des Verjährungsrechts · Schuldnerschutz · Schutz öffentlicher Interessen · Geschichte der Neuregelung · Gründe für die Reform · Schuldrechtsreform 2002 · Subjektive und objektive Verjährungssysteme · Schadenseinheit · Kenntnis des Gläubigers · Grobfahrlässige Unkenntnis · Begriff, Maßstab, Einzelfälle · Wissenszurechnung · Organisationsverschulden · Europäische Rechtsvereinheitlichung · Beweislastprobleme

FSC
www.fsc.org
MIX
Papier | Fördert gute Waldnutzung
FSC® C083411

Kolibri 360 GmbH
Ferdinand-Jühlke-Straße 7
99095 Erfurt, Deutschland
produktsicherheit@kolibri360.de

Druck:
CPI Druckdienstleistungen GmbH
im Auftrag der
Kolibri 360 GmbH
Ferdinand-Jühlke-Str. 7
99095 Erfurt